JN428996

산업사회학강의

한울 사회학 강좌

산업사회학강의

한국산업사회연구회 편

한울 아카데미
1993

머리말

산업사회학 교과서의 발간은 우리나라의 산업화의 수준이나, 학술연구의 수준으로 보아서 매우 늦은 셈이다. 물론 심윤종 교수의 선구자적인 교과서가 이미 출간되어 사회학계에서 독보적인 위치를 점유해 왔고 대부분의 대학에서 이를 토대로 강의를 진행해 온 것도 사실이다. 최근에는 심윤종, 유홍준, 박승희의 공저로 더욱 발전되고 확대된 형태로 출간되었다. 또한 노동과정론의 대두로 말미암아 산업사회학이 노동과정론을 소개하는 개론서적인 성격을 가진 톰슨의 번역서를 교과서로 사용해 온 것이 저간의 사정이었다.

그러나 이들 개론서는 사회학자들에 의해 집필되었고, 톰슨의 번역서는 사회학자에 의해 번역되고 소개되긴 했지만 매우 단편적인 이론의 소개로 학생을 대상으로 가르치는 데는 무언가 앞뒤의 연결이 잘 안 된다거나, 학술적인 현재의 논의를 포함시키지 못한 점, 현실에서 진행되는 현상을 설명하는 데 한계가 있다는 등의 이유로 교재로 삼기는 하지만 불만스러운 점이 많았다.

한국산업사회연구회에서는 대학강단에서 산업사회학을 가르치는 사람의 숫자가 늘어나고, 현실의 변화를 대학의 강단에서 적절하게 설명할 수 있는 교재의 발간이 필요함을 느끼었다. 이에 1991년초에 중견연구자 모임에서 하나의 사업으로 확정하였다. 약 2년 만에 교과서가 나온 셈이다. 집필의 분담, 원고의 검토 등을 통하여 서로의 차이를 확인하고 이를 보다 체계적이고 일관되게 서술하려고 노력하였다. 그러나 책이 완성되어 나오는 현재의 시점에서도 완성되었다고 자부하지는 못하지만, 논의의 수준을 높이고 현실에 대한 설명력을 높이는 계기는 되었다고 확신한다.

주지하다시피 산업사회학의 범위를 확정하는 것 자체가 하나의 거대한 사업이다. 이에 따라 산업사회학을 스스로의 방식에 따라 행하는 수밖에 없다. 솔직히 고백하면 본 산업사회학의 교과서 내용은 보다 정치경제학적인 입장을 취하고 있다. 그러나 정치경제학적인 입장이라고 해서 산업체내의 문제보다는 외적인 문제를 많이 다루고 있다는 뜻은 아니다. 오히려 우리는 산업체 내부의 문제 또는 산업체 내부의 요인에 의해 파생된 현상에 대해 설명을 시도하였다. 이런 면에서 기존에 통용되고 있는 2종의 교과서와 크게 다르지는 않다. 결정적으로 다른 점은 최근의 논의를 간결하고 충실하게 다루려는 것, 최신의 우리나라의 연구맥락과 논의를 충분히 소개하려했다는 점이 다를 것이라고 생각한다.

본교재의 순서는 산업사회학의 역사와 이론적인 논의를 먼저 시작함으로써, 산업사회학의 정체성을 알려주는 계기를 삼고자 하였다. 우리는 하나의 학문이 단지 학술연구자의 몫이라거나, 학문의 하나의 분파라는 관념에서 벗어나 산업사회학이 어떤 사회적인 계기에 의하여 나왔으며, 이것이 또한 어떻게 사회학의 영역으로 편입되었는지, 이때 전체적인 사회학 이론과는 어떤 관계를 맺고 있는지를 보여주려고 노력하였다. 크게 보아 두번째 부분에서는 보다 기술적인 요인에서 주체적인 또는 의식적인 요인으로 나아가면서 논의를 진행하였다. 공장내의 사회를 연구하는 데 가장 기본적인 요소라고 일컬어지는 노동과정의 기본개념과 변화를 개괄하고, 여기에 바탕을 둔 공장내 노사관계의 유형과 변화, 기업조직의 형태를 배치하였다. 이어서 노동시장과 임금, 여성노동의 문제를 이해하여 사회적인 영향력이 공장사회와 매개되는 모습을 파악하려고 시도하였다. 산업체의 바깥에 위치하고 있으나 공장내의 변화에 직접적인 영향을 주는 국가의 정책, 또한 매우 이중적인 모습을 띠고 있는 노동자 의식의 문제, 자본주의 공장체제의 대안을 제시하는 산업민주주의의 발전과 사례를 분석하는 글 등이 포함되었다.

이 교과서는 사회학분야의 산업사회학 교과서를 염두에 두고 질필되었다. 그러나 좀더 포괄적으로 규정한다면, 경영학, 경제학 계통의 연구는 물론 정치학과 법학의 영역에 이르기까지 사회학에서 다루는 산업사회의 연구방식과 주장을 알아보고자 하는 이에게도 하나의 입문이 되도록 노력하였다.

산업사회학강의/차례

Ⅰ. 산업사회학의 성립과 발전

1. 산업사회학의 성립

산업사회학적인 업적은 많이 있어 왔으나, 산업사회학이 하나의 학문영역으로 자리잡은 것은 1950년대에 들어서이다. 즉 사회학이란 주로 19세기 초반 서구의 산업화과정에서 '도덕공동체'를 그 연구 대상으로 하였다. 미국의 경우에 사회학은 경제학을 비판하면서, 19세기 후반 새로이 대두하고 있는 노동운동을 설명하기 위하여 아니면 노동운동을 사회에서 원만하게 평정하기 위하여 대두되었다. 이때 사회학은 하나의 진보적인 의미에서 정치경제학과 같은 의미로 쓰였다. 따라서 사회학은 그 성립에서부터, 시장경제를 설명하려는 경제학과 자본주의를 노동자의 관점에서 비판하려는 맑스주의와 거리를 두면서 새로운 설명방식으로 등장하였다. 미국의 사회학은 1880년경 자유시장을 대상으로 성립된 경제학에 대항하여 정치경제학과 같이 등장하였다. 미국의 사회학은 정치경제학의 영역내에서, 개혁운동 속에서 등장하였다. 1885년에 정치경제학자들이 모임을 구성하였고, 1905년에 사회학자들이 모임을 구성하였다. 초기 노동이론가들의 관심은 노동운동에서 감지된 위협에 대처하기 위하여 미국자본주의를 개혁하려는 것이었다. 이때 커먼즈의 이론이 다른 사회집단의 이해와 공유된 것은 이론의 친화력 때문이었다. 1920년대를 넘어서까지 커먼즈의 이론이 퍼진 이유는 커먼즈는 전통적인 중간계층이 하락하는 시기에 살았으나, 연방정부와 자문기구에서는 커먼즈가 국가주의와 연방정부주의를 강조하는 것을 이용하였다.

그러면 산업사회학이란 어떻게 성립하였는가? 초기의 대부분의 사회학자들은 산업화되는 사회 속에서 나타나는 문제들에 대해 관심을 기울였다. 즉 베버의 사회정책학회라든가, 영국에서 진행된 일련의 노동운동에 대한 이론과 노동실태에 대한 조사, 프랑스에서 진행된 사회조사 등에서 뚜렷하게 발견된다. 산업화과정에서 나타나는 작업의 세분화 문제를 다룬 점에서 뒤르껭의 분업론도 마찬가지이다. 뒤르껭의 이론은 분업의 현대적 형태, 유기적 연대의 조건, 분업의 비정상적 형태를 다루고 있다. 광의의 산업사회학은 산업화의 사회적 영향에 관심을 갖는다. 예를 들면, 쉘스키는 산업사회학은 특수사회학이라고 규정하면서, 연구대상으로 경영조직체의 문제, 노동문제, 산업사회의 문제를 들고 있다. 그러나 이는 하나의 학문영역으로서 산업사회학이 성립한 것과는 다른 것이다. 학문으로서의 산업사회학은 분명한 목적과 성립의 이유가 있었던 것이다.

학문으로서의 산업사회학을 정당화시키는 방식 중의 하나는 사회학의 지속적인 관심이 생산의 측면에 적용된 것이라는 것이다. 왜 산업이 사회생활 전체에서 특이한 영역으로 선택되는가? 그 이유는 다음과 같다. 인간은 기본적으로 활동하는 자이다. 인간은 스스로 먹고, 거주하고 입어야 한다. 즉 살기 위하여 일해야 한다. 근대사회에서는 인간들은 필수품과 사치품을 사기 위하여 노동을 팖으로써 돈을 만든다. 인간생활의 다른 시간도 이와 관련되어 소모될 것이다. 그러나 그 어느 것도 노동만큼 중요하지는 않다. 노동이 생활의 주요 관심사는 아닐지라도, 가장 중심적인 생활사실이다. 경제적인 계산이 모든 사적 선택, 조직적인 결정과 정부정책의 기초가 되는 사회에서는 생산자로서 노동자의 행위와 동기에 대한 지식을 가지고 있을 때, 그 사회는 목표를 달성할 수 있다. 사회적인 기술이 기계적인 기술을 보완하면서 생산성을 증대시킨다. 즉 노동하는 인간에 대한 연구는 착취의 일반적인 합리화이다. 이때 사회학의 특징은 바로 공동체 연구를 의미한다. 따라서 산업사회학의 연구대상을 산업공동체내 인간집단에서의 경험으로 삼은 것은 극히 당연하다. 여기에서 산업사회학은 기술이 아닌 공동체라는 것에 관심을 기울였다는 데 그 의의가 있다. 많은 사람들은 이미 기술의 발전이 사회에 영향을 미쳐 왔다는 것을 지적하고 있었다. 여기에서 산업사회학은 두 가지 점에서 중요성을 지니고 있었다. 생산력이 사회조건에 지속적인 영향력을 미치고 있음에 따라, 산업이라는 요소가 사회관계의 여러 측면에 미치는 영향을 연구하는 것이다. 둘째로는 근대사회의 기반으로서 산업공동체의 중요성을 인식하여야 한다는 것이었다.

본격적인 산업사회학의 시초는 1930년대를 전후하여 미국과 프랑스에서 이루어진 일련의 연구결과에서 비롯된다. 미국에서의 산업사회학의 기원은 메이요 일파에 의한 인간관계론부터이나 현대적 의미의 산업사회학은 2차 대전 이후에 성립되었다. 산업사회학을 하나의 학문으로서 정당화시키려는 노력과 더불어 이에 대한 비판도 만만치 않았다. 이에 대한 비판은 우선 산업사회학의 유행성과 상업성을 경고하는 것이었다. 1920년대말에 이루어진 호손공장실험을 통해 성립된 엘튼 메이요의 인간관계론 이래의 업적을 우선 학문적으로 경고하고 있다. 즉 산업체 내부에 기술적인 자문을 할 수 있는 기회가 사회학자에게 주어짐으로써 과연 사회학자가 자신의 연구에 편견과 선입관이 없이 객관성을 제대로 유지할 수 있는가 하는 의문이 제기되었다. 사회학자가 연구조사 결과라고 내어 놓는 것이 노사간에 대립되는 이해관계에 어떤 영향을 미칠 것인가? 이에 따라 사회학자들은 주로 산업체내에서 협조하는 기술을 발전시키는 데 초점을 맞추고 있었다. 메이요는 사회학자들을 의사에 비유하곤 하였다. 따라서 산업사회학이 경영자적인 관점에서 벗어나려면 노사간 이해관계의 상충에 민감하여야 하며, 노사 양측의 공동보조로 연구를 진행할 것을 제의하였다. 미국에서의 1940년대의 연구는 (1) 관료제 조직에서의 비공식적인 사회조직의 불가피한 등장과, 공동체에서 그러하듯 포섭과 배제, 충성과 저항, 선가르기 등이 차별적인 평가에 기준을 두고 있다. 여기에는 사실상 작업상황에서의 인종적, 종교적인 차이가 나타난다라는 것과 협조체계의 작동에서 비공식 집단의 적합성을 강조하다보면 사실상 경영자들의 고용과 승진에서의 차별적인 관행에 과학적인 지원을 하게 되는 것이다. (2) 지역공동체에서의 산업의 위치, 경영자의 위치에 관심을 기울였다. 고용자와 거주하는 사용자간의 질서있고 전통적인 의존적 관계를, 또한 공장을 중세교회나 원초적인 친족체계의 기능적인 대체로 만들기 위하여 경영자의 공동체적인 책임에 대한 관심이 있었다. 이러한 1940년대 미국 사회학의 관심은 사실은 매우 비과학적인 가정에 기초하고 있었다. 이러한 비과학적인 가정은 다음과 같다. (1) 즉 고용주는 공장에서와 마찬가지로 공동체에서도 주민의 자연적인 지도자이다. (2) 질서와 통합이 중요하다. (3) 노동조합은 제조업의 공장과 같이 공동체의 충성과 책임의 효과적인 초점이 되지 않았다. (4) 노동조합의 지도자는 부유한 자들보다 공동체에 대한 봉사에 있어서 자격이 없다. 따라서 연구자들은 경영자이건 노동조합이건 자문을 할 경우에는 그들의 특수한 이익의 요구에 대해 어느 정도 거리를 두는 것이 필요하였다.

프랑스에서도 상황은 비슷하였다. 1945년 이후의 프랑스의 산업사회학을 검토한 끝에 한 연구자는 다음과 같은 결론을 얻었다. 산업사회학의 경우에, 연구는 아주 자주, 과학 외적인 고객의 요청에 의한 실제적인 문제해결을 위한 주제가 과학적인 우선권을 가진 주제를 제치고 있었다. 설사 객관적 정신이 지배적인 곳에서도 근대 산업의 연구는 지배집단에게 아주 유용한 생산성, 순응, 정당성의 문제에 대한 정보를 만들어내는 경향이 있었다. 즉, 아주 비판적인 인사들의 용어에 따르면, 산업사회학은 권력에 대한 사회과학적 서비스를 아주 잘 나타내고 있다는 것이다. 권력에 대한 사회학적 서비스의 차원은 치유, 개입, 교육, 정당화의 기능을 수행하는 것으로 분류할 수 있다. 경영자와 행정가에 노골적으로 종속적인 관계를 맺는 자들, 예를 들면, 1940년대에 유명해진 인간관계론 중의 시카고 또는 상호작용론파의 연구에는 4가지의 특징이 있다. (1) 통제와 동기화의 문제에 경영자들에게 관심을 촉구하고 자세한 실제조사 결과를 제공한다. (2) 사람을 작업상황에 적응시키기 위해 수단을 제공함으로써 스트레스가 많은 상황를 치유하게 직접 개입한다 (3) 실제적인 훈련에서 쓸 수 있게, 연구결과와 조작적 결과를 집성한다 (4) 공식적인 저서나 강연에서 다소간에 특정류의 경영과 사용자행동을 비판하기는 하지만, 일반적으로 산업체내의 기존의 권력과 권위의 구조를 옹호하고 고차원적으로 합리화시켜 주는 판단과 상징을 제공한다.

산업조직은 사회학적으로 적합한 주제이긴 하지만, 산업사회학의 영역은 분석적 전문화의 기반에서 사회학의 중요체계로부터 분화되지 않는다. 따라서 산업의 사회학적 연구는 경험적인 초점을 갖는 한 영역일 뿐이다. 산업의 연구를 사회학적 연구로 만들기 위해서는 사회에 대한 체계적 이론이 필요하였다. 이런 경우에 산업은 하나의 연구 영역이다. 산업사회학의 영역은 생산의 산업양식과 산업적인 생활양식에 적합한 사회학의 기본원칙의 적용과 발전에 관심을 갖는다. 1950년대 미국에서는 주로 기능론의 관점에서 산업사회학을 규정하였다. 기능론적인 관점에서 산업사회학을 정의하고 이론적 틀과 대상을 확정하였다. 기능론의 관점에서 산업사회학은 기능론적인 사회학을 산업분야에 적용시키는 응용사회학 내지 특수사회학의 성격을 지녔다.

산업사회학은 근대 대규모 산업의 사회적 구조와 그것의 사회와의 관계를 기술하고 설명하는 데 있다. 이런 목적을 달성하기 위하여, 산업사회학은 일단의 사회이론의 체계 속에 넣어져야 했다. 이 사회이론이란 역할, 구조, 일반화된 목표, 기능, 역기능 등의 개념을 사용하면서 기본적으로 사회체계의 동적 분석을 위하여 고안된 기능론을 지칭한다. 사회학의 일반화 성격에 따라, 산업은 사회적 행동의 특수한 매트릭스로서 분석될 것이다. 이것은 역할, 가치, 긴장, 의사소통, 지위체계와 같은 사회체계의 일반적 특성을 연구하는 것이다. 이것은 또한 조직과 구성원의 퍼스낼리티에 대한 관계를 연구하는 것이다. 끝으로 산업과 사회와의 관계도 연구될 것이다. 산업은 이런 용어를 사용하면서 사회체계의 한 특수한 형태인 동적 사회체계로 다루어질 것이다. 이런 이론적 틀내에서, 경영동기, 노조의 구조, 노동자의 생산성, 노동조합 활동을 위한 동기, 소외, 조직연구, 그리고 그 외의 여러 관련분야의 연구들이 여기에 포함됐다.

이런 의미에서 산업사회학은 사회학의 한 특수한 분야를 형성하였다. 우리는 여기서 일반화와 특수화의 양면의 이론을 채용할 것이다. 일반이론은 조직행동의 성격과 산업의 사회와의 관계를 다루기 위하여, 또한 중범위 이론은 어떤 특정한 상황의 형태, 예를 들면 관료제, 비공식집단, 노동조합, 공장의 사회구조 등을 다루기 위하여 채용된다. 산업사회학은 산업체에서의 일차적인 관찰, 의사소통체계의 연구, 협조기술의 연구와는 다르다. 1940년대 미국에서의 산업사회학 연구는 산업조직, 산업관계, 산업노동자와 그의 환경, 산업체의 사회적인 환경에 대한 연구에 관심을 기울였다.

2. 산업사회학의 발전

사회기술은 작업장에서 이루어진 연구의 주요 관심사였다. 여기에서는 주로 두 가지 의문을 풀려고 하였다. (1) 노동자 개인들의 생산성의 차이를 어떻게 설명하는가? (2) 어떤 형태의 조직이 가장 효율적일까? 연구자들이 경영자들의 이익을 위하여 연구하지는 않았더라도 경영자들은 생산성과 효율성의 문제를 풀기 위해 연구자들이 공장에 드나드는 것을 허용한 것은 사실이다. 산업화 초기에 공장에 임노동자가 들어왔으며 공장소유주는 두 가지 기본적인 형태의 전략으로 노동자를 통제하였다. 가장제와 형제애가 그것이다. (1) 가장제는 오웬[1]이 최초로 동원한 전략이다. 즉 오웬은 공장 공동체에 주거, 학교, 교회, 상점 등을 건설하였고, 마을 정부와 경찰을 제공하였다. 또한 그는 노동시간을 단축하고 정규적인 고용을 보장하였다. 가장제는 중세의 영주제와 비견되기는 했지만 중세의 사회관계는 전통에 의해 규제되었고, 산업체내의 가장제는 매우 자의적으로 규제되었다는 점에서 다르다. 즉 노동시간과 근로조건은 전통에 의해 규제되지 않으며, 가장제는 집을 빌려 주고 전기를 제공하고, 지역내 상점을 운영함으로써 영리를 취하였다. 더군다나, 지역의 여러 기구는 공장소유주의 이익을 위하여 봉사하게끔 만들 수가 있었다. 이러한 가장제는 공장소유자-가장과 노동자 공동체의 관계에서 발전되었다. 미국에서는 19세기말에 공장마을이 생겼으며 곧 노사갈등의 진원지가 되었다. 한국에서도 1970년대 산업화기간 동안 공업도시가 생겨나고 87년 이후의 노동자투쟁기간 동안 중심지로 부상하였다. 파업은 대개 공장이 불황일 때 일어나는데, 이때에는 공장이 불황이라 노동자를 해고시키고, 임금을 깎고, 노동강도를 강화시킨다. 노동자의 소득은 줄어들고, 노동자들은 임대료, 상점의 비용을 지불할 수 없음을 알게 된다. 이때 노동자들은 가장은 노동자에게 생활의 필수품을 공급해야 한다고 생각한다. 사용자가 하지 않는다면, 집단적인 불만이 생겨 계급전쟁에 흡사한 양극화

---

1) 영국의 사회주의자인 로버트 오웬(1771-1858)은 1799년 스코틀랜드에 있는 면직공장을 구입하여 사회적인 실험을 하였다. 그의 공장은 전유럽에 계몽적 경영과 인류애적인 사랑을 도입하여 실험한 것으로 유명하다.

속에서 공동체의 모든 생활에 이들의 불만이 퍼진다. 뒤이어 대중 피켓팅, 무장폭동이 일어난다. 그러나 자신의 자식들은 만족하다고 믿는 가장은 공산주의자, 유태인, 무신론자, 그 외의 희생양을 들먹이며 가공된 외부인을 공격하는 동시에 파업파괴자와 사병을 동원한다. 결과적으로 보면, 공장마을은 농촌의 이주자를 산업노동자로 바꾸기 위해 생긴 것이라고 볼 수 있다. (2) 형제애는 가장제가 노동계급의 모든 생활을 지배하는 것이라면 대안적인 전략은 어느 것도 책임지지 않는 것이다. 따라서 공장 소유자는 노동자와 임금과 노동을 교환하는 관계를 맺는다. 노동자는 자신의 동료와 같이 공동체를 만들어야 한다. 19세기 영국의 산업화 초기에는 바로 노동자 자신이 만든 공동체내의 질병, 알코올 중독, 갖가지 형태의 착취가 만연하였다. 여기에서는 직업조합, 정치적인 모임, 인종모임, 학교, 교회 등이 중요한 역할을 담당하였다.

(1) 생산성문제

열심히 일하도록 유인하는 전략도 가장제와 형제애의 기본전략에 따라 개발되었다. (1) 가장제의 근대적인 형태로서는 객관적인 직업소외를 보상하기 위해 생긴 과학적 관리론과, 이런 소외에 적응하기 위해 고안된 인간관계론을 들 수 있다. (2) 형제애의 근대적인 형태로서는 소외를 극복하려고 노력하는 직무확대와 법의 규율을 들 수 있다.

1) 과학적 관리론

20세기초에 대량생산을 위한 기술을 만든 기술자들은 이제 관심을 노동자들에게로 기울였다. 그들은 작업의 동작과 활동을 아주 작은 부분으로 나누고 시간으로 쪼갠 다음, 이런 활동들을 기계기술을 더욱 효율적으로 사용하기 위하여 효율적인 방식으로 조합이 되도록 분석하고 재구성하였다. 경영학 또는 산업공학의 선구자인, 기계공학도 프레데릭 테일러의 시간동작연구가 바로 여기에 속한다. 그의 연구는 (1) 분석하고자 하는 어떤 일을 하는 데 가장 숙련된 노동자 10~18명을 모은 다음, (2) 이 숙련노동자들이 일을 하는 기본적인 동작들과 동작하는 방법들을 정확히 관찰하고, (3) 시계를 가지고 각각의 기본적인 동작에 소요되는 시간을 재어서 각 동작의 가장 빠른 방법을 뽑아 내어, (4) 그 작업을 하는 데 있었던 거짓 동작, 느린 동작, 소용없는 동작을 모두 제거한다. (5) 모든 불필요한 동작을 제거한 다음에 기본적인 동작의 가장 빠르고 좋은 방법들을 한 작업과정의 절차로 다시 구성한다. 이러한 절차를 거치면 가장 효율적이고 생산성을 높일 수 있는 생산과정이 만들어지는 것이다. 경영자는 이 방법을 노동자에게 배워주고 익히게 하면, 가장 빠른 방법으로 노동자의 육체가 할 수 있는 최대의 효과를 내게 되는 것이다.

테일러는 또한 모든 노동자들을 완전히 협력하고 좋은 일을 하도록 관심을 갖게 하기 위하여, 노동자들에게 경영에 협력하는 대가로 그가 일을 한 만큼 임금을 지급하는 방안을 고안했다. 테일러는 그러한 임금체계에서 노동자가 임금을 더 많이 받으려고 일을 열심히 할 것이라고 생각했다. 또한 일에 대해서 노동자들보다 경영자가 더 많은 지식을 갖고 노동자들에게 지시하고 노동자들은 그대로 지시한 대로 따르게만 시킴으로써, 노동자들도 더욱 행복함을 느낄 것으로 생각했다. 그러나 노동자들은 대체로 이러한 생산성향상 정책에 대해 저항하였다. 예를 들면, 제1차 세계대전 기간중에 노동자들이 매우 폭력적으로 시간동작 연구에 저항하였기 때문에 미국연방정부는 30년간 연방 실탄공장에서 모든 스톱와치의 사용을 금하는 법을 통과시켰다. 재미나게도 노동자들은 자신들을 생각하기보다는 일하라고 가르치는 과학적 관리론에 대항하여 그들의 창조적인 능력을 유인체계를 없애는데 사용하였다. 과학적인 관리론은 작업집단간의 주된 분쟁의 원천이었고, 경영자에 대한 불만의 원천이었다. 이것은 테일러가 애초에 구상한 노사협력과는 배치되는 것이었다.

개수임금제도가 원래 생산직 노동자들을 대상으로 고안된 것이긴 하나, 이 계획은 사무직노동자인 판매사원에게 집중적으로 보급되었다. 즉 판매사원은 낮은 기본급이 지급되고 그들이 판 액수에 따라 커미션이 지급되었다. 더구나 판매사원의 부인이 판 경우에도 특별수당이 주어졌으므로 더욱 열심히 일하게 되었다.

2) 인간관계 산업사회학

과학적 관리론이 작업을 공학적인 문제로 규정하고 작업동기의 경제적인 기반을 강조하였으나, 하버드 경영대학원의 엘튼 메이요와 그의 동료들은 노동에 대해 교정적인 태도를 취했다. 노동동기화에 대해서는 심리적인 기반이 있음을 가정했다. 1927년부터 미국 시카고에 위치한 호손전기공장에서의 실험은 기계공학도와 심리학자들에게 예상치 못한 연구결과를 안겨 주었다. 즉, 조명과 휴식과 같은 노동의 물리적 조건을 계속 개선했는데도 생산성이 어느 일정한 수준에서 올라가지 않았고, 그 조건을 상당히 나쁘게 해주더라도 그 생산성의 수준은 어느 일정한 수준 이하로 떨어지지 않았다. 따라서, 생산성이 물리적인 조건이 아닌 다른 것의 영향을 받을 것이라고 생각하였다.

이의 원인을 발견하기 위한 후속 1931년의 실험에서, 메이요는 노동자들의 인간관계, 즉 사회적 상호작용과 노동자의 상호의존성의 중요함을 발견하였다. 이 연구에서 다음과 같은 결과가 도출되었다. (1) 작업집단에 집단적 성과급이 적용되고 있으므로 집단의 성원이 일을 많이 하면 할수록 임금이 많아짐에도 불구하고, 그 집단의 각 공원들은 생산량을 억제하고 있었다. (2) 그 집단이 명확하게 적당한 하루의 일을 정해 놓거나 규정하고 있지는 않았으나, 그 집단 전체가 하루의 일이라고 정한 생산량의 기준에 의거하여 집단이 각 개인의 생산량을 실제로 결정하고 있었다. (3) 집단의 생산기준은 작업집단에서 형성된 비공식 조직이 규정한 여러 규범 중의 하나에 불과하였다. 노동자들은 자기들 나름대로 관습, 의무, 작업경로, 의식을 갖춘 강력한 사회집단을 형성하고 있었다. 이 작업집단이 비공식 집단이 되어 각 집단 성원으로 하여금 집단의 규범과 기대에 동조하게끔 강력히 통제하고 있었다. (4) 이 집단기준과 경영자의 요구 중에서 노동자의 비공식 조직이 각 성원의 행위를 보다 쉽사리 우세하게 결정하였다. (5) 집단 통제를 행사하는 비공식 리더는 작업성과의 점수와 지능검사의 점수와는 아무런 관계가 없음을 보였다. 지능계수가 높은 비공식 리더가 반드시 작업성과를 높이지 않았다.

노동자들은 자신이 경영결정에 참여하고 있고 더욱 큰 작업팀의 한 성원이라고 느낄 때, 노동자들은 높은 생산성과 낮은 결근율을 보인다는 것이다. 1920년대말과 30년대 초반에 걸친 호손공장실험은 인간관계론, 조직발전, 조직설계에 기반을 제공하였다. 노동자의 생산성은 노동자의 상호의존성에 따르고 있었다. 이러한 발견은 경영자들에게 인간관계론의 처방이 만병통치약으로 보이게 하였다. 즉 전혀 비용을 들이지 않고 인간적인 접촉과 유인으로써 생산성을 높일 수 있기 때문이었다. 그러나 경영진에게도 이러한 방식은 난관이 많았다. (1) 즉 사실 연구 중의 생산성의 증대는 노동자들에 대한 감시의 증대에서 나온 것이지 경영자들의 인간적인 접촉의 결과는 아니었다. 따라서 생산성의 증대는 경영자에 대한 태도, 직무만족, 사기와는 관계가 없었다. 호손공장의 실험은 개인과 집단의 경우에 모두, 산출의 양과 질의 변이의 90%를 실험변수가 설명하였다. 즉 경영통제, 불황의 경제적 상황, 원재료의 질이 설명을 제공하였고, 인간관계기제는 별로 중요치 않았다. 1차 릴레이 실험의 23개 기간에 대한 다변수회귀분석은 경영자의 통제, 불황의 경제적인 여파, 휴식시간 등이 집단과 개개 노동자의 산출의 양의 변이를 결정하였다는 것을 보여준다. 즉 감독의 압제적 성격, 연구기간중인 1929년 10월 24일에 시작된 경제불황, 노동자의 피곤, 인센티브 임금제도, 철저한 경영통제가 개개 경영자, 조직, 전체사회의 경제적인 수행에 유효하였다. 이런 점은 사실상 노동자의 인간관계보다는 경영의 성격과 과정이 중요하다는 것을 보여준다. 따라서 인간관계보다는 경영참여, 산업민주주의, 감성훈련 같은 것이 더 유효한 방법이라는 결론이 나올 수 있다. (2) 인간적으로 노동자들을 다루는 것은 진짜이어야만 유효하였다. 만일 그저 형식적으로 노동자들에게 경영참여의 권한을 준다면 노동자들의 불만은 오히려 더욱 커졌다. (3) 경영자의 인간적인 관심은 노동자들에게 소규모 집단활동, 예를 들면, 운동 팀을 구성하고, 야유회를 가고, 보험제도나 의료보험의 혜택을 가져왔다. 단기적으로는 노동자는 이를 경영자들의 관심으로 여겼으나, 궁극적으로는 노동자들이 당연히 받아야 될 것의 한 부분으로 여기게 되었다. 이것은 결국 가장제의 모습을 띠게 된 것이다.

인간관계론에 대한 공격은 2차대전 직전에 시작되어 40년대말에 끝난 논쟁을 야기시켰다. 당시에 자신을 산업사회학자라고 지칭한 사람들은 거의

다 사회학적 훈련을 받지 못했고, 자신의 연구에 사회학 이론과 방법을 적용한 것은 아니었다. 그들은 경영자의 권위를 위해 가공적인 과학적 구실을 제공하였다. 사실상 산업사회학은 과학적인 무능력과 산업적으로 강자인 자에게 도덕적인 복종을 분식하는 옷치장에 다름이 아니라고까지 비판되었다. 이들은 다음 5가지를 인간관계론이 무시했다고 주장한다. (1) 인간관계론은 대규모공장의 작업집단에 지나친 관심을 기울였다 (2) 산업관계의 본질적으로 모순적인 성격을 간과했다. (3) 작업장 행위와 태도에 노조와 공동체가 미친 영향을 간과했다. (4) 노동자를 비합리적으로 묘사했다. (5) 경제적인 인센티브와 거시경제 현상의 영향력을 간과했다.

3) 직무 확대

과학적 관리론에서는 직무의 세분화를, 인간관계론에서는 노동자의 직무소외를 다루었다. 반면에 직무확대 전략은 세분화된 조립라인직무를 보다 포괄적인 직무로 재조합하여 한 노동자가 여러 다른 직무를 하나의 완전한 조립활동으로 수행하게 하는 것이다. 이러한 전략은 소외의 무력감과 무의미감을 감소시킬 것으로 예상되었다. 초기의 보고에 따르면, 이것은 높은 생산성을 가져왔으며, 낮은 결근율과 높은 만족감, 불량률의 감소를 가져왔다. 이에 고무받은 학자들은 1950년대말에 직무설계에서의 혁신을 선언하였다. 그러나, 이 직무설계가 왜 오늘날 널리 퍼지지 않았는지는 불분명하다. 즉 기계기술 때문인지, 노동자, 노조, 경영자, 기술자 등의 저항 때문인지는 분명치 않다. 사실 노동자들의 경우에도 질좋은 제품의 생산이라는 면에서 쉽게 적응할 수는 없었다. 즉 만일 모든 과정을 노동자 일인이 만든다면, 잘못 만든 제품의 책임은 명백하게 잘못된 노동습관으로 귀착될 것이기 때문이다. 이럴 경우에는 차라리 노동자는 익명성이 보장되면서 작업을 하는 것이 유리하기 때문이다.

4) 법의 지배

법의 지배의 전략은 1930년대 미국에서 경영자, 노동자, 노동조합간의 갈등의 결과로서 발전되었다. 이 전략에서 노동자는 경영자와 교섭할 수 있을 때, 노동자는 공정한 하루의 임금에 대해 공정한 하루의 노동을 기꺼이 제공할 것이라는 가정을 하고 있다. 그러나 노사가 동등한 입장에서 서로 협력한다는 전제가 협상이 진행되는 사회적인 맥락에서 무시되었다. 따라서 경영자는 이윤추구를 우선시하는 주주들의 압력에 의해 될 수 있는 대로 임금을 낮추었고, 노동자들은 노조의 대표자들이 가능한 한 많은 임금을 받는 것으로 기대하게 되었다.

사실상 1920년대에서 40년대에 이르는 연구는 기술, 임금, 직무만족, 동기화, 생산성의 관계에 대해 상호모순적이고 완결되지 않은 결과를 내 놓았다. 대부분의 연구는 미리 짜여진 대로 결론을 맺었고, 객관적이고 과학적인 탐구에 의해 평가되지도 못했다. 작업집단내의 비공식적 인간관계를 연구하는 사회심리학적 산업사회학이 1930년대 미국에서 영향을 미쳤다. 이후 전국노동관계법이 통과되고, 단체교섭이 제도화된 후에는 노동조합의 사회적인 문제로서의 중요성이 줄어들고, 사회문제로서 인식하지 않게 되자, 사회학자 사이에 노동자에 대한 유인과 조직화에 대한 관심이 급격히 줄었다. 대신 합리적인 인간이라는 규범 아래에서, 사회화, 복종, 조직내의 통제가 행위자의 유인과 동기화에 대한 가정을 포함하게 되었다.

1950년대에 주된 관심이었던 산업관계는 점차 노동자의 통제에 대한 관심으로 바뀌어 갔다. 1950~60년대를 거치면서 산업사회학은 노동자에 대한 관심에서 작업조직으로 관심을 바꾼다. 1950년대말에는 산업사회학의 정체에 대한 논의가 주류를 이루었다. 그 배경에는 인간관계론의 상흔, 많은 사회학자가 자신을 산업사회학자로 지칭되고 싶어 했다는 사실, 직업사회학[2]과 조직사회학의 등장, 산업사회 전반에 대한 거시이론적인 관심의 증대 등이다.

---

2) 산업사회학이 주로 작업장내의 행위에 관심을 기울인 반면에, 직업사회학은 작업이 개인에게 미친 주관적인 결과, 직업의 의미, 사회생활에서의 태도와 상호관계에 직업이 미친 영향, 직업을 가진 사람들이 자신의 보수, 안정, 위세를 높이기 위하여 채택한 전술을 연구한다. 그러나 직업연구는 주로 조직서열에서 낮은 직위나 비교적 조직과 관련이 적은 직업을 연구했다. 예를 들면, 경영진보다는 청소부를 연구하는 것이다.

(2) 조직의 조정

기업구조가 복합화되어 가족기업과 크래프트생산방식에서 관료제를 이용한 회사의 형태로 바뀌었다. 어떻게 공식조직이 조직내 활동의 관리와 조정을 위하여 구조를 발전시켰는가? 복합조직 연구는 조직내의 상하위직간의 관계가 걸려 있는 모든 역할이 있는 지위의 연계를 연구하는 것이다. 이는 근대로 넘어오면서 조직의 규모가 커지고, 중간경영진의 숫자가 많아지고, 조직외 상황의 중요성이 커지기 때문이다. 이 변화는 많은 수의 노동자들을 조정하기 위한 전략의 변화이다. 작업구조화는 직업적인 원칙과 관리 조직적인 원리의 두 가지가 있다. 관리조직적인 원리에서의 구조화는 관리제도 또는 공식조직의 형태에서의 구조화를 의미한다.

몇몇 사람들이 작업과제를 목표에 맞추어 구상하고 계획하고, 이 목표를 공유하지 않는 사람들이 작업과제를 수행하게 하기 위하여 다른 사람들의 노력을 동원하고, 보상하고, 조정·통제하는 방식을 조직이라 일컫는다. 물론 공식적인 작업조직을 사회학적으로 이해하기 위해서는 공식작업 조직을 규칙적인 행위의 전반적인 유형으로 보아야 한다. 이때 규칙적인 행위란 일련의 비공식적, 사적 때로는 부당한 행위와 조직장치까지를 포함한다. 공식조직이란 특정 목표를 성취하기 위하여 특정인이 다른 사람의 행동을 규제하는 사회관계 속으로 들어오게 하는 사회 기술적인 장치들이다.

근대 작업조직의 기본 설계원칙은 4가지가 발전되어 왔다. ① 공정성과 효율성을 중시하는 관료제, ② 지휘[3]와 지도[4]의 단일성을 주장하는 고전적인 관리원칙, ③ 테일러주의, ④ 노동경영전략과 시장상황을 결합한 포드주의가 그것이다. 그러나 조직연구와 관련되어서는 다음 4가지 연구조류가 있었다.

1) 합리적인 조직, 비합리적 개인

(1) 산업조직의 연구는 산업의 사회구조를 발견하는 것이었다. 여기서는

---

3) 지휘를 받는 사람이 한 사람이다.
4) 같은 목적을 가지는 집단의 활동은 단일 계획과 단일 지휘자가 있다.

고전경제학의 분석모형에 내재한 경제관계의 원자적이고 기계적인 개념에 대한 반작용, 즉 산업조직의 내재적인 사회적 성격을 분석하는 것과, 공식적인 관료구조를 공장내의 사회관계의 정확한 묘사라고 주장하는 조직의 원리에 대한 비판을 모두 포함한다. 그러나 실제의 연구에서는 양면을 모두 중시하였다. 메이요와 그의 동료들의 연구에서는 결근과 퇴직과 같은 피용자의 불만의 징후와 비효율적인 생산의 원인은 피용자 동료간의 원자화되고 비인간적인 관계와 직접 연관되어 있으며, 작업집단의 존재와는 역으로 관련이 있다고 한다. 또한 집단의 보호를 위하여 산출을 제한하는 관행이 있다고 한다. (2) 산업조직의 연구에서 노동조합의 구조가 거의 무시되었다. 이로 미루어 산업사회학은 아직 편파적으로 경영자의 이익을 대변하고 있다고 보인다.

바나드는 1938년, 산업조직은 경영자, 노동자, 소비자 등 모든 조직 참여자의 공동선을 지향하는 협동체계라고 주장한다. 그는 엘튼 메이요의 인간관계론의 가정과 같이 인간심리에 기반을 두고 있었다. 조직은 노동자들이 공동의 합리적인 목표를 성취하기 위해 자발적으로 행동해야 하는 협동체계라고 믿고, 경영자들의 지침과는 어긋나는 모든 노동자들의 행동을 반란의 무의식적이거나 비합리적인 행동이라고 여긴다. 사실 이것은 근대 가장제의 한 예이다. 왜냐하면 경영자들이 조직의 일에 대해 전능적이라고 가정하고, 노동자는 그들의 충성을 표현하는 것으로 기대되기 때문이다.

2) 의사결정이론

바나드는 조직의 목표를 달성하는 데 조직구성원이 협조하기 위한 수단으로서 유인을 강조하였다. 바나드가 조직과 개인의 욕구를 대비시켰다면, 수학적인 게임이론의 관점에서는 조직적인 합리성을 추구하기도 한다. 1956년에 사이몬은 개인과 조직 모두는 각자 자신의 이익을 위하여 합리적으로 행동하는 것으로 가정했다. 조직의 성원을 의사결정자와 문제결정자로 다루었다. 조직구조의 특성은 바로 인간의 문제해결 및 합리적 선택의 특성에서 나온다고 주장한다. 조직의 자극에 대해 조직성원들이 행하는 반응의 조직화된 배합이 바로 행동프로그램으로 나타난다. 이런 과정에서는 문제해결을 위한 탐색과 선택과정은 매우 간략하게 이루어진다. 행동프로그램은 대부분의 상황에서 모든 조직참여자, 특히 하위지위자의 행동을 대부분 설명하게 된다. 따라서 행동프로그램에 대한 지식을 가지면 대부분의 조직성원의 행동을 이해하고 예측할 수 있다고 주장한다.

3) 관료제의 병폐

1940~50년대에 조직론적 사회학은 베버의 명제인 관료제는 조정의 가장 효율적인 형태라는 것을 검증하려 했다. 1915년에 미헬스가 정당은 관료들의 이익을 반영할 뿐, 전체구성원의 이익을 반영하지 않는다는 것을 발견했다. 머튼은 1968년에 관료들은 상급자의 명령에 따름으로써 월급을 받기 때문에, 변화된 환경에 적응하지 못하고 훈련된 무능력을 보여 준다고 지적하였다. 블라우는 1955년에 노동자들은 가장 수량화가 잘되고, 감독자가 평가하는 데 사용되는 기대만 충족시키며 노동한다는 것을 발견한다. 평가의 방식이 바뀌면, 작업수행 방식도 바뀐다고 한다. 굴드너는 1952년에 레드테입은 관료들이 자신들의 이익에 봉사하기 위하여 생기기도 하고 없어지기도 한다고 주장하였다. 셀즈니크는 1949년에 레드테입 또는 관료들의 무능은 사실 조직화된 집단이 조직의 특정측면을 통제하기 위하여 체계적으로 노력하는 것으로 파악한다. 가끔 이 집단은 조직의 바깥에 존재한다. 조직에의 침투는 그 조직목표의 달성을 쉽게 하기 위하여 외부의 집단에 권력을 주는 의도적인 전략이었다. 1954년에 굴드너는 조정을 잘하기 위하여 관료제를 도입하여 사무처리 단계를 많이 만든 공장에서, 새로운 문제가 발생하여 새로운 관료제를 도입하기도 하는 것을 발견하였다. 이것은 순환적인 관료제의 증대를 불러 일으킨다.

4) 기술적인 함의를 가진 산업사회학

기계와 사회기술의 변화는 기업조직의 변화와 사회전반의 산업화과정의 변화와 연관된다. 따라서 기술의 혁신은 전반적인 조직적, 사회적, 문화적, 경제적인 전제조건들이 충족되어야 한다. 최근에 개발된 새로운 기술의 도입은 산업사회학에 새로운 과제를 부과하였다. 컴퓨터에 도움받은 조직적이고 통제적인 기술의 발전에 기초한 신합리화전략은 전체적인 산업과정의 통합을 가속화시키고 있다. 신합리화전략은 또한 공장간의 관계를 포괄하면서 기술의 가변적 능력에 초점을 맞추고 있다.

이러한 신합리화정책은 산업사회학의 새로운 연구과제를 제시하고 있다. 공장의 전반적인 합리화전략은 유연화와 경제화라는 전반적인 공장의 전략과 연결되어 연구되어야 한다. 새로운 기술에 기반을 둔 신합리화 정책은 산업사회학에 세 가지의 연구과제를 구체적으로 부여하고 있다. 공정 통합의 가속화, 산업노동자와의 관계와 이중적인 산업구조의 문제가 그것이다. (1) 즉 새로운 조직적 통제기술의 기반 위에서 공장 전체를 체계적으로 합리화시키고 있을 뿐만 아니라, 공장간 통합을 가속화시키고 있다. 새로운 기술이 공장의 권위구조에도 영향을 미치지만 이에 앞서서, 새로운 기술을 정착시키는 데에 따르는 공장의 권력관계에서 도입조건을 연구해야 한다.

(2) 기술의 변화와 산업노동의 관계: 기술의 변화는 노동력의 가변성으로서의 중요성을 경감시키고 있다. 새로운 정보기술의 발전으로 노동력의 가변적인 속성으로서의 중요성이 감소되기는 하지만 효율성을 증대시키기 위한 노동력의 광범위한 이용의 중요성이 없어지는 것은 아니다. 개개의 노동자들이 과거에는 특정 하부과정에만 물질적으로 연결되어 있었지만, 이제는 회사 전체의 공정과정과 관련이 더욱 중요한 문제로 떠오르고 있다. 자본주의적인 이윤계산에 의거한 기술적이고 조직적인 발전이 이루어지고, 대부분의 노동자에게는 전문적인 자격이 와해되는 것을 의미하였다. 테일러주의는 하나의 운명처럼 보였다. 판매의 부진과 시장상황이 점차 불안정해지고 급변하는 상황에서는 컴퓨터기술에 기반을 둔 기술적이고 조직적인 혁신이 더욱 중요하게 되었다. 실제 연구의 결과는 자동차산업에서조차 신생산방식 적용은 고기술공정의 적용을 한정시키고, 대부분의 조립부분에서는 아직도 테일러방식이 널리 사용되고 있음을 보여 준다. 따라서 아직 신생산방식이 전산업을 포함한다는 징후는 보이지 않고 있다.

(3) 이중적인 산업구조의 문제는 대량생산과 단위생산의 공존을 지칭한다. 단위생산이 자본주의적인 합리화에 저항하는 후진적인 산업이 아니라는 것이다. 사실 산업구조의 이중성은 전체체계에 기능적으로 필요하다. 단위생

산과 대량생산 산업은 서로 의존적이고, 대부분의 단위생산 산업은 대량생산을 위한 기계를 생산하기 때문에 두 가지 방식은 공존하고 있다. 이러한 이중성은 산업노동의 여러 형태의 다종성 또는 분화를 야기하고 작업과 고용구조의 분화를 일으키고 있다. 또한 극소전자에 기반을 둔 제조기술에 덧붙여, 컴퓨터에 도움을 받은 통제기술은 합리화와 생산과 노동의 통제에 새로운 가능성을 주고 있다.

현재의 이론이 경시하고 있는 것은 피용자가 고용되기 전의 상태, 경쟁하는 조직이 다른 차원에서는 서로 협조하면서 동맹을 맺는 과정 등이며, 특정의 상품과 용역이 생산이 되고 다른 것은 생산되지 않는가, 이러한 상품은 소비자 또는 사회 전체와 어떻게 연관되는가, 장기적이고 거시적인 결정은 어떻게 이루어지는가 등의 의문은 아직 제기되지 않고 있다. 최근에는 공장이 불평등 연구의 구조적인 시각에서 핵심적인 매개변수로 등장하고 있다. 이런 맥락에서 추가로 제기되는 연구문제들은 이중노동시장론, 조직간의 관계, 시장연구, 산업체계 연구, 자본주의에 대한 맑스주의의 연구와 소유구조, 엘리트연구와 엘리트 연결망, 직업집단 연구가 조직과 연관이 되는가 등이다.

Ⅰ장의 핵심단어

산업사회학, 도덕공동체, 인간관계론, 관료제, 가장제, 테일러(시스템), 개수임금제도, 노동동기화, 직무설계, 유인체계, 직업사회학, 크래프트생산방식, 게임이론, 레드테입, 신합리화정책, 유연화와 경제화.

Ⅱ. 노동세계의 사회구조적 맥락

1. 사회구조의 인식준거틀: 맑스주의적 관점과 체계이론적 관점

일반적으로 현실을 인식하는 데 있어서 일정한 관점 또는 입장을 전제로 하게 된다. 현실인식의 형식을 이론이라고 한다면 이론은 일정한 전제를 필요로 한다. 다시 말하면 전제 없는 이론은 존재할 수 없다는 말이다.

노동세계는 공업사회의 일부분이다. 따라서 노동세계를 이해하기 위해서는 우선 그것과 공업사회의 관계를 알아볼 필요가 있다. 그런데 공업사회로서의 현대사회를 인식한다는 것은 곧 사회구조, 즉 사회의 각 부분요소들 사이의 복합적 관계들을 인식하는 것이나 다름없다. 그리고 사회구조 또는 사회현상을 인식하는 데 있어서는 인식주체에 따라서 다양한 관점이 전제될 수 있으나 크게 보아 맑스주의와 체계이론이라는 두 가지 관점이 구별된다. 다양한 용어로써 표현되는 다른 관점들은 이 두 가지 관점과의 친화정도에 따라 두 관점범주에 귀속될 수 있다.

물론 맑스주의나 체계이론의 개념은 그 안에 여러 갈래의 분화된 이론지향성들을 내포한다. 맑스주의 안에는 가령 헤겔주의적 맑스주의, 역사주의적 맑스주의, 구조주의적 맑스주의, 분석적 맑스주의, 신맑스주의, 포스트 맑스주의 등이 있고, 체계이론의 범주에는 구조-기능주의, 교환이론, 상징적 상호작용론, 민속방법론 등이 포괄될 수 있다. 이들 사이의 섬세한 차이점들을 구별해 볼 수 있겠으나 우선 거시적 시각에서 두 가지 관점범주의 공동특성들을 단순화하여 부각시킴으로써 그 주요내용과 상호간의 차이점을 가늠해 볼 수 있다(<표 1> 참조).

<표 1> 사회이론의 두 가지 관점

	맑스주의적 관점	체계이론적 관점
1. 현실인식방법론	총체론적	분석적
2. 사회구성체론	2원론(토대와 상부구조) 유물론적 결정론	다원론, 문화결정론
3. 사회변동론	계급구조의 변증법적 발전	균형회복을 위한 하위 체계의 상호작용
4. 역사관	역사의 목표상정: 사회주의 실현을 지향하는 역사발전의 필연성	역사의 목표부인: 합리성의 자기발전적 역사전개
5. 과학관	이론과 실천, 사실과 가치의 통일추구: 과학의 정치화 요구	이론과 실천, 사실과 가치의 분리: 과학과 정치의 기능적 구별
6. 이론구성의 지향성	법칙인지의 전제아래 목적론적 이론구성	법칙발견을 추구하는 실증주의적 이론구성

다시금 강조하거니와 여기에 서로 대조되고 부분적으로는 서로 반대되는 것으로 부각된 두 가지 관점은 현실인식의 전제가 되는 관점들의 이념형적 유형에 불과하다. 각 비교항목에 대한 두 관점들의 내용에 관해서는 부연설명을 생략하기로 한다(이에 관한 자세한 논의는 '사회과학방법론'과 관련된 자료들을 통하여 시도될 수 있을 것이다). 그러나 어느 관점이 보다 더 타당성을 갖는지 비판적 논의가 필요하다. 여기서는 다만 필자의 기본입장을 다음과 같이 요약하여 밝혀두고자 한다.

(1) 현실을 총체적으로 인식하기는 매우 어렵다. '총체'라는 개념은 특정 인식대상에 대한 인식수준에 따라 그 범위를 달리 한다. 가령 '한국사회'라는 인식대상을 어떤 관찰수준에서 인식할 것인가에 따라 총체적으로 인식하는 것이 가능할 수도 있고 불가능할 수도 있다. 총체적 사회인식은 사회학의 연구목표이며 이를 달성키 위하여 분석적 방법을 시도하는 것이 불가피하며 유용하다.

(2) 사회는 부분들(개인, 집단, 조직)의 복합적 상호작용의 관계들로써 구

조지워져 있으며 정치, 경제, 문화의 3대 주요기능의 상호결정기제에 따라 제도화되어 있다. 사회구조의 성격형성에 있어서 어느 기능이 우위를 차지하느냐는 기존 사회구조의 합리화 또는 조직화 정도에 따라 다르다.

(3) 사회변동의 궁극요인은 사회구성원의 욕구체계와 욕구충족수단인 자원의 희소성과 기존 사회구조와 제도의 성격에 있다. 개인과 구조/제도는 사회변동의 주체 또는 거점이 되며 그들 사이의 상호작용 과정을 통하여 사회변동의 방향과 방법이 결정된다.

(4) 역사가 궁극적 목표를 예정하고 이를 향하여 발전한다고 볼 만한 근거가 없다. 인류역사의 전개는 삶의 주체인 인간과 그 집합체의 욕구충족의 추구과정으로서 합리성의 구현과정이라고 볼 수 있다.

(5) 과학(학문)과 정치는 삶의 질적으로 서로 다른 두 차원이다. 그와 각각 상응하여 관련된 이론과 실천, 사실과 가치, 존재와 당위는 역시 질적으로 서로 다른 영역으로서 명확히 구별되어야 한다. 과학/존재와 정치/당위의 변증법적 상호작용을 통하여 전개되는 합리성의 발전과정으로서의 삶은 해방지향적 통일성을 갖게 된다.

(6) 과학적 이론은 진리(법칙) 발견을 추구하는 것이 그 기본목표이며, 특정이론의 타당성, 즉 진리근접성은 그것의 사실상응 정도에 따라 판단된다. 이론의 객관성과 보편적 진리성이 항상 추구되어야 할 규범적 가치로서 인정될 때에만 이론에 관한 상호주관적 토론과 이해가 가능하다. 이런 의미에서 베버(Max Weber)의 가치중립성 또는 가치판단 배제의 요구는 정당한 것이다. 모든 학문적 이론은 세 가지 종류로 분류될 수 있다 ① 앎 자체의 추구를 내용으로 하는 인지적 이론, ② 특정목표의 달성을 위한 수단강구에 관한 이론, 즉 정책학적 문제해결 방법을 내용으로 하는 수단적 이론, ③ 위의 두 가지에 관한 방법론적 메타이론(metatheory)이다.

어떤 학문적 연구문제를 다룸에 있어서 특정관점을 견지하고자 할 경우에는 이를 미리 밝혀 두는 것이 바람직하다. 누구나 어느 한쪽으로 기울어지는 기본관점을 선호할 수는 있으나 항상 자기의 준거입장을 객관화하여 재검토하는 비판적 자기성찰의 태도를 견지할 필요가 있다.

2. 현대자본주의의 구조적 조건

(1) 전자본주의적 잔존요소들

자본주의사회에서의 노동세계에는 특히 그 노동조직과 노동조건에 있어서 이른바 '자본주의적 생산관계들'만이 그 역사적 제약조건으로서 작용하는 것은 아니다. 거기에는 비자본주의적 구조여건들이 자본주의의 생성 이전과 고도발전 단계 이후에도 권위주의적 또는 폭력지배적 힘으로 끈질기게 영향을 미치고 있다. 이들이 곧 전자본주의적 구조여건들이다.

첫째로 대중지배의 봉건주의적, 가부장제적, 준군사적 형태들이 상존한다. 보다 구체적으로는 기업조직을 하나의 '대가족'으로 간주하는 경향, 기업운영에 있어서 엄격한 훈련과 감독, 위계질서의 등급체계, 명령과 지시하달체계 등이 필수적 요소로 간주되고 있는 사실 등이 전근대적인 권위주의적 구조들의 온존을 반증한다. 둘째로 노동세계에서도 남성지배와 여성에 대한 가부장제적 차별대우가 아직도 완전히 불식되지 않고 있다. 청소년층에 대한 성년들의 차별대우도 같은 맥락에서 볼 수 있다. 셋째로 육체노동에 대비되는 정신노동의 계급지배적 특권화도 전통적으로 이어져 내려온 전자본주의적 구조여건 중의 하나다.

(2) 자본주의적 구조여건

현대사회의 노동세계에 내재되어 있는 자본주의적 구조여건은 크게 두 부분으로 나누어 볼 수 있다. 하나는 자본주의의 형성논리에 따라 의존적 노동자의 착취가 일상적으로 행해지고 있다는 점이고, 다른 하나는 자본주의 경제체제에 내재하는 불안정성으로 인하여 노동자들은 생존의 불안 가운데 삶을 영위케 된다는 사실이다.

먼저 첫번째 구조여건을 자세히 살펴보기로 한다. 자본주의경제를 지배하는 원칙은 자본의 증식, 즉 잉여가치의 창출에 있다. 자본은 원래 노동의 산물이며 '과거의 대상화된, 죽은 노동'(Marx, 1976:209; 맑스, 1989:250)이라고도 한다. 그것은 자본주의적 생산관계들로부터 형성된 자산이라는 물질적 형태를 띠고 있기 때문에 그러한 사회적 관계를 그 안에 함축하고 있다. 자본주의적 생산과 교환관계는 다음 도식으로써 단순화하여 표현될 수 있다(Bottomore, 1983:61; Marx, 1976:161~70; 맑스, 1989:183-95).

M − C − LP, MP . . . P. . . C′ − M′

M: 화폐형태의 자본, C: 상품으로서의 원료(투입물), 즉 생산자본, LP: 노동력, MP: 생산수단, P: 생산과정, C′: 생산된 상품(산출물), 즉 상품자본, M′: 최초의 화폐자본(M)에 잉여가치(dM)가 추가된 화폐자본(M+dM).

M−C−M′은 단순한 상품유통을 통한 자본증식으로서의 상업자본의 순환과정을 표시하며 C−LP, MP...P...C′는 산업생산과정을 표현한다.

'노동력'(Bottomore, 1983:265ff.)은 상품에 가치를 더해주는 유용한 노동을 할 수 있는, 인간이 갖고 있는 모든 정신적, 육체적 능력이다. 그것은 노동자가 화폐임금에 대한 대가로 자본가들에게 파는 것이다. 맑스에 의하면 '노동력'은 '노동'과 구별되어야 한다. '노동'은 상품의 사용가치를 변경시키고 상품에 부가가치를 더하는 인간의 생산적 힘들의 실천적 행사다. 노동의 산물들은 상품으로서 매매될 수 있다. 그러나 노동 자체, 즉 생산적 활동을 사고 판다는 생각에 어떤 정확한 의미를 부여하기는 어렵다. 노동의 산물을 팔 수 없는 생산자인 노동자는 노동할 수 있는 힘, 즉 노동력을 팔지 않으면 안된다. 왜냐하면 그는 그것 이외에는 다른 생산수단을 소유하고 있지 않기 때문이다.

'노동력'의 개념은 '잉여가치'의 원천을 설명함에 있어 '노동가치론'에서 등장한다. 노동력은 하나의 특수한 상품이다. 왜냐하면 자본가는 노동력을 삼으로써 노동을 활용하며 노동은 가치의 원천이기 때문이다. 자본주의 생산체제에 있어서 잉여가치의 원천은 자본가가 노동력에 대해 지급하는 가치가 그들이 활용하는 노동이 상품들에 부가하는 가치보다 작은 데에 기인한다.

여기서 논의의 전개를 잠깐 멈추고 우선 여기에 등장한 기본개념들의 의미를 명확히 파악할 필요가 있다. 먼저 '가치'라는 개념은 인간의 욕구충족의 수단이 되는 자원이 지니는 특성을 가리킨다. 자원은 그것이 삶의 주체인 특정인의 욕구를 충족시켜 주거나 욕구충족에 도움을 주는 경우에만 그 사람에게 가치있는 것이며 가치담지체가 되는 것이다. '노동가치론'은 노동력이 가치창출의 원천이며 따라서 특정상품의 객관적 가치는 그 상품생산에 소요된 노동력의 크기, 즉 구체적으로는 소요노동시간의 양에 따라 결정된다는 맑스의 견해를 뜻한다. '사용가치'는 삶의 주체가 자기의 욕구충족을 위해서, 즉 직접적 소비를 위해서 생산하거나 획득한 상품이 지닌 가치이므로 주관적 평가기준, 즉 당사자의 욕구체계에 따라 결정된다. 다시 말하면 원래 욕구충족의 수단인 자원이나 상품의 생산자가 곧 소비자인 경우에 그 자원이나 상품이 갖는 가치가 사용가치다. 반면에 '교환가치'는 사용가치를 지닌 상품이 갖는 다른 상품과의 교환가능 능력의 가치다. 따라서 그것은 상품교환의 장소인 시장과 교환매체인 화폐를 통한 교환제도, 즉 자본주의 경제체제의 존재를 전제로 한다. 교환가치는 시장에서 교환가능한 상품들 사이의 양적 측정에 근거하는데 이는 결국 그 객관적 평가척도인 화폐의 양으로 표현된다.

노동력이 자본가들을 위해 시장에 나타나게 된 역사적 전제조건은 '자유' 노동자들의 계급의 출현이다. 여기서 '자유'란 두 가지 의미에서이다. 하나는 노동자들이 그들의 노동력의 잠재적 구매자들인 자본가들과의 교섭을 통하여 일정한 기간 동안 그들의 노동력을 처분할 법적 권리를 가진다는 뜻에서 자유롭다는 것이고, 다른 하나는 그들은 노동력 이외의 다른 생산수단을 소유하거나 그것에 접근함에 있어서 자유롭다는 것이다. 즉 소유나 접근으로부터 배제되어 있다는 의미에서 자유롭다는 것이다. 그래서 노동력의 출현은 노예제와 농노제, 그리고 노동력을 교환과정에서 처분할 권리에 대한 모든 제한조치들의 폐지를 필요로 한다. 그것은 또한 노동자들의 생산수단으로부터의 분리를 필요로 하며 따라서 그들은 그들 노동의 산물을 생산하고 팔 수 없으며 다만 그들의 노동력을 팖으로써 삶을 영위토록 강요된다.

노동력은 다른 상품과는 다른 특수성을 지니며 이로써 자본주의적 생산체제에 있어서의 주요모순들을 생기게 한다. 첫째로 노동력은 시장에 팔리기 위한 상품으로서 나타나지만, 그것은 다른 상품들처럼 생산되지는 않는다. 노동력의 생산은 인간으로서의 노동자들의 생물학적, 그리고 사회적 재생산의 한 측면이다. 이 재생산의 복합적 과정은 자본주의적 또는 상품관계들과는 사뭇 다른 사회적 관계들을 내포한다. 노동력은 가정에 의해서 재생산되거나 비자본주의적 생산양식을 극복함으로써 재생산된다. 둘째로 노동력의 사용가치는 그것의 가치생산 능력이다. 노동력은 다른 상품과는 달리 그것을 이용하기 위해서는 구매자인 자본가는 판매자인 노동자와 일련의 새로운 관계들을 맺지 않으면 안된다. 노동력으로부터 노동을 빼내는 것은 구매자와 판매자 사이에 그 상품의 가격, 즉 임금에 관한 일상적 협상을 넘어서서 추가적 갈등문제들을 야기한다. 즉 노동의 강도와 조건들에 관한 갈등들이다. 이들 적대적 계급갈등들은 근본적으로 자본주의적 생산의 기술적, 그리고 사회적 측면들을 구조짓는다. 끝으로 노동력의 판매는 노동자를 그 자신의 창조적 생산력으로부터 소외시키는데 이 생산력은 자본가의 손으로 넘겨지게 되고 따라서 노동의 산물에 관한 여하한 통제로부터도 소외되게 된다. 하나의 상품으로서의 노동력의 출현에서 사용가치와 교환가치 사이의 상품형태의 모순들이 노동자의 그의 노동과 산물로부터의 소외로서 다시 나타난다. 맑스는 노동력과 노동 사이의 차이 발견을 경제학에 대한 그의 가장 중요한 긍정적 기여로 간주했다.

그런데 '잉여가치론'에 대한 다음과 같은 반론들이 제기될 수 있다 (Vilmar, 1982:143).

(1) 세계경제무대에서의 경쟁은 합리화와 생산성 향상을 강요하며 개별자본가는 이에 대해 무력하다.

(2) 실현된 잉여가치는 실은 기업가의 수익, 즉 기업이윤으로서 자본투입과 결부된 기업가적 위험부담에 대한 정당한 상여금이다.

(3) 잉여가치의 창출은 그 자체가 목적이 아니라 국민경제적으로 유용한, 실로 새로운 투자를 위한 예치금이다.

(4) 잉여가치는 근본적으로, 맑스주의자들이 주장하듯이, 노동자들만의 가치창출에 근거한 것이 아니고, '한계효용론'에서 보여주듯이, 노동자들이 전혀 영향을 미칠 수 없는, 시장에서의 이윤획득 기회를 슬기롭게 활용한 데에 주로 기인한 것이다.

(5) 의존적 노동자들의 소득수준, 노동과 여가의 조건들은 지난 100년 동

안 줄곧 개선되어 왔다. 그밖에 잉여가치의 대부분이 조세로서 납부되었으므로 착취라는 것은 어불성설이다.

(6) 한 기업에서의 가치창출의 증대는 결코 종업원들만의 실적은 아니며 전체사회에서의 다양한 생산요소들의 종합적 실적이다. 이 점은 '노동가치론'에 대한 비판에도 적용된다. 맑스의 노동가치론에 의하면 상품의 가치(가격)는 해당 상품의 생산에 소요된 노동시간의 양에 따라 결정된다고 하지만, 거기에 다른 복합적 요소들이 고려될 필요가 있다.

상품의 가치를 결정짓는 것은 상품생산의 주체인 사회-기술체계로서의 생산조직과 그 사회적 및 자연적 환경이 내포하는 여러 가지 요소들의 비용이 결합되는 결과로서 나타난다. 이들 요소들은 다음과 같다. ①노동력의 생산비, 즉 노동자의 생계비, ②노동력의 생산능력, 특히 기술지식과 기능, ③노동시간(이것이 맑스가 말하는 단일요소이다), ④기계설비의 생산력, ⑤조직의 결성과 운영의 비용인데 효과성과 효율성을 포괄하는 조직의 합리성 수준을 나타내며 기업가의 자본비용과 경영능력은 물론이고 노동조직의 힘도 영향을 미친다. ⑥사회간접자본의 비용으로서 그것의 생산효율성에의 기여도와 유통과정의 생산성으로 나타난다. ⑦시장에서의 해당 상품에 대한 수요와 공급의 상대적 교환관계, ⑧수요자의 욕구체계, ⑨자연환경오염의 비용 등이다.

'잉여가치'는 노동자에게 지급되는 임금 이외의 상품판매 수익에 해당하므로 위의 여러 비용요소들에 귀속되어야 할 것이다. 문제는 따라서 각 생산요소의 기여정도(생산비용률)에 따라 그 비용보상의 귀속이 결정되도록 분배의 공정성과 계산의 정확성을 실현시키는 데에 있다. 그런데 실제적으로 이 문제를 완벽하게 해결하는 것은 거의 불가능하다고 볼 수 있다. 왜냐하면 각 요소의 생산기여도를 양과 질에 있어서 정확히 평가하기는 매우 어렵기 때문이다.

이러한 비판적 논거들이 자본주의사회들에 있어서의 막대한 재산축적에 비추어 맑스주의자들의 자본주의적 생산관계와 노동질서에 대한 비판을 받아 넘길 수 있는가의 물음에 대해서는 두 가지로 나눠서 답변할 수 있을 것이다. 첫째는 위에 열거된 요인들은 잉여가치 창출의 정도와 귀속에 관해 어느 정도의 설명력을 지닌다고 볼 수 있다. 둘째로, 그러나 위의 논거들은 잉여가치가 창출되고 있다는 사실, 즉 자본주의 경제체제에서의 잉여가치 창출의 원칙 자체는 부인할 수 없다는 것이다.

맑스주의이론에서 또 문제시되는 것은 '생산적' 노동과 '비생산적' 노동의 구별기준이다. 맑스에게서 '생산적' 노동이란 자본의 가치실현 수단인 경우에 한정된다. 즉 생산과정에 직접 참여한 노동자만이 생산적 노동을 수행한 것이 된다. 따라서 상업, 무역업 또는 서비스업에 종사하는 노동자는 비생산적이다. 이러한 견해는 그릇된 것이다. 기획, 관리, 통제, 기계설비의 수선 등의 노동은 물론 연구와 기술개발(R&D)의 노동도 비생산적이라고 간주된다면 그런 구별은 지극히 비현실적이다. 왜냐하면 그런 노동들도 혁신적이며 이윤증대를 위한 생산과정을 위해서는 실질적으로 매우 중요한 기여를 하기 때문이다. 그런 그릇된 견해는 생산과정 밖에서는 하등의 가치도 형성될 수 없다고 보는 데 기인하지만 오히려 그 반대로 '교환가치'(Tauschwert)와 '가치화(가치실현)'(Verwertung)라는 맑스주의적 핵심개념이 함축하듯이 자본주의적 시장경제의 조건들 아래서는 생산과정 안에서는 전혀 가치 자체가 형성될 수 없고 시장에서만 화폐의 형태로서 실현된다. 아무리 산처럼 많은 생산품이 쌓여 있다고 할지라도 그것이 자본주의적 의미에서 교환가치나 잉여가치를 창출하려면 시장의 교환기제를 통해서만 비로소 가능하게 된다. 물론 상·하수도, 전기·통신기업, 문화적·사회적, 그리고 교육서비스 등 국가의 공기업과 공공서비스 분야에서의 노동은 모두 자본주의적 가치실현에의 이해관심을 추구하는 것이 아니므로 우리 사회에서의 노동세계를 단순히 '자본주의적 노동세계'와 동일시할 수는 없다. 그러나 이들 노동이 자본주의적 잉여가치의 생산이라는 의미에서는 아니라 할지라도 '생산적'임에는 틀림없다.

여기서 한가지 분명히 해둘 것은 기업가가 그의 생산활동에서 목표로 삼는 이윤(잉여가치)은 결코 그가 고용한 노동자들의 가치창출에만 기인하는 것은 아니라는 것, 즉 그들로부터 착취된 것으로 정의되고 그들에게 지급되지 않은 임금으로서 단순히 간주될 수는 없다는 것이다. 다시 말하면 하나의 가치창출과 그와 더불어 자본가에게 있어서의 잉여가치의 생산은 해당 기업체의 내부와 외부에서 수행된 매우 다양한 종류의 노동이 서로 결합됨으로써 가능케 된다는 것이다. 우리 사회의 노동과정과 경제과정들에서 가치들과 잉여가치들을 생산해내는 것은 기업의 종사자들인 '총노동자'(Gesamtarbeiter)(Marx, 1976:249; 맑스, 1989:298)에 의해서가 아니라, 전체사회적인—실로 자주 국제적인—총노동자들의 분업과 통합적 생산성에 의한 것이다. 생산수단의 소유자는 그 재산권의 행사에 있어서 공공복리에 어긋나지 않아야 한다는 '사회적 의무성'(Sozialpflichtigkeit)의 헌법적 규정은 따라서 그의 기업체의 피고용인들에 대해서뿐만 아니라 전체사회에 대해서 관련됨이 분명해진다.

위에서는 자본주의 경제체제에 있어서 노동과 가치실현의 전체사회적 성격을 검토했지만 다른 한편으로 자본주의체제의 구조적 특성인 간헐적 위기와 실업사태가 노동자들에게 이중적으로 생존 위협을 안겨주게 된다. 하나는 해고의 가능성을 항상 의식해야 하는 개별노동자의 불안상황이고, 다른 하나는 전체 국민경제, 특정 경제분야 또는 개별기업이 직면하는 위기로 말미암은 사회계급으로서의 노동자집단의 생존에 대한 위협이다.

자본주의 경제체제는 사적 이윤추구와 자본축적을 기본원리로 구성되어 있으므로 생산수단의 독·과점화가 필연적으로 초래되며 불평등구조가 심화될 수밖에 없게 된다. 다른 한편 위에서 본 바와 같이 생산과 노동은 사회적 성격을 띤다. 따라서 여기에 사회구조적 모순이 드러난다. 사회적 생산이 소수의 사적 자본가들의 전유물이 됨으로써 인간존엄성에 대한 위험을 빚어내게 된다. 왜냐하면 사적 이윤추구가 근간을 이루는 경제체제는 전체사회적으로 안정된 경제성장과 노동시간의 단축을 통하여 완전고용과 생존보장을 실현할 수 없기 때문이다. 경기변동과 경제체제의 위기에 대한 취약성은 자본소유자들의 사기업 경영의 이해관심으로부터 필연적으로 초래되는 것이며, 이것이 자본주의 경제체제 자체의 구조적 불안정성을 야기하게 된다.

사적 자본축적과 이윤의 극대화라는 목표는 국민경제 전체의 요구와 공익을 위한 계획을 수용하기 어렵게 된다. 시장경제적 계획은 주로 공업기업가들의 기업경영적 이해관심과 그들의 단기적 또는 중기적 이윤증대에의 우선적 지향성을 고려하는 수준에서 제한되기 때문에 구매력을 갖춘 수요보다 훨씬 더 빨리 생산능력과 공급을 발전시키는 경향이 있고, 효율적 생산수단의 개발은 전세계적 경쟁무대에서의 시장지위의 유지와 구축을 위해서, 그리고 지속적인 이윤기회의 확보를 위해서 필수불가결한 전제조건이다. 이에 반하여 수요는 다만 필요악으로만 여겨지게 되고 개별자본가나 경영인에게는 임금비용과 봉급비용으로 간주되므로 이를 가능한 한 낮은 수준에서 유지하려고 한다. 이러한 수요측면의 발전을 소홀히 취급하게 되면 결국 기업가는 그 대가를 치르게 된다. 즉 불충분한 상품판매는 이윤감소를 가져오고 이는 다시금 경제의 침체를 불러온다. 위에 서술한 사적 경제기제, 즉 전체 국민경제적 계획을 결여한 사기업가의 일방적 이윤극대화의 불가피성과 과잉생산(또는 유효수요의 저발전)은 경기의 호황과 불황의 순환변동을 빚어낸다. 항상 되돌아오는 판매와 성장의 위기(오늘날엔 세계경제적, 그리고 생태학적 위기요소들이 추가작용하여 더욱 심화되고 있다)라는 의미에서의 경제구조적 불균형의 이러한 추세는 투자성향의 저하, 가치실현 불가능한 자본재의 누적과 대량실업으로 이어진다.

따라서 의존적 노동자들은 이러한 사경제적 체제에 있어서는 이중의 생존위협 아래 서 있게 된다. 개인으로서는 생산수단의 소유자 또는 관리자로부터 언제 해고통지서를 받을지 모르는 불안한 상황에 있고, 사회계급 또는 계층으로서는 기업, 그 기업이 속한 경제분야 또는 전체 국민경제의 위기로부터 오는 생존의 위협에 처하고 있다(Vilmar, 1982:147f.).

(3) 정치체계적 구조여건

현대사회는 일반적으로 경제체계에 있어서는 위에서 본 바와 같은 자본주의 경제체계를 채택하고 있으며 정치체계에 있어서는 자유민주주의를 그 기본질서로 삼고 있다. 다만 현재(1992년 4월) 중국, 북한, 쿠바 등 동구의 옛 사회주의권의 변혁추세에 따르지 않은 일부 사회주의국가들은 예외로 남아 있다.

서구에서의 자유민주주의적 정치체계는 오랜 역사를 통하여, 즉 영국에서는 13세기경부터 17세기까지의 많은 시민혁명 과정을 거쳐, 미국에서는 1776년의 독립선언에 즈음하여, 프랑스에서는 1789년의 대혁명을 전후하여 나타난 주권재민 사상에 근거하여 시민사회의 형성과 더불어 확립되었다. 자유민주주의적 정치체제는 고전적 의미에서의 정치적 자유권과 평등권의 보장과 함께 현대의 고도로 발전된 공업자본주의 아래에서의 사회경제적 복지권의 구현을 주요 구성요소로 존립한다. 전자를 개인적, 그리고 정치적 시민권으로, 후자를 사회적 시민권(civil rights)으로 개념화하기도 하는데 (Marshall을 인용한 기든스, 1992:279-80) 이들은 모두 인간의 기본권 또는 인권(human rights)으로 이해된다. 전자에는 신체의 자유, 양심의 자유, 종교의 자유, 학문·사상·예술의 자유, 언론·출판·집회·결사의 자유, 참정권(선거권, 피선거권), 거주·이전의 자유, 직업선택의 자유, 사유재산권, 법앞에서의 평등권 등이 포함되고, 후자에는 교육권('능력에 따라 균등하게 교육을 받을 권리'), 노동권('인간다운 생활을 할 권리'), 질병·실업·청소년·노년·여성·적정임금·최저임금에 대한 사회브장, 환경권('건강하고 쾌적한 환경에서 생활할 권리') 등이 들어 있다. 전자의 정치적 기본권은 국가권력의 담지자로 구체화되는 정부의 의지에 따라 즉시 실현될 수 있는 반면에 후자의 복지권의 실제적 보장은 해당 국가의 전체적 경제발전 수준에 크게 의존한다.

한국은 선진 자본주의국가들에서처럼 헌법상 정치적 기본이념으로서 자유민주주의를 지향하고 있고 그 실질적 목표는 복지국가의 실현에 있다고 볼 수 있다. 그러나 한국의 헌정사를 돌이켜 보면 약 9개월간의 제2공화국을 제외하고는 독재체제의 연속으로 점철되어 왔다. 특히 5·16쿠데타에 의한 제3공화국 이후 제5공화국에 이르기까지는 전형적 군사독재 체제로 일관되어 왔기 때문에 그 정치적 지배정당성이 전혀 인정될 수 없는 데 반하여 1987년 6월항쟁의 결실인 6·29선언에 근거한 현재의 제6공화국에서는 그 형식적 성립과정에 있어서 민주적 정당성이 확보되었다고 볼 수 있지만 그 정치행태의 반민주성과 옛 제도들의 고수경향의 결과로 실질적으로는 여전히 폭력지배 체제의 테두리를 벗어나지 못하고 있으므로 그 지배정당성을 인정받기에는 매우 미흡하다고 평가할 수밖에 없다. 제3공화국 이후의 정권들을 흔히 '권위주의체제'로 규정하는 것은 정확한 표현이라고 볼 수 없으며 오히려 '폭력지배 체제'로 개념화하는 것이 더욱 명확하고 적합하다고 본다.

정치적 지배정당성의 결여를 경제적 효율성으로 보완하려는 잠재적 욕구의 충족을 위하여 제3공화국 이후 정부는 경제개발 5개년계획을 의욕적으로 꾸준히 추진해오는 과정에서 공업화 일변도의 불균형성장과 수출제일주의를 근간으로 하는 외부지향적 경제정책을 실시해 왔다. 여기서 정치권력과 경제적 힘의 결탁, 즉 경경유착이 구조화됐다. 따라서 독재정권은 한편으로는 정권유지를 위하여 정치적 기본권의 억압 등 자유민주주의의 기본원칙들을 스스로 파괴할 수밖에 없었고, 다른 한편으로는 저임금정책 등으로 노동운동의 탄압과 노조설립 자유의 제약을 합법화하면서 경제성장을 위해 대중노동인력 동원과 수출촉진 정책을 강력히 추진해 왔다. 그 결과로 그 동안 통계적, 물량적 측면에서는 괄목할 만한 경제성장률의 증대를 기록했지만 실질적으로는 빈부격차의 심화, 인권유린, 사회정의와 올바른 가치관의 상실, 구조적 부정부패의 만연, 범죄의 조직화와 횡포화 등의 사회갈등과 사회해체의 대가를 지급하지 않으면 안되었다. 오늘날에는 이를 '총체적 위기'라는 말로써 문제의 심각성을 여·야를 막론하고 온 국민이 인정하게 되었는데, 그 특성은 전통적 사회윤리체계의 붕괴와 금권만능주의의 팽배와 폭력의 확산으로 말미암아 사회구조의 기반을 위협하는 데에 있다.

자유민주주의 체제에서 당연히 보장되어야 할 신체의 자유, 양심의 자유, 사상의 자유, 언론·출판·집회·결사의 자유 등 인간기본권이 국가에 의해 억압·제약되기 때문에 노동자들에게는 노동3권(단결권, 단체교섭권, 단체행동권)이 완전히 허용되지 않고 있다. 헌법체계 안에서도 일관성이 결여되어 있음을 주목하게 된다(헌법 제21조와 제33조 대비 참조). 요컨대 한국에는 '자유민주적 기본질서'가 아직도 확립되지 못하고 있는 실정이며 따라서 노동세계도 기형적으로 존재해 오게 되었다. 이런 상황에서 야기되는 구조적 폭력의 일상화는 이루 헤아리기 어려운 인적, 물적 자원의 낭비와 존엄한 생명의 희생과 사회적 비용을 초래하고 결국 노동대중에게 부담지우게 된다.

(4) 기술공학적, 조직적 구조여건

현대자본주의 사회에는 고도의 공업화, 기계화, 분업화가 이루어지고 있다. 그 주요경향들을 살펴보기로 한다.

(1) 상품과 용역의 계획, 생산, 유통 또는 판매에 있어서 고도의 분업은 노동조직내의 기능적 지도·관리체계를 필요로 하게 만들고 이것 없이는 부분노동의 분류와 조정이 불가능하게 된다. 노동조직의 규모가 커질수록 관료제화의 경향이 두드러지게 나타나며 위계질서의 등급구분도 복잡하게 된다. 그러나 노동조직의 위계질서의 단순화는 바람직할 뿐만 아니라 불가능한 것이 아니므로 시도해 볼 만하다

(2) 대중사회의 물질적, 사회적, 그리고 문화적 욕구충족을 특히 높은 복지수준에서 가능케 하려면 국가적 행정과 서비스분야의 확장을 필요로 한다. 이들 분야에서처럼 분업과 전문화와 기능적 위계질서체계가 필수적이다. 분업구조의 복합성과 조정의 필요성은 여기서도 더욱 커지게 된다.

(3) 고도의 분업과 노동분절은 업무확장 등의 직무설계방법(job design)의 수정을 통하여 어느 정도 감소시킬 수 있지만, 아직도 가까운 장래까지는 노동자들의 대다수는 반복적 부분노동에 종사할 수밖에 없고 그러한 노동의 단조로움과 특정부분에 한정되는 특성 때문에 창조적 자기실현의 기회는 전혀 또는 거의 허용되지 못한다.

(4) 독일과 같은 선진공업국에서는 노동자들이 노동조직의 의사결정과정에 더욱 강력히 체계적으로 참여토록 함으로써, 그리고 경영자들이 민주적 리더십을 발휘함으로써 구상적 또는 높은 자격수준을 필요로 하는 업무종사자와 단순노동자들 사이의 보수격차가 현저히 좁혀질 수 있지만, 여러 가지 교육과정을 거침으로써 복합적 업무를 수행할 수 있는 전문가와 지도자 또는 경영자가 되고자 하는 인력에 대한 커다란 수요가 조만간 생겨날 것으로 전망된다. 이를 위해서는 현대적 복합사회는 소득수준의 차이라는 형태로 나타나는 물질적 자극을 무시할 수 없을 것이다. 그렇다고 하여 오늘날 각 직업과 계층 사이(가령, 생산직노동자, 사무직노동자, 그리고 공무원)에 존재하는 소득과 지위격차가 자연법칙처럼 필연적인 것으로 정당화될 수는 없는 것이다.

(5) 사회문화적 구조여건

현대자본주의 사회에서는 다음과 같은 세 가지의 큰 문화적 흐름을 확인

할 수 있다.

1) 개인주의적 성향

고도의 사회분화는 일상적 삶의 사회구조에도 큰 변화를 가져왔다. 무엇보다도 두드러지게 나타나는 현상은 핵가족화다. 사회구성의 요소들이 저마다 분절화의 양상을 띤다. 개인은 삶의 궁극적 주체로서 원자화된다. 개인으로부터 출발하여 집단이나 조직을 이루며 이들이 서로 복합적 상호작용 관계를 맺음으로써 사회제도를 만들어내고 전체적 사회구조를 형성하게 된다. 개인은 다양한 욕구의 충족을 위해서 필요한 수단인 자원을 획득해야 하므로 노동이라는 '필연의 영역'에 들어가지 않으면 안된다. 여기서 교환가치를 지니는 상품이나 서비스를 생산해 내는 성취능력의 정도에 따라 화폐소득을 얻게 된다. 따라서 성취욕구는 현대사회에서 개인이 살아남기 위해서는 필수적으로 요청되는 방법론적 기본욕구다. 그리고 성취의 주요동력이 되는 교육이 중요성을 지니며 교육과 교육과정에서의 성취수준이 그 개인의 사회경제적 지위(socio-economic status)를 결정하는 주요요인이 된다. 그러나 성취가 맹목적으로 추구될 때에는 삶을 오히려 병들게 할 수 있다. 이러한 성취의 이데올로기화는 인간의 도구화와 물화(Verdinglichung; reification)로 이어지고 물질지상주의 또는 금력만능주의가 지배적 가치관으로서 전체 사회과정을 휩쓸 위험성을 안고 있다.

2) 대중화(massification) 현상

이는 얼핏 보기에는 위의 개인주의적 경향과는 모순되는 것처럼 생각되지만, 역설적으로 사회과정은 또한 대량적 흐름을 보여준다. 무엇보다도 두드러지게 눈에 띄는 것은 유행의 주기적 성행과 광고가 대중의사 전달매체(mass media)를 통해 일반대중에게 홍수처럼 쏟아져 나오는 사실이다. 이와 관련하여 사회적 의사형성과 의사결정 과정에서 대중적 호응과 지지를 받지 않고는 어떤 문제의 주제화조차 이루어지기 어렵기 때문에 정치·사회운동에 있어서 홍보기술이 중요성을 띠게 되고 이는 더 큰 선전과 광고의 범람을 초래한다. 여기에서 '정보사회' 도래의 맥락을 엿보게 된다. 그리고 다양한 문화적 조류들이 대중화의 도도한 물결을 타고 밀려오게 되고 그 결과로 대중문화의 저속화가 자리잡게 된다.

3) 합리주의정신의 확산

공업화와 기계화의 기초가 되는 과학적 지식의 발달과 증대로 말미암아 사회제도들은 점차 합리화되고 생활양식은 과학화되며 전반적 사회구조의 변동속도는 빨라진다. 전통적 윤리체계가 무너지고 종교의 권위가 약화되면서 가치관의 세속화와 합리화가 대세를 이룬다. 이는 일상적 삶의 영역과 사회조직이나 제도가 기술공학의 발달에 크게 의존하고 이에 따라 그 구조가 변화하는 보편적 과학화 현상이 그 밑바닥에 깔려 있기 때문으로 보인다.

3. 사회분화와 노동세계

(1) 분업과 사회분화

사회구조는 역사적으로 수렵과 채집사회의 단순한 형태에서 유목 또는 농업사회의 중간단계의 복잡성을 띠는 형태를 거쳐서 또는 이와 병존하는 공업사회의 고도로 복합적 형태로 발전되어 왔는데, 이러한 사회변동의 과정을 사회적 '분화'(differentiation)라고 일컫는다. 사회분화는 따라서 '구조적 분화'를 의미하며 그것은 일반적으로 기능의 다양성을 수반하므로 또한 '기능적 분화'를 뜻하기도 한다. 특정 사회를 하나의 사회체계로 간주할 때 이는 정치와 경제와 문화라는 세 가지 주요기능을 수행하는 정치체계와 경제체계와 문화체계의 하위체계들(subsystems)로 분화되어 있다고 할 수 있다. 각 하위체계는 역시 일정한 기능적 분화의 구조를 갖게 된다. 그리고 사회분화의 원자적 구성요소로서 '분업'(division of labor)을 들 수 있다. 특히 노동세계에서의 사회분화는 분업에서 비롯되고 분업의 결과로서 다양한 직업들의 복합구조가 나타난다. 분업은 다음과 같이 분류될 수 있다.

1) 기술적 분업

노동조직 안에서의 노동과정의 분절화, 단순화에 의한 분업으로서 현대 공업생산의 기초가 된다. 노동조직은 사회-기술체계(socio-technical system)로써 구성된다. 사회체계로서의 노동조직은 경영자, 사무직 노동자, 생산직 노동자 등으로 구성되고 기술체계는 기계, 설비 등 기술공학의 발달수준에 따라 경영자에 의하여 도입, 형성된다. 생산성 향상을 위해 테일러리즘(Taylorism), 즉 '과학적 관리의 원칙'에 따라 인적 요소(사회체계)와 기술적 요소(기술체계)가 상호결합됨으로써 노동조직이라는 복합적 상호작용 체계가 이뤄지고 그 역동적 측면인 노동과정이 작용된다.

2) 사회적 분업

사람들이 사회조직들(가령, 기업체들)에 개별적으로 또는 집단적으로 배치되거나 귀속되는 현상을 뜻한다. 그 결과로서 사회전체의 구조적 분화가 이뤄지며 기능적 하위체계들이 나타난다.

3) 성적 분업

사람의 타고난 상에 따라 남성고유의 역할과 여성고유의 역할이 명확히 구분되어 각종의 노동(가사노동, 제도적 직업노동, 육체노동, 정신노동 등)이 행해져 왔다. 성에 따른 분업이 역사적으로 가장 먼저 나타났다고 추정된다. 우선 남성과 여성의 생리학적 구조와 사회공동체의 집합적 생산수단으로서의 경제적 생산체계(가령, 수렵과 채집경제, 유목경제, 농업경제, 또는 공업경제)의 차이에 따라 성적 분업이 유형화되기 시작했다고 추정된다.

4) 생태학적 또는 지리적 분업

생활공간의 생태학적 특성에 따라 서로 다른 산업이 분포됨을 보게 된다.

5) 국제적 분업

사회들 또는 국가들 사이의 분업이다.

이들 여러 가지 종류의 분업유형을 결정짓는 요인들로서는, 첫째로 자연과학적, 사회과학적 지식의 수준, 즉 사회적, 기술적 합리화의 가능성, 둘째로 인간의 수월성과 열등성의 평가에 따른 사회적 지배관계, 셋째로 지리적, 지질학적, 기후적 생활조건, 즉 자연적 환경여건, 그리고 마지막으로 문화적, 역사적으로 형성된 목표의식 또는 가치관을 들 수 있다.

대체로 분업의 형태와 분업에 사용된 자연과 사회의 기능조건에 관한 인간의 기술적 지식이 노동조직의 구조와 협동방식을 결정하고, 따라서 지배와 상호의존의 관계망으로 구성된 한 사회의 사회경제적 구조를 부각시킨다. 다른 한편 현존하는 지배구조는 기능적으로도 전혀 무의미하거나 불의에 찬 분업형태를 심화시키는 경향이 있는데 가령 가부장제적 권위주의에서 그런 것을 확인할 수 있다.

또한 분업의 기능적 합리성의 수준은 주로 한 사회의 물질적 발전수준을 결정한다. 그러나 인간에 의한 인간의 지배 수단으로서의 분업은 사회적 불평등과 불의를 심화시키고 그런 구조를 공고히 하게 되는데 특히 정신노동(의사결정 노동)과 육체노동(집행노동)의 계급적 분리를 통해서, 그리고 노동실적의 부당한 분배(정신노동의 과대평가)를 통해서 그러한 불합리한 구조적 결과를 초래한다. 여기에 수단의 합리성과 목적 또는 가치의 합리성 사이의 갈등이 엿보인다.

그러면 분업의 기능 또는 분업이 초래하는 결과가 무엇인가를 찾아보기로 한다.

(1) 분업은 직업형성의 전제조건이며 결정요소이다. 직업은 분업이 사회적으로 또는 기술적으로 부각된 형태다. 따라서 고도로 분화된 직업구조는 전체 사회구조의 복합성의 정도를 증대시킨다.

(2) 분업은 노동과 기업조직의 생산성을 향상시키는 데 필수적인 전제조건이 된다.

(3) 인간의 사회적 삶을 조건짓는 주요요인으로서의 분업은 또한 인간의 소외와 비인간화를 빚어내는 주요요인으로 작용한다. 특히 기술적 필요성과 인간의 생리학적 기능 가능성의 적정수준을 넘어서서 강행되는 노동분절은 생산성을 향상시키기보다는 오히려 생산효율성을 저해하는(contra-productive)

효과를 가져온다.

(4) 분업은 사회적 역할분화를 촉진시키므로 사회구성원들 사이의 기능적 상호의존성을 높여 준다.

(5) 분업은 따라서 상호협력에의 강제성을 간접적으로 유발시키고 이로써 사회적 통일성, 연대성 또는 집단생활 양식을 강화시키게 된다.

(6) 분업은 반면에 사회적 갈등과 지배관계, 위계질서, 계급 또는 계층을 형성케 하므로 사회적 불평등구조의 근본원인들 중의 하나다.

(2) 노동세계의 계급(계층)구조의 변화

분업과 직업구조의 형성과 사회분화의 고도화는 노동세계에서의 계급 또는 계층구조의 변화를 가져온다. '계급' 개념은 이해관심과 물적 소유관계를 통한 일정한 규정성을 지니는 반면에 '계층' 개념에 있어서는 기본적 이해관심의 대립관계를 거의 인식할 수 없고 비역사적, 정태적, 갈등부재적 사회상을 전제하는 경향이 있다. 아무튼 현대자본주의 사회에서는 자본가계급과 노동자계급의 양극화라는 초기 맑스주의적 시각의 타당성이 의문시될 만큼 계급구성의 변화를 보게 된다. 대체로 다음과 같은 새로운 현상들이 지적된다(Hirszowicz, 1981:148ff.).

(1) 자본가계급의 해체(decomposition)라고 할 만큼 의미있는 구조적 변화로서 소유와 경영의 분리현상이 나타난다.

(2) 노동자계급의 부르주아화(embourgeoisement)와 함께 중간계급의 탈부르주아화(debourgeoisement) 또는 프롤레타리아화(proletarianization) 현상으로 말미암아 중간계급의 비대화와 계급수렴(class convergence)을 가져온다. 그리고 부르주아화되는 새로운 노동자계층과 기술직, 전문직의 증대로 새로운 중간계층의 출현을 보게 된다.

(3) 노동세계에서의 갈등해결이 제도화되고 경제문제를 중심으로 하는 갈등이 정치투쟁으로부터 분리된다. 즉 노동조직내의 갈등과 계급간의 갈등이 서로 분리되어 논의된다는 것이다. 다시 말하면 경제성장과 생산성 향상은 노동조합측에서도 실용주의적 견지에서 수용되는 반면에, 사회제도의 근본적 변혁

을 지향하는 정치적 혁명운동은 별도의 문제로서 구별되어 취급된다는 것이다.

(4) 의사결정 과정의 민주화가 보편적 전제조건으로 인정된다.

(5) 사회구조에는 조직사회의 성격이 두드러지게 나타나고 갈등해소와 주요 사회문제의 해결은 조합주의(corporatism)적 기제를 통하여 시도되는 경향을 보인다. 즉 공통의 이해관심 집단의 조직화를 바탕으로 조직들 사이의 학습과정(learning process)과 교섭과정(negotiation process)에 의하여 사회적 갈등의 문제들이 해결되도록 한다는 것이다.

(6) '풍요사회'(K. Galbraith)와 대중소비 사회의 도도한 흐름은 노동자계급의 문화적 예속화를 가져온다. 기존의 자본가계급에 대해 물적 의존관계에 있는 노동자는 대중소비의 타율적 욕구의 압력에 대한 저항력을 상실하고 풍요사회는 그들에게 하나의 잠재적 억압체제 또는 '현대적 전체주의'(H. Marcuse)로 작용한다. 이는 기득권과 결부된 이해관심(vested interest)의 조직된 힘으로써 인간의 욕구체계를 간접적으로 조작, 조종하는 경제적, 기술적 조절기제의 섬세한 작동에 기인한다. 이렇게 조직화된 사회는 개인의 인격성의 상실을 가져오기 쉽다.

4. 노동세계의 기능적 및 억압적 지배구조

노동조직 안에는 다른 조직에서처럼 위계질서가 형성되어 있고 이것이 바로 지배구조로서 조직구성원들의 행위양식과 활동범위를 제약하게 된다. 그것은 항상 순기능적으로만 작용하는 것이 아니고 자주 역기능적인, 즉 억압적인 지배구조로 변질될 가능성이 많다(Vilmar, 1982:158ff.).

(1) 기능적 지배구조

노동조직은 사회-기술체계로서 그 합리적 구성과 운영에 따라 성패가 좌우된다. 여기서는 우선 사회체계로서의 조직구성의 특성을 보기로 한다. 노동조직의 인적 구성은 고용주(자본가)와 피고용자(노동자)로써 이뤄지는데 양자 사이에는 이해관심의 적대적 대립관계(antagonism)가 존재한다. 고용주는 가능한 한 낮은 값으로 노동력을 구입하여 가장 효율적으로 활용함으로써 이윤극대화를 실현하려고 하지만, 노동자는 인간적이며, 불필요하게 타자결정적이고 부담을 가중시키지 않는 노동조건 아래서 노동함으로써 적정소득을 얻고자 한다. 즉 이윤획득률이 높은 자본의 가치실현(노동력의 가치실현을 포함한다)에 이해관심을 갖는 사기업가와 기업의 일자리에 의존하여 삶을 영위하면서 인간다운 삶에 대한 이해관심을 중요시하는 노동자는 서로 맞서 있게 된다. 그래서 양자는 효율성 증대와 실적향상이라는 공통의 목표를 달성하기 위해 모든 조직구성원들이 서로 협력하지 않으면 안 된다는 것을 인정하는 한편, 위와 같이 서로 대립되는 이해관심들이 그들 사이를 적대관계로 분리시키는 현실을 또한 부인할 수 없게 된다. 이러한 역설적 관계를 적대적 협력관계(antagonistic cooperation)라고 일컫는다.

아무튼 조직의 목표달성을 위해서는 조직의 인적 구성체계인 사회체계 안에 필요한 다양한 기능과 역할을 수행하는 조직구성원들 사이의 복합적 관계망이 라인-스태프 조직망(line-staff organization)의 형태로서 이뤄지고 의사결정의 권한과 책임의 수직적 분화를 내용으로 하는 위계질서 체계가 형성된다. 이것은 실제로는 상호간에 지배와 피지배의 관계로서 작용하게 된다. 그러나 이러한 지배구조는 다만 조직의 목표달성을 위해서 필요한 경우에만 순기능적으로 작용할 수 있다.

(2) 억압적 지배구조

이는 위에서 설명한 대로 그 현실적 불가피성으로 말미암아 조직 안에 구축되는 위계질서 체계가 역기능적으로 작용하게 될 때에 조직의 하위구성원들에게 억압기제로 변질되는 것을 뜻한다. 대체로 어떤 형태의 사회적 특권화가 조직구성과 노동과정에 있어서 특정집단이나 개인에게 차별적으로 생겨날 때에 그 조직의 위계질서는 억압적 성격을 띤다. 기능적 지배구조가 억압적인 것으로 바뀌는 계기는 대개 다음과 같은 경우들에서 비롯된다.

(1) 기업조직상 필요한 정도 이상으로 위계적 단계와 등급의 수가 증대될

경우.

(2) 위계적 등급의 설정에 있어서 경제적 실적향상으로서는 정당화될 수 없는 물질적, 법적 위세(prestige)와 관련된, 그리고 자유향유의 특권이 특정인 또는 특정집단에게 부여되는 경우, 그리고,

(3) 과제와 직무활동의 적정한 변화 또는 교대(rotation)가 이뤄지지 않고 특정인에게 오랫동안 고정적으로 어떤, 특히 일반적으로 선호의 대상이 되는 과제와 직무가 주어질 경우.

Ⅱ장의 핵심단어

맑스주의, 가치중립성, 방법론적 메타이론, 노동가치론(설), 대상화된 죽은 노동, 한계효용론, 생산적 노동, 생산과 노동의 사회적 성격, 사경제적 체제, 시민사회, 물화, 분화, 사회적 분업, 생산효율성, 조합주의, 풍요사회, 적대적 협력관계.

참고문헌

기든스, A., (김미숙 외 옮김), 『현대 사회학』, 서울: 을유문화사, 1992.

맑스, K., (김수행 옮김), 『자본론 Ⅰ』, 서울: 비봉출판사, 1989.

Bottomore, T. (ed.), *A Dictionary of Marxist Thought,* Cambridge, Mass.: Harvard University Press, 1983.

Hirszowicz, M., *Industrial Sociology: An Introduction,* Oxford: Martin Robertson, 1981.

Marx, K., *Das Kapital,* 1. Bd., Frankfurt/Main: Verlag Marxistische Blaetter(MEW, Bd. 23), 1976.

Vilmar, F. u. Kissler, L., *Arbeitswelt: Grundriss einer kritischen Soziologie der Arbeit,* Opladen: Leske Verlag(UTB 1167), 1982.

Ⅲ. 자본주의 노동과정의 성격과 변화

1. 자본주의 노동과정

맑스의 『자본론』에 따르면 노동이란 인간이 자연의 여러 소재들을 자기 생활에 필요한 형태로 바꾸기 위하여 자신의 신체의 일부인 팔, 다리, 손, 허리, 두뇌 등을 운동시키는 것을 말한다. 그 자신이 자연의 일부이기도 한 인간은 노동을 통하여 자연으로부터 유용한 물건을 얻어내고, 쓰다 남은 불필요한 물건들은 모두, 심지어 자신의 육신 찌꺼기인 시체까지도, 다시 자연에 돌려준다. 인간은 이런 자연과의 물질교환(신진대사)을 통하여 생활해 가는데, 이 점에서는 동물과 크게 다르지 않다. 그러나 인간의 노동은 동물의 생존활동과는 질적으로 다르다. 예컨대 직포공이 베를 짜는 것과 마찬가지로 거미도 거미집을 짓는다. 그러나 직포공이 미리 구상한 계획에 따라 베를 짜는 것(구상과 실행의 통일)과는 달리 거미는 아무런 구상도 없이 본능적으로만 거미집을 짓는다. 이처럼 동물과는 달리 인간은 미리 구상한 계획에 따라 노동도구(예, 호미, 망치, 기계)를 사용하여 노동대상(예, 원료)을 처음의 목적에 적합하도록 변화시키는데, 이것이 모든 노동과정의 일반적 특성이다. 어느 시대, 어느 사회를 막론하고 모든 노동과정은 실행과 구상의 결합이며, ① 합목적인 활동 혹은 노동 그 자체 ② 노동대상 ③ 노동수단이라는 세 가지 요소로 구성된다.

자본주의 노동과정에서도 이러한 노동과정의 일반적 속성은 예외없이 나타난다. 다만 여기에 자본주의적 노동과정의 특성이 가미될 뿐인데, 자본주의적 노동과정의 가장 중요한 특성은 노동과정이 '가치증식'을 추구하는 자본가의 주도 아래서 이루어진다는 점이다.

이 가치[1]증식이란 현상적으로 말하자면 자본가가 되도록 적은 임금으로 고용한 노동자들에게 보다 많은 일을 시켜, 보다 좋고 많은 상품을 생산한 다음, 시장에 내다 팔아 처음에 투자한 것보다 되도록 큰 돈을 벌어들이는 과정이다. 이 가치증식이 실현되기 위해서는 무엇보다도 자본가는 시장에서 팔릴 수 있는 물건을 만들어야 하는데, 팔릴 수 있는 물건이란 소비자를 만족시켜 주는 사용가치를 지녀야 한다. 그런데 이 사용가치는 노동의 종류에 따라서 달라진다. 예를 들어 바느질 노동은 입을 수 있는 옷의 사용가치를 만들어 내고, 톱질과 망치질 노동은 앉을 수 있는 의자의 사용가치를 만들어 낸다. 또한 한 미싱공이 얼마나 적합한 질의 노동을 했느냐에 따라 옷의 품질과 옷의 양, 즉 사용가치의 크기가 달라진다. 한편 자본가는 이처럼 사용가치를 만들어 내야 할 뿐만 아니라, 보다 큰 돈을 벌기 위하여 경비를 줄여야 하고, 노동자에게 보다 많은 노동을 시켜 보다 큰 가치를 생산해 내야 한다. 그러므로 상품을 생산하는 자본주의적 노동과정은 노동의 질(구체적·유용적 노동)에 따라서만 결정되는 사용가치의 생산과정일 뿐만 아니라, 노동의 양(추상적 노동)에 의해서만 결정되는 가치의 증식과정이기도 하다.

이 자본주의적 노동과정을 왜 하필 노동자가 아닌 자본가가 주도하는가? 자본주의에서는 생산수단은 물론 생산의 결과인 상품까지도 자본가의 소유이다. 그런데 어떤 상품을 어떻게 얼마나 만드느냐는 상품의 주인만이 결정하므로 상품의 종류·생산방식·양에 따라 달라지는 노동의 종류·양을 결정

1) 한 상품의 가치란 그 상품을 만드는 데 투여된 총노동량에 의해서 결정되며, 그 상품을 만드는 데 걸리는 한 사회의 평균적 노동시간에 의해서 측정된다. 따라서 한 상품의 가치는 노동시간에 비례하고 생산력에 반비례한다. 원래 상품이란 교환을 목적으로 생산되는데, 한 상품에 대한 다른 상품의 교환비율이 교환가치이며 한 상품이 화폐와 교환되는 경우에는 그 상품의 교환가치가 가격이 된다. 이 교환가치나 가격은 본질인 가치가 표현되는 현상형태이다. 한 상품의 사용가치란 소비자의 욕구를 만족시켜 주는 상품의 물질적 유용성이다. 한 상품이 소비자의 욕구를 만족시킬 수 없다면(즉 사용가치를 가지고 있지 않다면) 그 상품은 교환되지 않을 것이기 때문에 그 상품에는 교환가치도 없고 가치도 없다. 따라서 상품이 아니다. 한 상품의 사용가치는 그 상품이 다른 상품과 교환될 때 그 다른 상품의 교환가치를(따라서 가치를) 표현해 주는 물질적 수단이다. 예컨대 쌀 1되가 소고기 1근과 교환될 때 쌀 1되의 교환가치는 소고기 1근으로써, 다시 말해 다섯 식구가 한끼 맛있게 먹을 수 있을 정도의 유용성(사용가치)으로써 표현된다.

하는 것은 오로지 상품의 주인인 자본가의 책임과 권리이며, 노동자는 이에 대해 어떠한 책임도 권리도 가질 수 없다. 더군다나 노동자는 노동력(노동할 수 있는 능력)을 일정기간 동안 판매하면서 노동력의 사용권을 일정기간 동안 자본가에게 양도하였기 때문에, 그 기간 동안은 노동자는 자본가의 지시에 순응해야 한다. 이때 노동력의 사용권은, 예컨대 자본가가 돈을 주고 하루동안 빌린 말의 사용권과 마찬가지로 하루동안 자본가에게 속한다. 그러므로 노동자는 노동을 하면서도 그 노동과정에 대해 아무런 권리가 없으며 노동과정은 자본가가 주도한다.

이미 지적한 것처럼 자본주의적 노동과정은 질적인 면에서 사용가치 생산과정임과 동시에 양적인 면에서 가치증식의 과정이기 때문에 자본가는 노동과정을 질적·양적으로 통제한다.

자본가는 시장에서 가장 잘 팔릴 수 있는, 특정한 사용가치를 지닌 상품을 만들기 위하여 그것을 만드는 데 적합한 구체적 노동을 노동자에게 지시하고 그 지시대로 노동자들이 일을 하는지를 감시하면서, 때로는 칭찬하고 때로는 질책한다. 이것은 노동의 내용과 방법에 관한 통제로서 노동의 질적 통제이다.

자본가는 노동을 질적으로 통제할 뿐 아니라 양적으로 통제한다. 자본가는 가치증식 과정이기도 한 노동과정에서 보다 큰 가치의 생산을 위하여 노동자에게 보다 많은 노동을 시키고자 한다. 이를 위해 자본가는 노동일(하루의 노동시간)을 늘리려 하고, 근무시간에 노동자들이 딴전을 피우지 않고 오로지 노동만을 하도록 하며, 노동강도를 강화하려 한다. 자본가는 일정한 정도 이상의 민첩성과 숙련을 가진 노동력을 그에 상응한 임금으로 구매하였으므로, 만약 작업시간에 노동자들이 일을 하지 않거나 게을리 하다면 그는 자기가 돈을 주고 구입한 노동력의 사용권 일부를 도둑 맞는 셈이 된다. 따라서 도둑 맞고 싶지 않은 자본가는 노동자들이 쉬지 않고 일정한 노동강도 이상으로 일하도록 감시하고 독려하는데, 이것이 바로 노동의 양적 통제이다.

또한 자본가는 노동수단과 재료의 사용을 '독자적인 형법전'을 가지고 감독한다. 만약 노동수단이나 원료가 가치증식의 목적에 어긋나게 사용된다면, 이미 '대상화된 부'[2]의 일부가 새로운 생산물에 이전됨이 없이 낭비되는 것이다. 이것은 자본가가 생산에 투여한 가치의 낭비로서 생산비용을 증대시켜 이윤을 감소시킨다. 따라서 자본가는 노동이 질서정연하게 진행되어 원료가 조금도 낭비됨이 없이 오로지 생산목적으로만 쓰일 수 있도록 감독하며, 또한 노동도구가 소중히 취급되어 작업중에 부득이한 경우를 제외하고는 손상되지 않도록 감독한다.

2. 협업

자본주의 초기의 노동과정은 그것이 자본가에 의해서 통제된다는 점 이외에는 자본주의 직전의 노동과정과 크게 다르지 않다. 예컨대 자영수공업자였던 가구공이 자본가에게 고용되었다 하여 이전에 가구를 만들던 노동방식이 새롭게 변하는 것은 아니다. 그는 여전히 이전의 가구제작 방식에 따라 톱질을 하고 망치질을 한다. 이처럼 노동자가 자본가에게 예속되어 작업을 할 뿐, 노동양식 자체에는 그 예속으로 인한 어떠한 변화도 일어나지 않은 상태를 '자본에 대한 노동의 형식적 예속'이라 한다. 이 단계에서는 자본가가 임금은 올려주지 않은 채 주로 노동일[3]을 연장하여 잉여가치[4]를 늘리고자 하

---

2) 노동수단과 노동대상은 이미 앞선 노동에 의해서 생산된 부(가치)이다. 이것들은 과거노동의 결과이며, 인간으로부터 떨어져 나와(외화되어) 인간에게 객관화된 대상으로 존재하는 '대상화된 부'이다. 이것들은 현재의 노동과정에서 새로운 가치를 만들어 내고 있는 '살아 있는 노동'이 아니라 과거의 '죽은 노동'의 결과로서, 현재의 노동과정을 통해 모양만 바뀌어 새로운 생산물에 가치를 이전할 뿐 결코 새로운 가치를 만들어 내는 것은 아니다. 가치는 살아 있는 '노동'만이 만들어 낸다. 이런 의미에서 노동력은 가치를 증대(변화)시키는 가변자본에 속한 반면 노동수단과 노동대상인 기계나 원료 등은 가치를 변화시키지 않은 불변자본에 속한다. 그러나 새로운 기계가 공장에 도입되면 생산성도 늘고 자본가가 돈도 더 많이 벌 수 있으므로 기계가 가치를 창조한다고 오해할 수 있다. 그러나 기계를 통해 늘어난 생산력은 사용가치의 크기를 증대시킬 뿐 노동량에 의해서 결정되는 가치의 크기에는 직접적인 영향을 미치지 않으며, 자본가의 증대된 수입은 가치의 절대적 크기 증대에 의해서가 아니라 뒤에서 살펴볼 상대적 잉여가치와 특별이윤의 증대에 의해서 이루어진다.

3) 1노동일이란 하루의 노동시간이다. 노동자가 하루에 8시간 노동하다면 1노동일은 8

는데, 이때의 잉여가치를 '절대적 잉여가치'라 부른다(<그림 1> 참조).

그러나 노동일의 연장에는 자연적·사회적 한계가 따른다. 하루라는 절대적 시간(24시간)은 정해져 있고 노동시간을 제한하는 법률도 생겨난다. 이제 자본가는 노동일의 연장만을 추구하는 것이 아니라 주로 일정한 노동일 안에서 노동을 최대로 시키고자 하며, 다른 한편에서는 분업이나 새로운 기술을 도입하여 생산성을 증대시키고자 한다. 그런데 생산성을 증대시키면 노동력의 가치[5]가 하락하는데 그 이유는 노동력의 가치도 일반 상품의 가치와 마찬가지로 생산력에 반비례하기 때문이다. 이처럼 자본가가 노동강도의 강화를 통해 노동자들이 같은 시간 안에 실제적으로 일하는 양을 늘리고 기술과 분업 등의 도입을 통해 생산성을 증대시키면 노동자는 자신의 임금에 해당하는 가치를 보다 짧은 시간 안에 생산하게 된다. 따라서 노동일이 일정한 상태에서 필요노동시간은 줄어든 반면 잉여노동시간은 늘어나

시간이다. 노동일의 연장이란 예컨대 기존의 1노동일인 8시간을 9시간 또는 10시간으로 늘리는 것이다. 쉽게 말해서 노동시간을 늘리는 것이다.

4) 잉여가치란 이윤의 원천으로서, 노동자가 노동과정에서 새로 만들어 낸 가치 중에서 임금으로 노동자에게 지불하고 남은 가치로서 원칙적으로 자본가가 차지하는 가치이다. 임금은 노동자가 생활하는 데 꼭 필요한 가치(노동력의 가치, 주5 참조)와 일치하는 경향을 지니므로 잉여가치란 노동자가 자기 생활에 필요한 노동 이상의 노동에 의해서 생산된다. 그래서 노동자가 노동자의 생활에 꼭 필요한 가치를 생산하는 데 걸리는 시간을 필요노동시간이라 하며, 이 필요노동시간 이상으로 일한 시간을 잉여노동시간이라 한다. 이 잉여노동시간에 잉여가치가 생산된다.

5) 노동력의 가치란 노동력을 재생산하는 데 투여된 노동의 총량을 말한다. 예컨대 웃옷 한 벌의 가치가 그것을 만드는 데 투여된 총노동량에 의해서 결정되듯이, 노동력의 가치도 그것을 (재)생산하는 데 투여된 총노동량에 의해서 결정된다. 그런데 노동력을 재생산한다는 것은 노동력을 지닌 노동자가 생활하고 또한 다음 세대의 노동자인 자녀들을 낳아서 기르고 교육시킨다는 것를 뜻하므로 노동력의 가치란 이러한 노동자의 생활과 자녀양육 등에 필수적인 생활필수품 및 서비스 전부를 생산하는 데 투여된 총노동량에 의해서 결정된다. 따라서 자본가는 되도록 임금(노동력의 가격)을 적게 주려 하지만 장기적으로 노동력의 가치 이하로 임금을 줄 수는 없다. 왜냐하면 만약 임금이 노동력의 가치 이하로 오랫동안 지급된다면 노동자들이 없어지거나 저항할 것이기 때문이다. 노동자는 부자가 될 수도 없고 굶어 죽을 수도 없다. 이로 인해 노동력의 가치는 그 가격(임금)과 일치하는 경향이 있으며, 노동자가 자신의 생활에 꼭 필요한 가치(곧 임금에 해당하는 가치, 노동력의 가치)를 생산하는 데 걸리는 시간이 필요노동시간이다. 이 노동력의 가치는 사회적, 문화적, 역사적으로 결정되며, 다른 상품의 가치와 마찬가지로 생산력에 반비례한다.

므로 잉여가치의 상대적 크기, 곧 '상대적 잉여가치'가 증대한다.

절대적 잉여가치와 상대적 잉여가치를 빨로와(C. Palloix)의 도식을 통해 설명해 보자.

<그림 1> 노동일과 필요노동시간

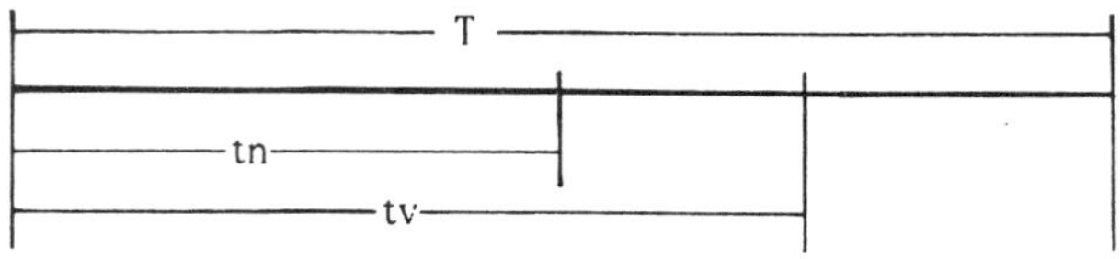

T: 겉으로 보이는 1노동일(노자간에 계약된 하루 노동시간).
tv: 실제적으로 순수하게 생산활동에 소요된 노동시간. 작업도중에 잠깐 쉬는 시간이나 작업장소를 바꾸는 데 걸리는 시간 등은 여기에 포함되지 않는다.
tn: 노동력의 재생산에 필요한 하루분의 노동시간(필요노동시간).

절대적 잉여가치의 추구는 T(노동일)의 연장을 통하여 이루어지며, 상대적 잉여가치의 추구는 tn(필요노동시간)과 T−tv(허비된 노동시간)를 감소시킴으로써 이루어진다. 분업과 기계화를 통해 생산성이 증대하면 노동력의 가치 혹은 가격(임금)에 해당되는 생산물을 보다 적은 시간에 생산할 수 있게 됨으로써 tn(필요노동시간)이 감소하여 노동일(T)은 일정함에도 불구하고 잉여가치에 해당되는 노동시간인 T−tn 또는 tv−tn(순수잉여노동시간)이 상대적으로 커진다. 이와 함께 자본가는 감독을 철저히 하여 T−tv(틈)의 감소를 감소시킴으로써도 순수잉여노동시간인 tv−tn을 상대적으로 증대시키는데, 분업와 기계는 이 감독을 철저히 하는 데 일조한다. 예컨대 분업과 기계가 잘 결합된 일관작업은 자본가에게 작업속도의 통제를 용이하게 해준다. 결국 분업과 기술의 도입, 감독의 철저화를 통해 필요노동시간과 허비되던 노동시간이 줄면 잉여노동시간(tv−tn)이 상대적으로 커진다.

분업과 기계화가 추구되는 것은 그것들이 상대적 잉여가치를 증대시켜주기 때문만은 아니다. 시장에서 각 자본들은 사활을 걸고 지속적으로 경쟁한다. 예를 들어 동일한 품질의 시계를 생산하는 ㈎ 자본과 ㈏ 자본이 다같이 동일한 노동량을 투여한 1만원 가치의 시계를 동일한 개수로 생산하여 1만원에 시장에 팔다가, ㈎ 자본이 분업과 기계화를 통해 생산성을 배로 증대시켜 동일한 시계를 5천원의 가치로 생산해 낸다고 하자. 이제 시계의 평균가치는 7천 5백원이 되어 시장경쟁의 원리를 전제로 한 가치법칙에 따라 시계가 7천 5백원에 팔린다고 가정하면 ㈎ 자본은 개당 2천 5백원의 이익을 보고 ㈏ 자본은 2천 5백원의 손해를 볼 것이며, 결국 ㈎ 자본은 살아남은 반면 ㈏ 자본은 망하고 말 것이다. 이때 ㈎ 자본이 얻은 2천 5백원의 이득을 '특별이윤'이라 하는데, 각 자본들은 이 특별이윤 때문에도 생산성을 증대시켜 주는 분업과 기계화를 경쟁적으로 추구한다.

분업과 기계가 공장에 도입되면 이제까지 자본주의 직전의 노동방식과 큰 차이를 보이지 않던 자본주의 노동방식은 질적 변화를 겪는다. 예컨대 베틀에서 베를 짜던 아가씨가 방직공장에서는 기계에 실을 대주는 일을 한다. 이처럼 노동자들은 기존의 노동방식을 버리고 분업 및 기계체계가 요구하는 노동방식을 따라야 하며, 개별 노동자들의 노동은 공장체계를 떠나서는 어떠한 의미를 지니지 못하게 되어 노동이 자본에 실질적으로 예속된다. 그러면 '노동의 형식적 예속'으로부터 이러한 '실질적 예속'을 야기시키는 분업화와 기계화는 어떠한 단계들을 거쳐 이루어지는가? 결론부터 말하자면 이것들은 단순협업, 분업에 기초한 매뉴팩처 협업, 분업에 기초한 기계제 협업의 단계를 거친다.

'협업'이란 동일한 생산과정에서 또는 서로 다른 생산과정들에서 여러 사람들이 계획적으로 나란히 협동하여 생산하는 형태를 말한다. 이 협업은 '집단적 노동', 따라서 '사회적 노동'으로서 '공동노동'이며 여러 사람들의 개별노동이 결합되어 이루어지는 '결합노동'이다. 여기서 모든 개별 노동자들의 노동은 집단적·사회적 노동의 일부가 되므로, 개별 노동자의 노동은 결국 이 협업을 통해 '사회화'된다. 모든 협업은 여러 사람이 한자리에 모이는 것이 전제되어야 하는데, 자본주의 협업은 한 자본가가 여러 노동자들을 고용하여 한 장소에서 한 상품을 만들게 할 때 비로소 시작된다.

협업은 단순협업과 분업에 기초한 협업(줄여서 분업적 협업, 혹은 분업이라 함)으로 나뉜다. 단순협업은 각 노동자들에게 특정한 업무만를 배타적으로 부여하지 않은 상태에서 이루어지는 공동노동을 의미한다. 예를 들면 한 사람이 들기에는 너무 무거운 바위를 여러 사람이 든다든가, 또는 여러 사람들이 한 줄로 서서 손에서 손으로 수백 장의 벽돌을 일층에서 이층으로 옮긴다든가 하는 따위의 공동노동이 여기에 속한다. 이 단순협업에서는 각 노동자들에게 고유한 업무가 부여되어 있지 않기 때문에 노동자들끼리 작업위치를 무리없이 서로 바꿀 수 있다. 이와는 달리 분업의 공동노동에서는 각 노동자들에게 특수한 부분작업만이 배타적으로 부여된다. 예컨대 아담 스미스가 관찰한 분업화된 된 공장에서는 철사를 펴는 노동자는 오로지 철사 펴기만을 하고 철사를 자르는 노동자는 오로지 철사 자르기만을 한다.

분업은 물론 단순협업도 개별노동에 비해 엄청난 생산력을 발휘한다. 무거운 돌의 운반이나 벽돌운반, 일시적으로 많은 노동력이 필요한 곡물수확의 경우에서 볼 수 있는 바와 같이 단순협업은 개별노동으로는 도저히 불가능한 일을 가능하게 해주거나, 작업속도를 빠르게 해주며, 작업시기를 놓치지 않게 해주는 등의 위력을 발휘한다. 이밖에 단순협업은 생산수단을 공동으로 사용할 수 있도록 해줌으로써 생산비용을 절감시킨다. 10명 목수의 개별노동에서는 10개의 망치가 필요하지만, 같은 10명 목수의 단순협업에서는 5개의 망치만 있으면 충분할 것이다. 이러한 생산력 증대와 비용절감은 협업이라는 공동노동 그 자체에서 생겨나는 것이다. 따라서 이 생산력은 '노동의 사회적 생산력' 또는 '사회적 노동의 생산력'이다. 그럼에도 불구하고 자본주의 사회에서는 이 사회적 노동의 생산력이 마치 자본가의 생산력인 것처럼 나타난다. 자본가는 개별 노동자와 개별적으로 계약을 맺을 때 협업을 시킬 것인가 말 것인가는 계약에 포함시키지 않으며, 노동자는 이에 대해 간여할 수 없다. 결국 협업은 자본가가 여러 노동자들을 한 자리에 모아 협업을 시키겠다는 결단과 그 실행을 계기로 이루어지므로 협업 그 자체의 생산력이 마치 자본가의 '내재적' 생산력인 것처럼 나타난다.

합창단에서와 마찬가지로 협업에서도 지휘가 필수적이다. 자본주의 노동과정은 자본가가 주도하므로 자본주의 협업 또한 자본가가 지휘하며, 이 협업의 생산현장에서 내려지는 자본가의 명령은 전장에서 내려지는 장군의 명령과 같이 필수적이다. 그러나 이 지휘가 필수적이기 때문에 자본가가 필수적인 것은 아니다. 협업에서 지휘 기능은 다른 사람이 대신할 수도 있는 것이다. 여기서 분명히 해두어야 할 사항은 한 사람이 지휘자이기 때문에 자본가가 되는 것이 아니라, 자본가이기 때문에 지휘자가 된다는 점이다.

자본의 규모가 커지면서 고용 노동자의 수가 일정 규모 이상으로 증대되면 자본가 자신이 육체적 노동으로부터 해방되듯이, 자본의 규모가 더욱 커져 고용 노동자의 수가 한층 더 증대하면 이제 자본가는 개별 노동자들 및 노동자 무리를 직접 통제하는 일을 다른 특수한 임금노동자들에게 위임하는데, 이 특수한 임금노동자들이 바로 '산업장교'(관리직 사원)와 '산업하사관'(조장, 반장)이다. 군대에서 장교와 하사관이 필수적이듯이, 한 자본의 지휘 아래 일정 규모 이상의 협업을 하는 노동자집단에서는 자본의 이름으로 지휘하는 산업장교와 산업하사관이 필수적이다.

단순협업은 결국 생산력이 월등한 분업적 협업으로 발전할 수밖에 없다. 이 분업적 협업은 수공업 단계의 매뉴팩처 분업과, 분업이 기계제와 결합한 기계제 분업으로 나뉜다. 역사적으로 매뉴팩처 분업은 기계제 분업으로 넘어가기 마련인데, 이 두 분업은 모두 공장 안의 분업으로서 사회적 차원의 분업(division of labor in society)과는 근본적으로 다르다. 자본주의에서 사회적 차원의 분업은 상의, 하의, 속옷, 자동차 등과 같은 상품의 종류에 따른 업종분화를 의미하며, 이 분업은 여러 생산자들이 참여하는 시장경쟁의 적자생존 원칙에 따라 이루어진다. 이와는 달리 공장 안의 분업은 자본가의 주도에 의해 가치증식의 원칙에 따라 이루어진다.

매뉴팩처 분업은 유럽의 경우 대개 다음 두 가지 경로를 거쳐 이루어졌다. 첫째 서로 다른 종류의 독립수공업들이 결합하여 하나의 매뉴팩처를 이룬 다음, 각각의 독립수공업이 독립성을 잃고 일면화되어 이윽고 한 상품을 생산하는 노동과정에서 서로 보완적인 부분작업들로 전락하는 경로이다. 예를 들면 마차 매뉴팩처는 수레공, 마구공, 조각공, 철물공, 주조공, 선반공, 화공, 도색공 등이 모여 이루어지는데, 이중에 조각공을 예로 들면 이 조각공은 처음에는 마차 매뉴팩처에 고용되기 전과 마찬가지로 마차에 필요한 조각 이외에도 가구조각 등을 비롯한 여러 종류의 조각들을 할 수 있었을 것이다. 그러나 시간이 지남에 따라 그와 그 후배 조각공은 오직 마차에 필요한 조각만을 담당하는 마차 생산과정의 부분작업자로 일면화되고 말 것이다. 둘째, 한 자본가 밑에 고용된 같은 종류의 여러 수공업자들이 부분작업자로 전락하는 경로이다. 예컨대 핀 제조공들이 한 자본가 밑에 고용되어 처음에는 단순협업을 하다가 이들에게 철사를 자른다든가 끝을 뾰쪽하게 한다든가 등의 세부작업이 고정적으로 맡겨지면 이전에 핀 제조의 전과정을 수행하던 노동자들의 기능은 부분작업으로 일면화되고 파편화된다.

기계가 도입되지 않은 수공업 단계의 분업인 매뉴팩처 분업에서도, 단순작업의 반복에 따른 노동자들의 노련함 증대, 한 가지 작업만을 계속함으로써 작업을 바꿀 때 생기는 틈의 감소(노동강도의 강화), 각 부분작업에만 적합한 도구의 개량[6] 등을 통해 생산성이 크게 증대한다. 그러나 이 생산성은 단순협업의 경우와 마찬가지로 공동노동 그 자체의 생산성이지만, 자본주의에서는 마치 자본가의 생산성인 것처럼 나타난다.

자본가는 이 분업적 생산과정에서 각 노동자들을 각각의 부분작업에 맞게 분류하고 조합하여 전체 생산과정을 형성한다. 자본가는 전체 노동과정을 세부작업으로 분리한 다음, 각 노동자의 특성을 고려하여 각 세부작업에 배치함(질적 편성)과 동시에 각 세부작업의 일량에 비례하여 어떤 곳에는 1명을 배치하고 어떤 곳에는 3명을 배치한다(양적 배분). 이러한 노동의 질적 편성과 양적 배분이라는 기술적 필연성 때문에 분업생산에서는 단순협업생산에 비해 노동자의 수(가변자본)도 증대하고 도구나 원료의 양(불변자본)도 증대하며, 이 가변자본과 불변자본의 증대로 인해 커진 생산과정을 유기적으로 통합시키기 위한 체계적 관리·통제의 필요성 또한 증대한다.

단순협업에서와는 달리 이 분업적 협업에서는 노동양식의 근본적 변화가 일어난다. 노동자들의 노동은 파편화되며 노동자들은 구상기능이 거의 필요없는 단순작업만을 반복하고 구상기능은 관리영역에 집중된다. 제품 및 제작방법의 설계는 관리자에게 직속된 소수의 기술자들이 담당한 반면 노동자들은 지시에 따라 단순한 작업만을 반복 실행한다. 이처럼 구상(정신노동)은 실행(육체노동)으로부터 분리되어 자본가에게 귀속된 다음 노동자들을 지배하는 권력으로서 노동자에게 대립한다. 노동자들의 일면화된 기능은

6) 예를 들면 단순협업에서는 하나의 망치로 큰 못도 박고 작은 못도 박았을 것이나, 작은 못만 박는 세부노동자는 그에 적합한 작은 망치를 개발하여 사용할 것이다. 결국 작업의 전문화에 따라 도구의 전문화가 이루어지며, 세부작업의 노련화와 함께 도구의 개량이 이루어진다.

전체 생산과정 및 자본과의 관련 아래서만 의미를 지니므로 노동자들의 예속성이 강화되며, 자본가는 이전의 복합노동자들이 누렸던 장인적 기능과 특권을 상실한 부분노동자들을 다른 노동자로 쉽게 대체시킬 수 있다. 따라서 분업은 총노동자의 생산성(이것은 자본의 생산성으로 현상됨)을 풍부하게 해주는 반면, 개별 노동자의 생산성을 불구화시켜 빈약하게 만든다. 따라서 매뉴팩처 분업은 한편에서는 사회적 진보이자 사회적·경제적 발전의 필연적 계기로 나타나지만, 다른 한편에서는 세련된 착취의 수단으로서 나타난다. 이 분업의 시작과 함께 자본에 대한 노동의 실질적 예속과 상대적 잉여가치의 추구가 본격화된다.

3. 기계화

매뉴팩처에 기계가 도입되는 것은 무엇보다도 기계제 생산이 수공업적 생산에 비해 월등한 생산력을 지니기 때문이기도 하지만, 그외에도 자본가는 기계를 통해 노동통제를 보다 용이하게 할 수 있기 때문이기도 하다. 매뉴팩처의 수공업적 활동의 분해가 노동자의 양성비용을 낮추고 노동자의 가치를 하락시켰음에도 불구하고 비교적 어려운 부분작업은 여전히 긴 훈련기간이 필요할 뿐만 아니라, 이 수공업에서는 작업의 속도 및 작업내용이 근본적으로 노동자의 체력과 숙련, 근면성에 의존하게 되므로 자본가는 끊임없이 노동자의 불복종과 싸워야 했다. 그러나 매뉴팩처에 기계가 도입되면 이제까지 협업생산의 규제원리가 되어 왔던 수공업 활동이 기계의 활동으로 대체되면서, 노동자들이 이제까지 생산과정에서 누려왔던 장인적 특권이 사라지고, 이와 함께 자본가들이 노동자를 다룰 때 겪어왔던 노동통제의 어려움이 많이 줄어든다.

매뉴팩처의 수공업적 분업에서는 노동과정의 분류 및 노동자의 편성·배분이 주로 자본가의 주관적 판단에 의존하여 이루어지나, 기계제에서는 기계기술의 객관적 필연성에 의해서 이루어진다. 왜냐하면 기계제에서는 기계에 맞춰서 노동력을 편성하여야 하기 때문이다. 또한 기계는 공동노동, 즉 사회화된 노동을 통해서만 작동될 수 있으므로 기계제 생산에서는 노동과정의 협업적 성격과 유기적 통합의 필요성이 노동수단의 기술적 특성 때문에 필연적으로 증대한다. 바로 이 증대된 유기적 통합의 필요성 때문에 기계제에서는 수공업적 분업생산에 비해 더 늘어난 노동자들을 기계의 율동에 획일적으로 따르게 해야 하는데, 이로 인해 노동과정에 '병영적 규율'이 생겨나며 단순협업에서부터 이루어지던 '산업졸병'과 '산업하사관·장교'로의 노동자 분할은 한층 고도화되고 굳어진다.

기계제에서는 이전의 작업도구의 기능과 함께 노동자들의 숙련기능도 노동자로부터 기계로 이전되며, 더이상 육체적 힘이 노동의 중요한 요소가 되지 못함으로 수공업적 분업에서 난이도가 각각 다른 부분작업들에 따라 이루어지던 노동자들의 등급제가 없어지고 노동자들은 기계의 조수로서 균등화된다. 이제 이전에 부분작업에 따라 이루어지던 구별 대신에 연령, 성, 인종 등과 같은 자연적 구별이 중요시된다. 그러나 이런 균등화와는 달리 한편에서는 기사나 수리공 같은 소수의 전문인력이 등장하는데, 이들은 평균화된 일반 노동자와는 확연히 구별되는 계층이다.

기계제에서는 수공업 노동자들의 육체적 힘과 기능의 많은 부분이 기계로 대체되므로 노동자들의 숙련이 더이상 이전처럼 필요 없게 된다. 따라서 성인남성노동이나 장인노동은 여성·아동노동이나 비숙련노동으로 대체된다. 자본가가 이처럼 노동자를 손쉽게 대체할 수 있을 뿐만 아니라 그나마 작업장에서 익힌 노동자들의 숙달도 기계를 떠나서는 무용지물이 되므로 노동자들의 예속이 강화되는 경향이 나타난다. 즉 노동에 대한 자본의 실질적 예속이 강화된다.

또한 생산성이 증대되고, 작업속도가 기계의 속도에 따라 이루어지기 때문에 노동강도도 강화되어 상대적 잉여가치의 추구가 일반화된다. 그러나 절대적 잉여가치의 추구가 완전히 포기되는 것은 아니다. 기계는 고정적 불변자본7)으로서 값도 비쌀 뿐만 아니라 한 번 쓰고 버리는 것이 아니다. 그

7) 자본은 그것이 새로운 가치를 만들어 내는가를 기준으로 가변자본과 불변자본으로 나뉘며, 순환이 장기적인가 단기적인가에 따라 고정자본과 유동자본으로 나뉜다. 고정자본은 자본가가 기계, 건물 등과 같이 한번 구매하여 생산과정에서 여러 차례 사용하는 생산요소를 말하며 유동자본은 노동력, 원료 등과 같이 1회의 생산에만 사용

런데 이 기계는 쓰지 않은 칼이 녹슬어 마모되는 것처럼 쓰지 않아도 자연적으로 마모될 뿐만 아니라, 보다 우수한 기계가 도입되면 쓸모가 없어지고 만다. 그래서 자본가는 기계를 쉬지 않고 사용하려는 욕망을 가지게 되어, 노동일의 연장이나, 교대노동을 추구한다. 이러한 노동일 연장의 욕구는 기계화가 기존의 노동력을 노동시장에 내몰거나, 아동이나 여성을 노동시장에 끌어냄으로써 형성된 과잉노동시장으로 인해 효과적으로 관철되기도 한다. 그러나 노동일의 연장에는 엄연한 사회적 한계가 있으므로 노동일의 연장보다는 교대노동을 통하여 기계를 24시간 가동하려 한다.

수공업에서는 도구가 노동자에게 봉사하지만, 기계제 공장에서는 노동자가 기계에 봉사한다. 전자에서는 노동자로부터 노동수단의 움직임이 시작되지만, 후자에서는 노동수단의 움직임을 노동자가 좇아가야만 한다. 기계제에서는 인간이 만들어 낸 기계가 인간 위에 군림하므로, 결국 '산 노동'이 '죽은 노동'에 예속된다(주2 참조). 이것은 기계에 대한 인간의 소외로써, 본질적으로는 기계의 생산과 도입을 주도하는 인간(자본가)에 대한 인간(노동자)의 소외이다. 수공업적 분업에서도 마찬가지지만 기계제에서는 정신적 힘(구상기능)들이 노동자들로부터 더욱 분리되어 노동에 대한 자본의 권력으로 나타난다. 이제 단순화된 부분노동자의 기능은, 기계 속에 내장된 자연과학 기술이나 집단적 노동 그 자체가 자본가의 권력이 됨으로써 그 기술과 거대한 작업조직 앞에서는 하잘것없는 부수적인 것이 되고 만다.

4. 포디즘의 형성과 변화

상대적 잉여가치와 시장에서의 특별이윤을 지속적으로 추구하는 자본들은 기술적 측면에서 생산성을 향상시킴과 아울러 노동통제에 보다 용이한 기술체계와 작업조직의 도입·개편를 경쟁적으로 추구함으로써, 자본주의의

하고 다시 구매하는 생산요소를 말한다. 따라서 기계, 건물 등은 고정자본이면서 불변자본(고정적 불변자본)이고, 원료는 유동적 불변자본이며, 노동력은 유동적 가변자본이다.

발전과 함께 자본주의 초기의 분업적·기계제적 생산에서 적용되던 노동과정의 원리는 한층 세련되고 정교화된다. 순수하게 기술적 측면에서 일어나는 생산성 증대와 노동강도의 강화를 동시에 의미하는 '생산성 향상'을 위해 새로운 기술·기계의 도입과 작업조직의 개편을 추구하던 자본가들의 지속적 노력은 '과학적 관리론'에서 극명하게 표현된다.

테일러의 과학적 관리론은 고용주와 피고용주의 이해는 필연적으로 대립적이라는 일반적 견해를 부정하면서, 과학적 관리를 통해 노동자에게 보다 많은 임금을 줌과 동시에 고용주에게도 보다 높은 이윤을 보장해 줄 수 있다고 주장한다. 기업가가 과학적 관리를 통해 생산성을 향상시켜 이전보다 더 증대된 생산물을 판매하여 얻은 금액의 증가분을 일부는 노동자의 임금을 올려주는 데 사용하고 나머지는 기업가 자신이 가지게 되면 노동자의 이익과 기업가의 이익이 동시에 증진될 수 있다는 것이다.

그러면 과학적 관리의 핵심은 무엇인가? 첫째 차등임금제라는 경제적 유인과 제재를 통하여 노동자들의 작업동기를 고취시키고, 둘째는 노동자들의 작업에 대한 시간·동작의 연구를 통하여 노동강도를 강화시키는 것이다.

차등임금제는 ① 표준화된 작업조건에서 ② 되도록 많은 1일 과업의 목표을 부여하고 ③ 목표를 달성하면 높은 임금을 주고 ④ 목표를 달성하지 못하면 낮은 임금을 주는 것이다. 그런데 1일 과업의 목표는 일의 종류에 따라 달라진다. 이를테면 한 노동자가 잡다한 여러 가지 일을 하여 '적합한' 하루 작업량을 부여하기가 어려운 경우나 노동자들의 나태 등을 거의 완벽하게 통제할 수 있는 곳에서는 시간을 기준으로 임금을 계산한다. 즉 노동일(하루 노동시간)을 정해 놓고 그 이상으로 노동하면 높은 임금을 주고 그렇지 못하면 낮은 임금을 준다. 그리고 일의 양을 개수로 파악하기 쉬운 경우에는 개수에 비례해 임금을 주면서 목표량인 일정 개수 이상을 달성하면 보다 높은 개수 임금률에 의한 초과수당을 주며, 작업량을 개수로 파악할 수 없는 경우에는 시간에 관계없이 그 작업량을 달성하면 미리 정한 일당을 주면서 빠른 시간 안에 일을 마치면 특별 유인급(보너스)을 준다(예, 건설현장의 돈내기). 이러한 임금제도의 목적은 작업자의 작업의욕을 금전으로 자극하고 작업자의 나태를 금전으로 억제하며, 열성적인 노동자를 선택하고 무능한 노동자를 도태시켜 '생산성'을 향상시키는 것이다.

테일러리즘에서 시간·동작의 연구는 무엇보다도 이러한 임금제도의 운영을 가능하도록 하기 위하여 실시되었다. 왜냐하면 적당한 목표 작업량과 임금액수를 정하기 위해서는 각 작업을 수행하는 데 순수하게 걸리는 시간과 각 작업의 난이도에 관한 완벽한 정보가 필요했기 때문이다. 그러나 이것만이 시간 동작연구의 목적이 아니었다. 이 연구의 주요 내용은 작업과정을 각 단위로 나누어 초시계로 그 각 세부작업 시간을 측정하고 동작을 관찰한 후에 순수한 기본동작만을 가장 빠른 시간 안에 행할 수 있는 최선의 작업방법을 찾아내는 것이었다. 이 최선의 작업방식은 작업에 불필요한 모든 동작, 즉 작업시간의 틈을 제거한 것인데, 조반장은 이 작업방식을 각 노동자들에게 익혀주기 위하여 최선의 노력을 다한다.

이 과학적 관리론은 자유주의 경제학의 기본 가정인 경제적 인간관을 받아들여 노동자를 오직 경제적 이익만을 추구하는 '경제적 동물'로 취급하고 있으며, 오직 경영자의 관점에서 노동자를 수동적인 대상으로만 파악하고 있다. 따라서 역시 경영자의 관점에 서서 노동자를 대상으로만 취급하는 메이요의 인간관계론에서조차 테일러리즘은 노동자의 사회적·정서적 측면을 무시하고 있다는 비판을 받는다. 특히 테일러리즘의 시간·동작연구는 자본의 이익에 봉사하는 '인간공학'이며, 이 연구를 통하여 '과학적으로' 노동자에게 부여된다는 '정당한' 작업량과 작업시간도 사실은 노동자의 입장을 무시한 채 경영자의 입장에 선 '과학자'에 의해 일방적으로 결정된 것이다. 따라서 이때 과학은 자본가의 자의적 결정을 은폐시켜 정당한 것으로 보이게 하는 허구적 이데올로기가 된다. 또한 이 이론에서 강조하는 임금증대와 이윤증대의 동시 충족이라는 노사간의 '이해일치'도 생산성이 순수하게 기술적 측면에서만 증대되지 않는 한, 노동강도의 강화에 따른 노동자의 고통증대를 전제로 하는 것이므로, 따지고 보면 다른 한편에서는 노사간의 이해대립를 의미하는 것이다.

테일러리즘의 한층 발전된 형태가 포디즘이다. 포디즘은 일관조립 생산방식을 통해 생산성을 증대시켜 노동자들에게 높은 임금을 보장해 주면서도 높은 이윤을 확보한다는 전략으로서 테일러리즘의 원칙을 연장한 것이라

할 수 있다.

미국의 포드 자동차회사에서 1900년대초부터 시작된 이 생산방식은 기술적 차원에서만 보면 ① 자동차 등과 같은 표준화된 한 가지 상품을 생산하면서, ② 전체 생산과정을 수많은 세부조립 작업으로 분화시켜, ③ 그 각 세부조립 작업을 개별 노동자들에게 전담시킨 다음, ④ 각 노동자들이 작업대상(예, 자동차 차체)들을 찾아다니며 부품을 조립하게 하는 것이 아니라, 반대로 고정된 위치에 서서 작업하는 각 부분작업자들에게 작업대상들이 운반줄(콘베어 벨트)을 타고 옮겨지도록 하는, ⑤ 대량생산 체계이다. 기계로 각 세부작업을 연결시킨 유기적 통합생산 체계인 이 일관조립 작업에서 각 세부노동자들은 한정된 공간에서 기계에 의해 흘러왔다 흘러가는 작업대상에 대하여 단순반복적인 작업만을 행한다. 이 '흐름작업'에서 각 노동자들은 구상기능을 박탈당한 채 숙련이 필요없는 단순노동을 단지 실행할 뿐이며, 노동자가 기계를 조정하는 것이 아니라 기계가 노동자를 조정하여, 인간이 기계의 부품이 된다. 이제 노동자의 작업속도도 기계가 결정하며, 작업의 내용도 표준화되어 있으므로 자본의 노동에 대한 질적·양적 통제가 기계의 도움으로 이루어진다. 이러한 통제를 '기술적 통제'라고 부른다. 따라서 이 일관작업에서는 '실행과 구상의 분리'와 '탈숙련화'(deskiling), 그리고 '자본에 대한 노동의 실질적 예속'과 '노동자의 기계에 대한 소외'가 전형적으로 나타난다.

단순작업을 반복 수행하는 일관작업에서는 작업자들이 따분함을 느끼며, 육체의 특정 부분만을 지나치게 사용하여 신체의 질병을 갖게 된다. 노동자들은 기계의 율동에 따라야 하므로 생리현상까지도 고통스럽게 참아내야 한다. 이처럼 일관작업은 노동자들의 불만을 가중시키면서도 그 불만을 철저히 통제하지 않으면 안된다. 왜냐하면 수많은 부분작업들이 결합된 거대한 유기적 생산체계인 일관작업에서는 소수 노동자들의 부분적 교란이라도 전체 생산체계의 교란을 가져오기 때문이다. 따라서 전체 노동자들을 통일적으로 작업선에 머물게 하는 강력한 유인 및 이탈통제가 필요하게 되는데, 이 유인과 이탈통제를 위해 노동자들에게 높은 임금이 지불된다. 높은 임금은 그 자체가 유인수단일 뿐 아니라 공장 밖에서 취업을 기다리는 대기노동자를 다량으로 확보해 줌으로써 해고위협이라는 이탈통제의 수단이 되기도 한다.

그런데 초기에 이 일관작업을 운영하는 기업에서는 노동자들에게 고임금을 지불하는 데 큰 어려움이 없었다. 왜냐하면 분업과 자동화가 결합된 일관작업은 노동강도를 강화시켜 줄 뿐만 아니라 그 자체가 높은 기술적 생산력을 지니므로 시장에서 특별이윤을 획득하여 노동자들에게 다른 기업에 비해 높은 임금을 주면서도 오히려 높은 이윤을 확보할 수 있었기 때문이다. 이런 면에서 포디즘은 고임금과 고이윤를 동시에 충족시키려는 테일러리즘의 목표를 실현하고 있다.

월등한 생산성을 지닌 포디즘은 대량생산을 통해 저비용, 저가격, 고임금, 고이윤을 유지시킨다. 여기서 높은 임금을 받은 노동자들은 싼 가격의 표준화된 상품을 다량으로 구매하여 소비할 수 있으므로 포디즘은 하나의 생산방식만을 의미하는 것이 아니라 넓은 의미에서 표준화된 소품종 대량생산 대량소비의 사회체제 전반을 의미하기도 한다.

근접감시나 금전적 동기부여를 통하여 관리자의 권위를 유지시키고 노동자들을 직접 통제하는, 즉 '직접통제'가 주로 행해지는 테일러리즘이나 포디즘의 대량생산 체계의 문제점은 다음과 같다.

첫째, 대량생산 체계인 이 생산방식은 새로운 상품을 만들기 위하여, 또는 노동자의 저항에 대처하기 위하여 새로운 기계나 새로운 생산조직을 도입하고자 할 경우 많은 비용이 소요된다. 즉 이 대량생산 체계는 상황변화에 대응하는 데 필요한 유연성이 매우 약하다.

둘째, 포디즘이 일반화되어 버리면 포디즘을 앞서서 도입한 기업들이 누리던 특별이윤이 사라짐으로써 노동자들을 작업선에 머물게 하는 데 절대적으로 필요한 유인수단이자 이탈통제 수단인 고임금의 지불이 어렵게 된다.

셋째, 포디즘에서는 단순업무만을 반복·수행하는 노동자들이 새로운 기계가 도입되면 적응하기가 어렵다. 따라서 다변화된 소비자의 욕구에 부응하여 계속 새로운 상품을 개발·생산해야 하는 다품종 소량생산체계에서는 노동자들의 적극적 참여를 유도하기 위하여 직접통제 전략 대신에 노동자들에게 책임과 자율성을 늘려주는 '책임자율성 전략'을 사용하여야 한다는 것이다.

이처럼 상황변화에 대한 유연성이 약한 표준화된 소품종 대량생산체계는 상품경쟁이 저가격 경쟁의 단계를 넘어, 값도 싸고 다양한 소비자의 욕구들도 만족시켜 주어야 하는 저가격·다품종경쟁에서는 뒤질 수밖에 없다. 아무리 새로운 상품이라도 또 다른 새로운 상품이 시장에 나오면 그 신상품은 구상품이 되어 더이상 팔리지 않으므로 신상품경쟁이 가속화될수록 시장에서 상품의 생명은 그만큼 더 짧아진다. 따라서 포디즘의 소품종 대량생산체계는 다품종 소량생산체계로 전화될 수밖에 없다. 이제 자본은 신상품경쟁에서 살아남기 위하여 유연성과 기동성을 확보하지 않으면 안된다. 이러한 유연성과 기동성을 갖춘 생산체계를 '탈포드주의'(post-Fodism) 또는 '신포드주의'(neo-Fodism), 그리고 '유연생산체계'라 부른다.

이 유연생산체계는 '대규모 유연생산체계'와 '소규모 유연생산체계'로 나눌 수 있다. 대규모 유연체계는 일본의 '간판(看板)생산' 방식과 같이 거대한 생산체계에 유연성을 부여한 경우이고, 소규모 유연생산체계는 이탈리아의 '유연적 전문화'(flexible specialization) 생산방식과 같이 소규모의 전문가 집단이 지속적으로 새로운 상품을 개발 공급하는 생산방식이다.

대규모 유연생산체계는 극소전자기술 발전의 바탕 위에서 가능하게 되었다. 거대한 생산체계를 유연화시키기 위해서는 하드웨어는 그대로 둔 채 소프트웨어의 조작만으로 기존의 생산체계를 새로운 상품을 만드는 데 적합한 생산체계로 쉽게 전환시킬 수 있어야 한다. 우선 무엇보다도 부분기계들이 수치입력과 같은 간편한 조작만으로도 새로운 상품을 만드는 데 적합한 부분기계로 변용되어야 하며, 이와 동시에 이 부분기계들간의 연결 또한 간편한 조작만으로 이루어져야 한다. 개별 부분기계의 유연성은 로봇과 수치제어체계의 도입을 통해 가능하며, 개별 기계들간의 연결·통합은 중앙 컴퓨터의 통제를 통해서 이루어진다. 부분기계의 작업내용, 작업시간, 부분기계간의 전후 작업연결은 중앙 컴퓨터에 의해 수치로 파악되고 지시되기 때문에 '물(物)의 흐름'과 '정보의 흐름'이 동시에 이루어진다. 이리하여 거대한 생산체계도 수치입력 등과 같은 간편한 조작만으로 쉽게 변용될 수 있게 된다.

정보전달체계를 통한 유연한 통합생산체계는 한 공장 안에만 국한되지 않고 부품공급 업체까지도 유기적으로 통합시킨다. 중앙 컴퓨터를 통해 수많은 부품업체에 부품의 종류, 수량, 공급시기를 정확히 지시하여 필요한 시기에 필요한 상품을 필요한 만큼 생산해내는 것이다.

이 생산체계가 일본의 도요다 자동차회사에서 처음 개발한 소위 '적기(適期)생산방식'으로서 간판생산 방식이라고도 부르는데, 이 생산방식의 네 가지 원리는 다음과 같다. 첫째 재고관리 및 생산과정에서 여러 낭비적 요소를 발견·분석하는 데 노동자들을 적극 참여시키며, 둘째 필요할 때 필요한 만큼의 상품과 부품을 공급하여 재고를 없게 하고, 셋째 기계의 유연한 변화에 적응할 수 있도록 노동력을 다기능화하며, 넷째 간판을 이용한 정확한 정보를 제공하여 필요한 양만의 물자를 꼭 필요한 시기에 공급하도록 하는 '끌어내기식' 물자흐름 방식을 운영한다는 것이다. 그런데 고도의 유기적 통합을 요구하는 이러한 생산방식은 노자간의 갈등이 거의 표출되지 않고 모기업과 하청기업들간의 신뢰와 연대가 돈독한 곳에서만 가능하다.

고도화된 극소전자기술이 도입된 이 유연생산체계에서는 노동의 성격이 현격하게 변화된다. 이제까지 기계는 인간의 신경계와 감각계에 의해서 제어되어 왔는데 이제는 기계가 스스로 자신의 감각과 신경을 제어한다. 여기서는 기계가 인간을 보조하는 것이 아니라 인간이 기계를 보조한다. 수공업단계의 숙련노동이나 포디즘단계의 단순반복노동과는 달리 극소전자기술단계에서는 기계의 조작, 기계의 수리·보수 등이 노동의 주요 내용이 된다. 이로 인해 이전의 파편화된 직무가 통합되는 경향과 함께 탈숙련화의 반대경향도 나타나며 포디즘의 노동에 비하면 노동의 자율성이 증대되기도 한다. 그러나 직무통합 또는 직무확충도 보다 간단해진 부분작업의 통합을 의미하는 것이므로 이전의 여러 작업이 통합되었다 하더라도 통합된 업무 자체가 단순반복인 것임에는 큰 변화가 없으며, 수공업의 숙련노동에 비하면 본질적으로 단순한 노동이다. 또한 노동의 자율성도 노동의 질과 양이 수치제어체계로 완전하게 통제된 가운데 이루어지는 자율성이다. 이런 맥락에서 유연생산체계가 과연 포디즘을 완전히 벗어난 탈포디즘이냐, 아니면 포디즘의 단순한 변형에 지나지 않는 신포디즘이냐가 하나의 논쟁점으로 제기될 수 있다. 예를 들면 '통제된 자율성'이란 동일한 현상을 두고도 탈포디즘론에서는 자율성을 더 강조할 것이요 신포디즘론에서는 통제를 더 강조할 것이다.

소규모 유연생산체계의 예로는 이탈리아의 '유연적 전문화'를 지적할 수 있다. 이 생산방식은 극소전자기술의 발달로 시장에서 정보를 신속하고 완전하게 파악할 수 있을 뿐만 아니라, 고도화된 장비를 이용할 수 있음에 따라 10여 명 내외의 전문인들이 모여 하나의 기업을 이루고 기업간 정보와 물자를 교환하면서 소량의 신상품을 순발력 있게 개발·보급하는 생산방식이다. 여기서는 '규모의 경제'(economies of scale)보다는 '범위의 경제'(economies of scope)가 추구되며 새로운 기술적 조건에서 새롭게 형성된 이 시장분업체계에서는 공장내에 분업과 기계가 도입되면서 파괴되었던 장인노동이 부활된다는 것이다. 이러한 생산방식은 유관 업종들이 한 지역에 모임으로써 보다 큰 효율성을 발휘하게 된다. 그러나 이러한 생산방식은 어디까지나 아직은 일부에서 나타나는 현상으로서 일반화될 것으로 속단하기는 어려울 것이다.

Ⅲ장의 핵심단어

자본주의적 노동과정, 가치의 증식과정, 절대적 잉여가치, 필요노동시간, 노동의 실질적 예속, 사회적 노동, 매뉴팩처 분업, 산 노동/죽은 노동, 과학적 관리론, 포디즘, 일관작업, 책임자율성 전략, 유연생산체계, 적기 생산방식, 범위의 경제.

Ⅳ. 기업내 노사관계의 구도

기업 즉 하나의 산업경영체를 단위로 한 노사관계 조직을 고찰할 경우 먼저 이를 구성하는 기본적 당사자에 대하여 생각할 필요가 있다.

시민혁명에 의해 확립된 고전적 자유방임주의 사회사상에서는 고용관계가 자본가와 노동자 사이의 개별적 계약에 의해 성립되는 것이 원칙이었다. 따라서 노동자의 단결은 철저하게 금기시되었다. 영국의 '단결금지법'(1799, 1800)이 대표적인 예이다. 이 문제가 해결되어 단체교섭과 노동력 공급정지가 합법화되는 계기는 1824년, 1825년의 입법에 의해 마련되었다. 노동쟁의로 발생한 손해에 대해 기업이 노조에 민사상의 책임을 추궁할 수 없는 판례가 확립된 것은 가장 선진적이었던 영국에서도 20세기초에 들어와서였다.

'노동자 개인'이 아닌 '노동자 조직'이 당사자 자격을 획득하는 과정이 자본가의 시혜에 의해 주어진 것은 아니다. 노동운동의 발전 때문에 노동조합을 당사자로 인정하고 노동조건을 협상하는 편이 오히려 비용이 절감되기 때문이었다. 조직노동자가 권리를 확보해 가는 과정은 동시에 노동자 보호 입법의 성립과정이었다. 따라서 국가의 노사관계에 대한 개입과 영향도 증대하여 왔다.

1930년대의 세계 대공황은 국가가 경제운용에 적극 개입하여 유효수요 관리에 나서는 계기가 되었다. 이러한 수정자본주의 체제에서는 노조가 국가의 유효수요 관리 정책 실현에 이바지하는 유력한 주체로서 자본주의체제의 순항을 보장하는 제도적 장치라는 위치를 차지하게 되었다. 현재 한국의 노사관계를 규정하는 기본틀은 루즈벨트 시대에 확립된 미국의 뉴딜 노동법 체계이다.

이상에서 노사관계의 성격은 거시적으로 사회체제와 밀접한 관련을 가지고 있다고 할 수 있다. 이는 노사관계의 성격을 파악하기 위하여는 사회환경에 대한 이해가 중요하다는 사실을 말해 주고 있다.

1. 노사관계를 보는 이론적 시각

'노자관계론'은 맑스주의 사회이론에 입각하여 자본=임노동 관계를 내용적으로 의미하고 있는 이론적 입장이다. '노사관계론'은 체계이론을 기반으로 하고 있으며 풍요한 산업사회로의 수렴이 전제되어 있다. 따라서 이 두 가지 이론체계 사이에는 일단 대립관계가 존재한다고 볼 수 있다. 전자는 생산수단의 소유를 기준으로 하는 계급론의 입장에 서 있다. 후자는 소유와 경영이 분리되어 전문경영인이 의사결정의 주도권을 행사할 수 있는 단계의 자본주의를 준거틀로 하고 있다. 그러나 구체적인 현실문제의 분석을 위해서는 '노사관계론'에서 개발된 이론적 생산물을 적극적으로 받아들여 활용하며 '노자관계론'의 문제의식을 견지해 가는 접근방식을 받아들여 넓은 시야를 확보하는 것이 바람직하다.

(1) 노사관계시스템론과 노·사·정 3자 모델

던롭(Dunlop, John T.)으로 대표되는 노사관계시스템론(industrial relations system)이 가지고 있는 함축적 의미를 파악하기 위해서는 이론이 등장한 시대적 배경을 살펴볼 필요가 있다. 공업화가 진행됨에 따라 모든 사회가 '인더스트리얼리즘'에 도달하게 된다는 주장을 하고 있는 수렴이론은 인류 역사의 기본적 발전방향을 생산력의 증대와 계급투쟁의 종언으로 총괄하고 있다. 따라서 자본과 노동의 대립이 아니라 노동력 관리가 노사관계론의 중심적 과제라는 입장이 견지되어 있다. 사적유물론에 대한 반대논리로 등장한 수렴이론이 설득력을 가질 수 있었던 1950년대와 1960년대에는 안정된 풍요한 사회인 미국에서 통용되고 있는 노사관계가 어디에서나 적용될 수 있는 보편적 제도라는 주장이 널리 유포되었다.

던롭을 비롯한 노사관계론자들은 '노동자와 노동자 조직', '사용자와 사용자 조직', '행정기관=정부'의 3당사자로 구성되는 '노사관계시스템'이라는 틀을 제시하고 있다. 각 당사자는 '기술', '시장', '당사자간의 역학관계'라고 하는 상호 연관된 3요소로 이루어지는 환경 가운데서 행동한다. 시스템의 통합은 당사자가 상황 인식을 공유하게 하는 '이데올로기'에 의해 달성된다. 3당사자간의 상호작용이 만들어내는 최종 산출물은 규칙(rule)이다. 즉 규칙의 망(web of rules)이 형성되는 과정이 노사관계의 제도화라고 할 수 있다. 결국 규칙이 만들어지고 변화되는 과정과 규칙이 발휘하는 성과가 주요 연구 대상이 되고 있다. 이러한 노사관계시스템론의 내용은 구조기능주의 사회학이론에 의해 논리적으로 뒷받침되고 있다.

노사관계시스템론은 수정자본주의 체제에서 형성되는 노사관계의 내용을 논리적으로 설명하는 틀을 제공하였다는 점에서 평가되고 있다. 그러나 노사관계의 제도화가 일단 진행된 사회에서는 규칙의 제정 방법이 확립되어 있으므로 노사관계시스템 내부의 지엽적 변화에만 관심을 기울이게 되어 시야가 협소해지는 문제가 지적되고 있다. 수렴이론적 입장 가운데 내포되어 있는 단선적 사회진화론도 연구의 범위를 제약하는 요인이 되고 있다. 구체적으로 연구의 방향이 공업화 과정에서 형성되는 각국의 노사관계시스템이 산출하는 규칙의 비교연구로 나아가는 경향을 지적할 수 있다. 결국 노사관계시스템론에는 연구자가 준거틀로 삼고 있는 사회적 환경이 변화하면 이론적 설명력이 한계에 부딪치게 되는 약점이 있다고 할 수 있다.

(2) 역수렴과 일본모델

노사관계시스템론의 설명력에 대한 가장 큰 도전은 유일한 비서양 선진공업국인 일본의 사례이다. 급속한 산업화와 경제성장에도 불구하고 구미와는 이질적인 노사관계 제도와 관행이 형성되었다. 사실상 1970년대 후반 이후 미국 대신에 일본을 모델로 하는 '역수렴이론'이 전세계적으로 확산되기 시작하고 있다.

'인더스트리얼리즘'으로의 수렴을 주장하는 논의에서는 일본의 공장에

<그림 1> 던롭의 노사관계 체계의 개념도

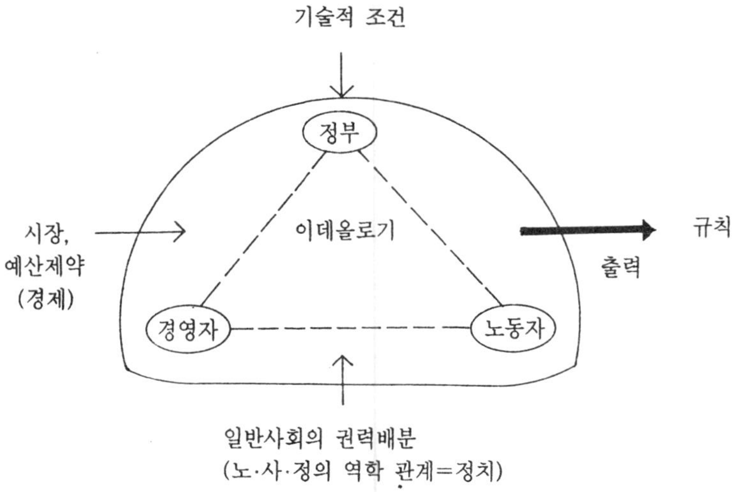

남아 있는 종신고용제도와 같은 친권주의나 권위주의적 잔재와 기술수준에 차이가 있는 대기업·중소기업간의 이중구조는 소멸한다고 예언되어 있었다. 그러나 도어(Dore, Ronald P.)는 1960년대말에 영국과 일본의 대공장을 비교 조사한 자료에 입각하여 후발효과가 가져오는 기업별 노조와 내부 노동시장의 기능적 정합성을 제시하였다. 수입테크놀로지에 기반을 둔 중화학공업 대공장에서는 기능형성이 기업 단위로 이루어져 내부노동시장화가 진행되며 근속기간과 기능서열이 정비례하므로 연공제 승진과 승급이 합리적인 질서로 설득력을 가지게 된다. 노동자간의 사회관계가 기업을 매개로 형성되므로 노조가 기업별로 조직되는 일은 자연스러운 현상으로 풀이된다. 따라서 영국형 '시장지향적 고용제도'에서 일본형 '조직지향적 고용제도'로의 수렴이 세계적으로 진행되고 있다는 해석이 제시된다.

도어의 업적은 비서양사회의 사회현상을 전근대적 잔재나 문화적 개별성에 기인하는 특수한 일로 보는 시각을 전환시키는 계기가 되었다는 점에서 획기적인 의의를 갖고 있다. 또한 이는 일본모델론의 이론적 근거를 마련하였다는 평가를 받고 있다. 그러나 이를 일본 경제의 고도 생산성과 기업별 노조를 당사자로 하는 협조적 노사관계를 직결시키는 통속적 '일본 모델론'과 구별할 필요가 있다.

(3) 수렴의 종언과 노동시장의 이중화

던롭 등이 제시한 낙관적 전망에 대해 회의를 가지고 있는 골드소프(Goldthorpe, John H.)를 비롯한 서구의 논자들도 현실적으로 수렴이 전혀 실현되지 않았다는 반론을 제시하고 있다. 특히 1973년의 제1차 석유위기 이후 선진공업국의 경제성장이 전반적으로 정체됨에 따라 노사관계시스템론의 현실 적합성에 대한 문제가 제기되었다.

우선 서구의 경험을 보면 석유위기 이전에도 노사관계시스템론에서 그리고 있는 세계는 1차 노동시장에 속해 있는 정규 종업원들에게만 적용되어 왔다. 이들의 노동조건이 지속적으로 향상될 수 있었던 배경에는 2차 노동시장에 속해 있는 비조직 노동자가 있었다는 사실을 지적할 수 있다. 구체적으로 내직 또는 파트타임 노동에 종사하는 가정주부를 비롯한 정규적인 고용계약을 체결하지 않은 노동자와 제3세계로부터 공급된 외국인 노동자가 있었기 때문에 노동력 공급이 수량적으로 유연하게 조절될 수 있었다는 측면에 대해 주목할 필요가 있다. 특히 외국인 노동자는 서구의 풍요한 노동자가 회피하는 하급노동을 담당하여 왔다. 이러한 사실은 수렴이론이 전망했던 사회통합이 이루어지지 않았다는 것을 의미한다.

사회민주주의 정당의 영향력이 강한 서구의 노사관계에서는 노조의 전국적 정상조직과 정부가 정책협정을 맺어 주요 현안에 대해 동반자적 관계를 형성하게 되는 네오코포라티즘이 확산되는 경향이 있다. 동시에 비조직 부문의 노동자는 네오코포라티즘의 이익협조 관계에서 배제되어 있는 이원적 구조가 존재한다. 이는 노사관계시스템론이 상정하고 있는 노·사·정의 각 당사자를 주체로 하는 다원주의 모델과는 분명히 구분되는 현상이 진행되고 있는 사실을 나타내고 있다.

(4) 신자유주의와 '전략적 선택 모델'

미국에서도 1973년의 제1차 석유위기 이후 경제성장의 정체 때문에 노사관계시스템론의 현실 적합성에 대한 문제제기가 본격화되었다. 더구나 저성장시대를 맞아 영·미·일 등지에서는 신자유주의 또는 신보수주의라고 불리는 정책 기조가 영향력을 넓혀 왔다. 여기에서는 강한 교섭력을 가진 노조가 시장 메커니즘의 재활성화를 통한 자본주의체제의 재편성을 저해하는 존재라는 논리가 제시되고 있다. 특히 극소전자 기술혁신의 성과를 기업이 수용하려면 노동력 운용의 유연화가 필요하므로 직무에 대한 통제를 중시하는 영미식 노조의 운동방침(job control unionism) 자체가 심각한 도전에 직면하게 되었다.

1980년대 후반부터 미국 학계에서는 던롭의 모델을 현실에 비추어 세련시킨 코한(Kochan T.A.), 카츠(Katz H.C.), 맥커시(McKersie R.B.) 등이 제시한 전략적 선택 이론이 노사관계에 대한 새로운 접근방법으로 주목받고 있다. 그 내용을 살펴보기에 앞서 먼저 이들이 뉴딜 노동법 체계에 입각한 노사관계시스템론에 대해 제기한 비판에 주목할 필요가 있다. 즉 던롭의 3당사자 모델에서는 노사간의 자유로운 단체교섭이 노사관계가 형성되는 중심축이다. 노사관계시스템이 기능을 발휘하려면 임금을 비롯한 노동조건의 지속적 개선이 가능할 수 있도록 기업의 지불능력이 유지될 필요가 있다. 제1차 석유위기 이후 미국 제조업의 국제경쟁력이 상대적으로 저하되어 던롭의 모델은 현실에 맞지 않게 되었다. 구체적으로 사용자가 임금, 고용량 조정, 직무 배치에 있어 유연성을 발휘할 수 있는 여지가 제한되어 있으므로 산업 합리화의 추진이나 새로운 기술의 도입이 어렵다. 결국 코한 등은 오히려 일본과 같이 기업별 노사협의가 중심이 되는 노사관계를 형성하여 노동력 관리의 유연성을 확립할 수 있도록 하는 발상의 전환이 요청된다는 견해를 제시하게 되었다. 더구나 던롭이 제시한 노사관계시스템은 정태적 모델이고 당사자들의 역할이 고정되어 있으므로 노사관계의 동태적 측면에 대한 설명력이 부족하다고 지적되었다. 즉 하나의 독립변수에 일어난 변화가 다른 독립변수에 미치는 영향에 대한 고찰이 결여되어 있다는 것이다.

<그림 2> 노사관계 분석 개념도

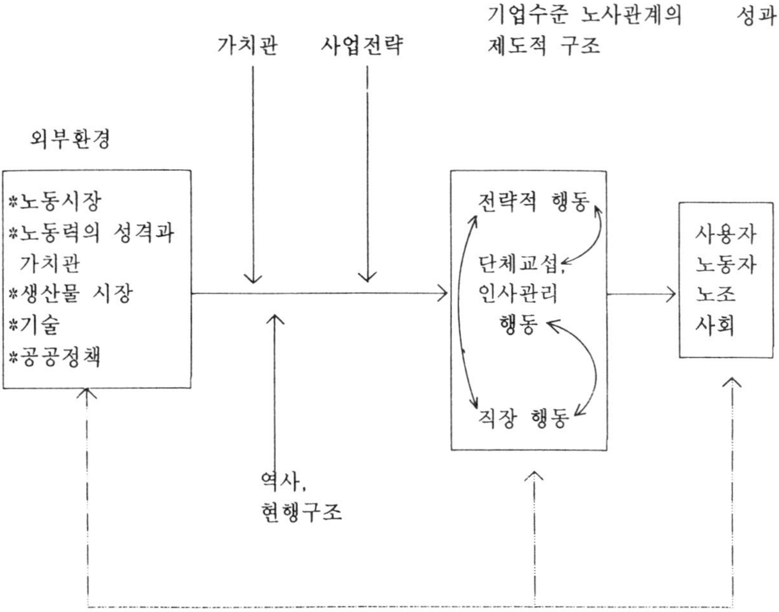

<표 1> 노사관계 행동의 3수준

수준	사용자	노조	정부
장기전략과 정책수립	사업전략, 투자전략 인적 자원 전략	정치적 전략, 이익대표 전략, 조직화 전략	거시경제 정책 사회정책
단체교섭과 인사정책	인사정책 협상전략	단체교섭전략	노동법, 노동행정
직장과 개인, 조직적 관계	감독방식, 노동자 참가, 직무설계, 작업조직	협약 운용, 노동자 참가, 직무설계, 작업조직	근로기준 노동자 참가, 개인의 권리

코한 등이 새롭게 제시한 논리에 의하면 노사관계가 이루어지는 과정과 그 산물은 환경으로부터 오는 압력과 이에 대한 조직체의 반응 사이에서 일어나는 상호작용에 의해 결정된다. 따라서 변화하는 시장상황에 대한 각 당사자의 대응을 파악하기 위해서는 이들이 선택할 수 있는 대안에 주목하는 '전략적 선택'의 시점을 가질 필요가 있다. 노·사·정 모든 당사자의 선택과 판단은 노사관계시스템이 작동하는 방향과 구조에 영향을 미치고 있다. 코한 등의 전략적 선택 모델에서는 3당사자의 활동이 '전략적 의사결정을 하는 최상층', '단체교섭과 인사정책을 결정하는 중간층 또는 기능층', '이와 같은 여러 가지 정책이 개인에게 직접 영향을 미치는 저변층 또는 직장 수준의 층'과 같은 3개의 층으로 나뉘어진다. 그리고 각층에서 내려지는 결정의 내용과 이에 대해 당사자들이 선택할 수 있는 대안을 고찰하는 방향으로 나아가게 된다.

이상과 같이 제시된 '전략적 선택의 시점'은 노사관계론에서 새로운 경지를 개척하는 계기가 되었다고 평가되고 있다. 코한 등은 당사자의 행동을 상호연관되어 있는 3개의 층으로 개념화하여 던롭의 모델을 세련화시켰다. 직무 재설계나 QC 서클의 보급과 같이 직장수준에서 나타나고 있는 새로운 모습까지 시야에 포괄하고 있는 이들의 분석은 조직행동·조직설계·조직이론의 분야에서 이루어진 최신의 성과를 기반으로 하고 있다. 코한 등의 작업이 이룩한 가장 특기할 만한 성과는 어느 한 층에서 이루어진 의사결정이 다른 층에 미치는 영향에 대한 분석의 중요성을 지적한 일이다.

(5) 한국의 노사관계의 제도화

지금까지 노사관계를 분석하는 이론적 시각에 대해 살펴보았다. 노사관계에 대한 이론적 입장을 이해하기 위해서는 사회적 배경에 대한 고찰이 필요하다는 입장이 강조되었다. 따라서 이러한 이론 가운데서 한국의 노사관계를 분석하는 도구로서 유용한 이론적 자원을 찾으려면 구체적인 현실 인식이 요청된다. 1987년 이후 한국의 노사관계는 격동을 겪으면서 제도화되는 방향으로 나아가고 있다. 그러나 이는 사회제도 전반의 재편성과 분리될 수 없는 성격의 문제이기도 하다. 따라서 한국의 노사관계를 파악하기 위해서는 현실감각과 세련된 연구방법의 결합이 다른 어느 분야에 못지않게 필요하다. 3당사자 가운데 '정'은 8장에서 상세하게 다루어지므로 이하에서는 '노', '사'의 행동을 설명하는 논리에 대해 중점적으로 고찰하려 한다.

2. 노무관리

노무관리의 기본 개념은 자본가 또는 경영자가 최대의 이익을 확보하기 위하여 노동력 상품을 구매하고 이를 가장 능률적으로 소비하기 위한 관리라고 표현할 수 있다. 이를 위해서는 노동운동의 도전을 극복하고 노동자를 기업에 통합시킬 필요가 있다. 즉 생산성 향상을 위해 종업원을 기업사회에 통합시키는 방안을 강구하는 것이 노무관리이므로 노동자의 자립적 생활세계 구축을 지향하는 노동운동과는 밀접한 상호규정관계에 있다고 볼 수 있다.

(1) 노무관리와 환경

노무관리는 사회라는 장 내부에서 이루어지고 있다. 사회적 환경의 변화는 노무관리의 성격에 영향을 미친다. 이는 다음과 같이 나타낼 수 있다.

'노동시장의 변화', '기술혁신의 단계', '노동운동의 전개', '사회보장의 수준을 포함한 생활수준' 등이 노무관리에 직접적인 영향을 미치는 환경조건으로 파악된다. 즉 이러한 요인들은 기업내의 노동력의 양적·질적 수급관계, 임금수준, 노사간 교섭력의 균형 등에 일차적인 영향을 미치고 있다. 이에 비해 파급효과는 상대적으로 낮지만 '정부의 노동정책', '다른 기업의 노동대책', '산업구조의 변동을 포함한 경기변동', '지역사회의 여론과 사회운동' 등의 기업외적 요인도 감안할 필요가 있다.

한국과 같이 아직 노사관계의 제도화 수준이 낮은 상황에서 단기적으로는 노동운동의 양상과 노동정책이 노무관리 방침에 대해 가시적인 영향을

<그림 3> 노무관리의 환경적 요인

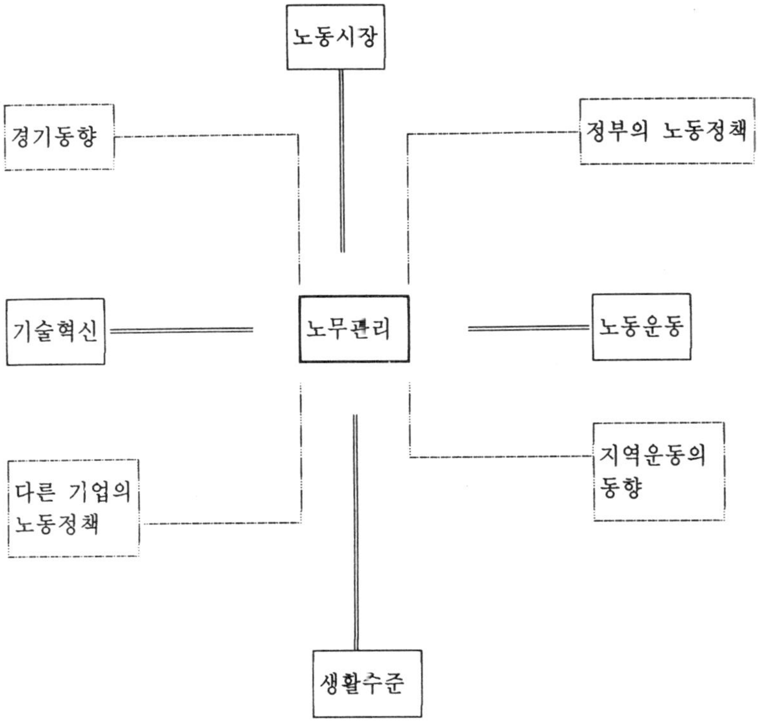

미치는 요인으로 보일 수 있다. 그러나 사회학적 분석에서는 표면에 나타나는 세력관계가 형성되는 환경적 요인의 성격과 파급경로를 고찰하려는 자세가 중요하다.

(2) 노무관리의 대상 영역

'기업이 자기 목적을 달성하기 위해 기업 내부에 필요한 노동력을 확보하고 작업능률을 발휘시키기 위해 노동조직 및 노사관계를 조정하는 조직적 기업내 활동'으로 규정할 수 있다. 끊임없이 변화하는 사회환경 가운데서 노무관리가 효율적으로 시행되기 위해서는 노동력, 노동조직, 노사관계라는 3개의 기본축을 중심으로 통합성을 발휘할 수 있는 '노무계획'의 수립과 그 결과를 검토하는 '노무감사'의 실시가 필요하다. 노무관리의 구체적인 대상 영역은 다음과 같이 구분할 수 있다.

노동력 관리 = 고용관리(채용, 배치, 승진)
= 작업조건관리(노동시간, 안전, 위생)
= 임금관리(임금, 상여, 퇴직금, 연금)
= 복리후생관리(노동복지-물품판매, 종업원 금융, 사택, 기숙사, 각종 보험, 레크리에이션)
노동조직 관리 = 조직관리(직무분석, 직무평가)
= 복무관리(취업규칙, 인사고과, 복무규율)
= 인간관계관리(소집단활동, 카운셀링, 직장회의, 사내지)
= 교육훈련관리(신입자교육, 감독자·관리자교육, 기술·기능교육)
노사관계 관리 = 노사관계 관리(단체교섭, 노사협의, 단체협약, 노사협의)

노동력 관리는 노무관리 가운데서 '노동력의 확보 및 재생산'을 충분히 보장하는 조건을 취급하는 부문이며 오랜 역사를 가지고 있다. 예를 들어 기업내 복지후생 제도와 8시간 노동제는 19세기부터 부분적으로 실시되었다. 20세기초에 등장한 테일러의 과학적 관리법을 비롯하여 '노동생리학', '노동심리학', '노동과학', '인간공학' 등이 여기에 속하는 학문적 전통이다.

노동조직 관리는 만능적 숙련이 해체되고 콘베이어벨트를 이용한 '흐름선 작업'이 일반화되는 생산기술의 변화와 함께 개별화된 작업자를 통합적으로 관리해야 할 필요가 높아지고 물질적 유인이나 기계적 강제력에 의한 관리가 한계를 보임에 따라 강조되었다. 따라서 직무분석에 기초한 '직장조직'의 관리체제 확립을 의미한다. 여기에서는 인간관계에 대한 관리가 중요한 비중을 차지하게 된다.

노사관계 관리는 노무관리에서 가장 긴장을 유발하는 영역이다. 역사적으로 자본주의적 생산양식의 성립과 함께 노동자의 조직화 및 권리 확립에 대한 요구가 끊임없이 제기되어 왔다. 실질적으로 노동조합이 행사할 수 있는 발언권의 범위를 기준으로 보면 노동조합의 시민권이 인정되고 있는 사회는 아직 세계적으로 소수이며 이는 민주주의의 정착도를 나타내는 중요한 지표의 하나이다.

노동력 관리와 노동조직 관리가 원활하게 수행되기 위해서는 노사관계의 안정이 전제가 된다. 동시에 노사관계 관리의 양상도 노동력과 노동조직에 대한 관리가 이루어지는 방식에 의해 영향을 받는 상호 규정 관계 가운데 놓여 있다.

(3) 노동력 관리의 원리－연공과 능력－

노무관리의 핵심인 임금을 비롯한 노동조건이 어떠한 원리에 의해 규정되어지는가 하는 문제는 노사관계의 주도권이 어디에 있는가 하는 쟁점과 밀접한 관련을 가지고 있다. 역사적으로 살펴보면 언제나 노사관계의 성격과 노무관리 방식은 긴밀하게 연관되어 있다. 이는 종업원이 제공하는 노동력에 대한 보상의 기준을 어떠한 원리에 의해 설정할 것인가 하는 문제이기도 하다.

노동시장의 내부화가 진행된 대기업의 경우 일반적인 노동조건의 규정 원리는 크게 '연공'과 '능력'으로 구분할 수 있다. 연공은 일차적으로 기업 내 근속기간, 즉 경력을 의미한다. 여기에는 경력이 쌓임에 따라 숙련도가 높아지고 노동자 개인의 생산성도 향상된다는 가정이 있다. 동시에 연령, 부양 가족수, 생계비의 증대를 임금에 반영시켜 노동자의 생활을 보장하는 체계라는 논리가 있다. 노동조건이 객관적 조건에 의해 정해지므로 경영관리기구의 사정권(査定權)이 제약되고 노조의 교섭력이 강화되는 결과가 된다고 볼 수 있다. 이 점에서 능력을 노동조건 결정의 기준으로 삼자는 주장은 사용자의 사정권 장악을 의미하기 때문에 필연적으로 노조의 위상 격하를 둘러싼 논의를 불러일으키게 된다. 따라서 능력주의 관리가 관철되기 위해서는 사정의 '공정성'(fairness)에 대한 설득 논리가 필요하게 된다. 이의 대표적인 사례가 학력과 기능 수준에 의한 자격을 기준으로 하는 '직능자격제도'이다.

'연공'은 노동자의 입장을, '능력'은 사용자의 입장을 중시하는 논리로 파악할 수 있다. 그러나 이는 단순히 노사의 힘의 균형이 어디로 기울어지는가 하는 문제에 그치지 않고 필요한 숙련의 성격과 긴밀한 관계가 있다. 예를 들어 기술혁신이 일어나 자동화가 급격히 진행되면 경력이 오래된 숙련공이 하루 아침에 필요없는 군식구가 되어버린다. 지금 숙련의 성격과 노동과정의 변화가 직장생활에 미치는 영향은 극소전자(ME) 기술의 도입이 가져온 충격 가운데서 가장 본질적인 쟁점으로 논의되고 있다. 후발국이 선진테크놀로지를 도입할 경우에도 외국어로 된 도면, 설명서, 표지를 이해할 수 있으며 기존 관행에 사로잡혀 있지 않은 교육수준이 높은 젊은 노동자가 선호된다. 이때 능력주의는 구형 숙련공의 도태를 합리화시키는 기능을 발휘한다. 또한 연공주의가 적용되고 있으면 고용규모에 변화가 없어도 임금총액이 지속적으로 커지고 승진을 위한 자리를 만들어내야 하는 상황에 직면하게 된다. 따라서 능력주의에는 노동자 집단 내부를 세분화시켜 서로 경쟁하게 만들어 통합하는 노무관리 정책이라는 측면이 있다.

(4) 자주관리와 참가

노무관리는 사용자가 일방통행적으로 종업원을 대상으로 실시하는 것이라는 통념에서 벗어날 필요가 있다. 현재 세계적인 주목의 대상이 되고 있는 일본적 노사관계를 유지시키는 핵심적 요소의 하나는 종업원이 스스로 직장업무를 개선하는 과정에 참여하는 제도가 기능을 발휘하고 있다는 측면이다.

노동자가 생산성 향상에 관심을 가지게 하는 QC(Quality Control), TQC(Total Quality Control), ZD(Zero Defect) 등으로 불리는 각종 캠페인은 사실상 뷰로웨이가 지적한 '헤게모니적 전제'의 관철을 의미한다. 생산성 운동이 직장에서 영향력을 발휘하기 위해서는 경영관리기구가 주도하여 노동자를 통합하고 있을 필요가 있다. 말을 바꾸면 이는 노조의 조합원 조직 기능과 상충되는 결과가 된다. 여기에서 노사관계에 대해 자주관리 활동이 가지는 의미는 여기에 있다.

자주관리활동이 가지는 효과에 대해 흔히 개선 제안 건수나 원가절감액과 같은 외형적 경제효과를 강조하지만 실제로는 여러 측면을 감안한 종합적 평가가 필요하다. 특히 조직의 통합력을 제고시켜 결과적으로 생산성이 올라가게 되는 눈에 보이지 않는 간접적인 '조직효과'가 주목된다.

<그림 4> 자주관리 활동의 효과 분석도

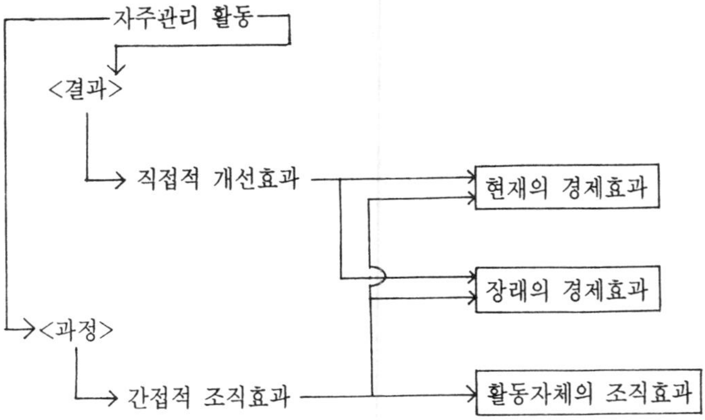

자주관리활동이 발휘하는 조직효과는 소집단을 기본활동 단위로 하여 그 내부의 비공식적인 인간관계를 활용하는 데서 나온다. 즉 면접적 관계를 기반으로 하는 일차집단이 자체 규범을 가진 일종의 '유사 공동체'를 형성한다고 볼 수 있다. 경영관리기구가 설정한 방침이 소집단 내부에서 자발적으로 결정한 목표로 변성되는 과정이 중요하다. 즉 자주관리 활동은 사용자가 주도하는 일종의 대중운동에 의한 노동자 통합 과정이라고 파악할 수 있다.

(5) 노사관계 관리와 커뮤니케이션

노사간의 커뮤니케이션이 이루어지는 방식과 통로를 보면 노사관계의 성격을 명확하게 알 수 있다. 일반적으로 노동조건을 결정하는 노사간의 교섭 방식은 크게 나누어 단체교섭(collective bargaining)과 노사협의(labor-management consultation)로 구분할 수 있다. 구미에서는 단체교섭이 중요하며 일본의 기업별 노조에서는 실질적 결정이 노사협의를 통해 이루어진다. 공동결정 제도가 실시되고 있는 독일에서는 산업별 단체교섭에서 이루어진 합의 내용을 개별 기업에 적용하는 과정이 노사협의이다.

<표 2> 단체교섭과 노사협의의 구분

	단체교섭	노사협의
주체	노동조합	종업원조직
대상	분배문제에 대한 거래	생산, 경영에 대한 이해
원리	대항	협력
기능	입법 (단체적 자치)	행정 (경영 질서)
결과	단체협약 (법적 구속력)	동의, 협의, 의견 청취, 설명 보고

단체교섭은 노조와 사용자 사이에서 노동조건을 둘러싸고 이루어지는 집단적 거래를 의미한다. 가능한 한 높은 임금을 획득하려는 노조는 노동력을 저가 판매하려는 노동자 때문에 노동조건이 저하되지 않도록 조직보장 조항을 요구하게 된다. 이는 노사간 집단적 거래의 성격을 가진 단체교섭의 양상이 단결권에 대한 법률적 보장의 내용과 밀접한 관련을 가지고 있음을 의미한다. 즉 여기에는 노사의 단체적 자치에 입각한 산업민주주의가 전제되어 있다. 단체적 자치의 인정은 노동자측에게는 개별적 거래를 통해 획득할 수 없는 유리한 조건을 획득하기 위해 조직의 힘을 행사하고 이를 배경으로 하여 거래를 유리하게 전개할 수 있는 장이 만들어진다는 의미를 가지게 된다. 동시에 사용자측의 입장을 보면 개별적 교섭의 경우에 비해 조직의 힘에 눌려 더 많은 양보를 하게 되지만 합리적 경영계획을 세우는 데 필요한 노동조건의 획일화, 균일화, 표준화가 단체교섭에 의해 구체적으로 실현되는 측면이 있다. 국민경제적 입장에서 보면 단체교섭에 의한 구매력 상승은 내수시장의 확대를 가져오며 산업평화가 확립됨으로써 쟁의에 의한 손실을 방지할 수 있게 된다.

단체교섭의 결과 체결되는 단체협약(contract)은 노사 양측에 대해 법적 구속력을 가진다. 단체협약 가운데 임금 등 노동조건에 관한 내용은 노동조합법의 뒷받침을 받는 '규범적 부분'이며 강행적 효력과 직접적 효력이 인정된다. 임긍의 액수·지급 방법·지급 시기, 근로시간, 휴식, 퇴직금, 상여금, 승진, 승급, 배치전환, 정년, 재해보상, 후생·복리 등에 대한 사항이 여기에 해당된다. 강행적 효력에 의해 단체협약에 위배되는 취업규칙이나 근로계약은 무효화된다. 이에 의해 무효가 된 근로계약이나 취업규칙의 부분과 근로계약 취업규칙에 규정되어 있지 않은 사항에 대해서는 단체협약에 정한 바에 따른다는 것이 직접적 효력이다. 집단적 노사관계와 관련된 노사간의 권리 의무는 단체협약의 '채무적 부분'이다. 숍(shop), 노조가입 범위, 노조활동, 노조 전임자, 단체교섭, 평화, 평화의무, 쟁의 등이 포함된다. 여기의 권리 의무는 단체협약에 직접 서명한 당사자간에 발생하므로 조합원 개인은 상관없으며 민법상의 효력만이 있다. 집단적 노사관계와 관련된 각종 제도나 기관의 조직과 운영 등에 관한 사항은 단체협약의 '조직적 부분'을 이루며 결과적으로 규범적 효력을 가지는 것으로 파악되고 있다. 징계·인사 관련 기관, 고충처리 기관의 운영과 구성 등에 대한 조항이 해당된다. 그러나 이 부분이 한국에서는 1980년 12월에 제정된 노사협의회법에 따라 대부분 노사협의 대상으로 흡수되었다.

노사협의제의 가장 큰 특징은 합의 사항이 법적 구속력을 가지지 않는다는 점이라고 할 수 있다. 협의 사항의 성격에 따라 당사자가 되는 조직 단위와 방식이 달라질 수 있다. 사용자의 입장에서는 단체교섭보다 계약적 성격이 희박한 노사협의를 선호하는 경향이 있다. 각종 간담회, 경영진에 대한 직소 제도 등을 마련하여 노조가 개재되지 않은 커뮤니케이션 통로를 확보하려는 시도를 하게 된다. 사실상 기업별 노조 체제에서는 단체교섭과 노사협의의 구분이 애매하게 되는 문제가 있다.

그러나 1980년대 이후 급속히 진행되고 있는 극소전자 기술혁신과 생산의 유연화는 일반적으로 노사협의의 비중을 상대적으로 높이는 경향이 있다. 바꾸어 말하면 단체교섭으로 해결하기 어려운 새로운 쟁점이 등장하고 있다.

3. 노동조합과 노조 지도자

(1) 노조에 대한 이론적 시각

노조의 성격에 대한 규정은 노조와 자본주의 체제의 관계를 어떻게 설정할 것인가 하는 문제와 밀접하게 관련되어 있다. 기본적으로 노조가 자본주의 체제내적 존재인가, 체제외적 존재인가 하는 문제는 노동운동의 전략·전술에 직접 관계되는 논점이다. 그러나 노조에 대한 연구를 진행하는 접근방법을 설정하기 위해서는 우선적으로 여과해야 하는 문제이기도 하다.

맑스주의 사회과학의 전통에서는 양자의 관계를 대항적 관계로 보고 있다. 맑스의 관점에서는 '노동과 자본의 계급적 대립', '노동력 판매 조건을 개선하기 위해 필요한 노동자간 경쟁의 제한'이 노조 성립의 배경으로 지적되고 있다. 또한 노조의 직접적 목표는 일상 투쟁을 통해 임금과 노동시간에 대한 노동자의 권익을 지키는 데 있으나 결국 자본주의 지배체제 자체의 폐지를 지향하게 된다는 입장이 제시되어 있다. 이와 같이 계급투쟁을 강조하는 관점에서는 정치투쟁이 강조되기 때문에 일상적인 노조의 기능 자체가 소홀하게 취급되는 측면이 있다.

노조를 체제내적 존재로 파악하는 시각에서는 자본주의적 사회관계 자체는 문제삼지 않고 살아 있는 인간 자체인 노동이라는 상품의 특성만을 중시하게 된다. 빈곤 가운데서 불리하게 노동을 판매할 수밖에 없는 입장에서 생기는 문제에 대해 브렌타노는 노조운동이 유일한 해결방식이라고 보았다. 이러한 시각이 가지는 역사적 의의는 자유방임주의 사상에서 자본주의 체제에 대한 교란 요인으로 규정되어 온 노조운동의 정당성을 인정한 데 있다. 브렌타노는 노동자가 단결하여 시장 교섭력을 강화시키는 방법으로 '입직제한', '직업소개', '노무의 제공정지'와 같은 노동력 공급 제한 조치를 들었다. 즉 실리를 추구하는 노동조합주의를 제시한 것이다.

본격적으로 노조의 기능을 분석한 선구자는 영국의 웹 부처이다. 이들은 노조가 '노동생활에 관계되는 여러 조건을 유지하고 개선하는 임금노동자의 항구적 단체'라는 고전적 정의를 내렸다. 그러나 여기에 그치지 않고 노조는 단체교섭과 입법활동이라는 민주적 과정에 의해 '국민적 최저 생활수준'(national minimum)의 보장을 실현시키고 이를 개선해 나가는 조직으로 규정되었다. 즉 노조의 사회적 존립근거를 산업민주주의에서 찾았다. 이러한 웹 부처의 입장은 현재까지도 노조에 대한 사회과학적 연구의 기본틀이 되고 있다.

실리 추구를 중시하는 경제적 조합주의(business unionism)는 오히려 웹 부처와 대조되는 입장에 있다. 미국의 숙련 기계공이 중심이었던 AFL을 모형으로 한 펄만의 논의도 노조에 대한 이론적 시각을 파악하는 데 많은 참고가 되고 있다. AFL에서는 도제 방식에 의한 숙련 형성과 클로우스드숍이 특징이었다. 펄만은 '취업기회의 희소성 의식'에서 출발하여 '공통규칙(제한적 관행)에 입각한 취업기회의 배분'을 노조의 기능으로 파악하고 있다. 동시에 그는 노조에 사회변혁 임무를 부여하려는 주장을 지식인의 입장이라고 반발하고 있다. 펄만의 분석에는 노동조건이 거시경제적 요인에 의해 결정되는 측면에 대한 고찰이 결여되어 있다. 그러나 노동문제를 경제문제 중심으로 설명하지 않고 노동자의 주체성과 관행에 주목하였다는 점이 이론사적으로 중요하다.

(2) 조합 관료제와 조합민주주의

노조 조직의 규모가 커지면 운영과 관리를 전담하는 사람이 필요하다. 산업별, 지역별 조직이나 전국 단위 노조조직은 유능한 전임 실무자를 확보하고 유지하는 일이 더욱 중요한 의미를 가지고 있다. 사무국과 기구를 실제로 운영하는 전임 실무자의 규모가 사실상 노조의 상급단체나 연합체의 내실을 나타내는 척도이기도 하다. 이는 무엇보다도 조합비 징수 능력으로 표현되는 조직의 결속력과 재정 자립도를 반영하는 척도이기도 하다. 전임 실무자가 많다는 것은 그만큼 조합원의 이익 극대화를 위해 활동할 수 있는 조직적 역량이 크다는 것을 의미한다. 만일 기업별 노조가 중심적인 조직형태를 이루고 있으면 산별, 지역별 노조나 전국적인 정상조직은 인적·물적 자원이 빈곤해지기 때문에 본래의 존재 이유라고 할 수 있는 노동자의 횡적인 연대를 강화하기 위한 사업을 추진할 수 있는 힘이 부족해지는 문제가 생긴다.

원리적으로 노조 조직은 민주주의에 입각하여 운영되어야 한다. 이 원칙은 각종 의사결정이 일반 조합원의 뜻을 밑에서부터 결집하여 가는 방향으로 이루어지는 것을 말한다. 활발한 직장 토의와 중립적인 투표 관리가 조합민주주의 실현의 기초라고 볼 수 있다. 상근자가 되어 작업 현장을 떠난 간부가 임기가 끝나면 원래의 자리로 돌아오는 것이 당연시되는 풍토의 조성도 빼놓을 수 없는 조합민주주의의 내용이다. 그러나 노조운동 자체가 상당한 전문적 역량을 필요로 하기 때문에 대체할 수 있는 유능한 간부를 충원하는 과정이 간단하지 않다. 또한 기술혁신의 속도가 계속 빨라지고 있는 현실에서는 장기간 노조의 상근 간부로 일하다가 현장에 복귀해도 직장생활에 재적응하는 과정이 어렵게 되는 측면도 있을 수 있다. 따라서 이들이 직업적 노동운동가로 남아 있는 길을 택하거나 아니면 노조의 이익을 대변하는 정치활동에 참가하여 그 동안의 경험을 살릴 수 있는 통로가 개방될 필요가 있다. 즉 노조에서도 관료기구의 경직화를 방지할 수 있는 제도적 방안이 마련될 필요가 있다.

노조의 관료기구가 비대해져 일반 조합원의 입장보다 조직 기구 자체의 논리를 중시하게 되면 노조와 조합원의 괴리가 발생하게 된다. 이때 거대 관료기구화된 노조 자체의 이익을 중시하는 문제가 발생할 수 있다. 결국 노조에서도 관료기구의 효율성과 민주주의 원칙이 균형을 이룰 때 운동의 발전이 이룩될 수 있다.

여기에서 제시된 논점들은 노조에 대한 사회학적 연구의 중심적 부분을 차지하고 있으며 치밀한 실증적 작업이 필요한 영역이다. 노조 상근자가 선출되는 과정과 사업장내 기반, 임기가 끝난 노조 간부의 처신 등은 노조 조직의 성격을 분석하기 위해 필수적인 기초 자료이다. 또한 기업과 정부의 노동정책을 파악할 때도 의미있는 여러 가지 단서를 제공해 주고 있다. 예를 들어 상근자에 대한 급료를 누가 지불할 것인가, 기업의 시설을 노조가 어느 정도 이용할 수 있는가, 정부가 특정 노동 단체에 대해 보조금을 지급하면서 다른 노동단체에 대한 노조의 회비 지불을 금지하는 조치가 합리적인가 등은 1990년대에 들어와서 치열한 쟁점이 되고 있는 현안들이다.

4. 노조의 경영통제와 노동자 저항의 역할

(1) 노조의 기능와 운동 방침

노조의 경영통제, 즉 노동조건 규제에 대해 논의하기 위해서는 먼저 노조의 기능을 살펴볼 필요가 있다. 이는 영역에 따라 조합원의 연대의식을 강화하는 '대내적 기능'과 조합원을 대표하여 사용자와 노동조건을 교섭하는 '대외적 기능'으로 구분할 수 있다.

노조의 기능은 내용에 따라 다시 아래와 같이 정리할 수 있다.

'경제적 기능'

(1) 경영내적 문제의 처리, 직장의 고충처리

(2) 노동조건의 개선

'임금, 노동시간, 고용 등의 분배적 기능'

'사회보장, 최저임금제 등 개별 기업의 영역을 넘는 사회적 문제'

(3) 생산관리적 기능, 경영의 민주적 관리 기능

'개별기업 단계의 관리기능'

'거시적 산업정책, 경제정책에 대한 요구'

'정치적 기능'

(1) 노동조합적 정치기능; 단결권 파업권의 보장

(2) 일반적 정치적 기능; 선거, 평화, 민주주의, 물가

(3) 지역적 문제; 공해, 환경파괴, 자치체 투쟁

'문화적·교육적 기능'

(1) 교육적·도덕적 기능; 노동자의 지적 능력 향상, 노동자의 의식 앙양, 학습활동

(2) 문화적·예술적 기능; 문화적·예술적 요구를 충족시키는 창조적 활동

노조가 이상에서 열거한 기능을 발휘하는 양상은 조직 유형과 관련시켜 파악할 필요가 있다. 이 양자의 관계는 산업 발전 단계에 따라 변화하고 있다. 노동자의 숙련과 경쟁의 성격은 다음에 보이는 바와 같이 노조 조직의 형태에 영향을 미치고 있다.

<표 3> 노동조합의 유형

	직능별 노조	일반노조	산별노조	기업별노조
조직성원의 질과 양	숙련공 직능별 한정	반숙련공 일반적 개방	반숙련공 일산업 일조합	정규종업원 사무직·생산직 혼합
조직목표의 성격	기득권옹호	최저 생활조건의 보장	산업별 표준의 확보	기업과 종업원의 이익 증대
목표달성 기능의 성격	노동력 공급독점 상호공제	파업, 입법활동	산업별·공장별 단체교섭	기업별 교섭·협의
동기부여 기능의 성격	직업에 대한 권리	인간으로서의 최저생활 보장	노동조건의 사회적 표준화	종업원으로서의 이해관계 충족
통합기능의 성격	입직제한 공통규칙 직능별 통일	포괄적 개방주의 중앙집권주의	일산업 일조합주의 산업별 통일	종업원의 연대 강화

한국의 노사관계는 선진국과 달리 법적·제도적 장치가 먼저 만들어지고 이에 현실을 맞추는 방향으로 형성되어 왔다. 특히 1980년대 이후 정부나 사용자측은 기업별 노조 체제를 기반으로 하는 일본의 노사관계를 바람직한 모형으로 장려하여 왔다. 일본식 기업별 노조는 '계급'보다 '종업원'을 연대의 기반으로 삼고 있다.

기업별 노조 체제에서는 기업의 발전을 노조의 발전과 동일시 하는 '기업 이기주의'가 발생할 가능성이 높다. 현재 산업별 노조의 허용 문제는 노동통제를 둘러싼 첨예한 쟁점이 되고 있다. 반면에 기업별 노조가 성립하기 위한 조건인 노동시장의 내부화가 1987년 이후 한국에서도 대기업을 중심으로 진행되는 모습이 나타나고 있다. 이는 노조의 조직 형태 문제가 노동법 개정 논의를 넘어서는 복합적 성격을 가지고 있음을 나타낸다.

(2) '직장 공동체'와 노동조건 규제

노조가 실제로 대외적 경영통제 기능을 발휘하기 위해서는 내부적으로 결속되어 있어야 한다. 직장(shop floor)에서 형성되는 사회관계가 노조의 운동방침과 친화적일 때 노조는 강력한 교섭력을 행사할 수 있다. 반대로 기업의 노무관리가 실제로 관철되려면 직장수준에서 받아들여져야 한다. 이는 과, 계, 실, 반으로 불리는 10명 전후의 직장집단의 성격과 관련되는 논점이기도 하다. 호손공장 실험 이래 사회학적 문제관심은 '노사관계', '생산성', '노동의 인간화'와 관련되어 주로 직장집단의 비공식적 측면에 집중되어 왔다.

직장집단에 대한 사회학적 분석을 진행하려면 최소한 5개의 변수에 대한 고찰이 필요하다.

① '성원의 이동과 체류': 이동의 빈도와 범위는 집단 성원의 '이질성'과 '동질성', 종업원이 형성하는 경력의 폭과 깊이를 고찰하는 기준이 된다. 이동범위가 확대되면 직장집단의 공동체적 성격은 희박해진다.

② '직무의 경계': 직무의 경계가 명확한가, 애매한가는 배치의 유연성과 직결된다. 직무 배치에 대한 주도권의 문제이기도 하다. 다능공화가 진행되면 직장집단의 응집력은 낮아질 수밖에 없다.

③ '관리자·감독자의 지위와 역할': 일반적으로 관리자는 화이트칼라의 과장·계장이며 감독자는 블루칼라의 조장·반장이다. 이들은 공식적인 업무 이외에도 비공식적 인간관계까지 관리하므로 역할이 확산되는 특성이 있다. 감독자들은 노조와 회사의 가운데 있는 경계인(marginal man)적 역할을 수행하는 입장에 놓여 있다. 노조가 직장에서 활성화되어 있으면 이들의 입지가 좁아진다.

④ '승진의욕과 경쟁의식': 치열한 승진의욕과 경쟁의식은 직장집단의 공동체적 성격과 상충된다. 능력주의 관리는 경쟁의 조직화를 의미한다.

⑤ '종업원의 문제해결 행동': 불만이나 고충을 해결하는 통로가 노조인가, 경영관리기구인가 하는 문제이다.

이와 같은 변수를 사용한 분석에 의해 직장집단이 응집력과 독자적인 행동규범을 갖춘 하나의 사회적 단위로서 기능하는가의 여부를 판단할 수 있는 자료가 만들어질 수 있다.

직장집단이 가지는 사회적 성격을 심층적으로 파악하려면 기술체계가 규정하는 조직형태 및 내부의 지배적 문화에 대한 고찰이 필요하다.

기술체계적 측면에서는 직장의 작업조직을 인간-기계계(man-machine system), 즉 기계체계와 분업체계의 결합으로 파악한다. 직장집단의 성격을 살펴보려면 생산과정(노동과정)을 규정하는 기술체계의 특성을 같이 생각할 필요가 있다. 이는 다음과 같이 요약할 수 있다.

<표 4> 기계체계와 직장 조직

기계체계	생산방식	숙련의 성격	직장집단의 자율성·응집력
장치공업형	배치(batch)생산	경험적 숙련	향상 집합자율형(제강'전로'공장)
	연속(process)생산	계기감시 노동화	저하 분산타율형(정유공장)
기계공업형	개별수주 생산	경험적 숙련	향상 집합자율형(발전기조립)
	조립(assembly)대량생산	단순화 표준화	저하 분산타율형(자동차, 가전)
	정량(lot) 가공생산	경험적 숙련	향상 분산자율형(기계 부품)

기술체계는 직장집단의 성격을 규정하는 객관적 조건에 지나지 않는다. 따라서 직장집단을 통합하고 있는 문화의 내용에 주목할 필요가 있다. 사실상 직장의 문화에는 노사관계의 성격이 생생하게 반영되어 있다. 직장집단의 응집력이 강한 집합자율형의 직장일 경우에도 노조의 계급조직적 기능이 약하면 경영관리기구의 통제가 오히려 쉽게 하부까지 전달될 수 있다. 분산타율형의 직장에서는 단조로운 작업내용에서 오는 소외감의 문제가 발생할 수 있다. 만능적 숙련공의 세계인 분산자율형의 직장에서는 노무관리가 관철되기 어렵다. 따라서 토요타 생산방식의 U자라인에서는 단순한 조작으로 기능이 다른 여러 대의 기계를 관리하며 기계의 가동 속도에 작업속도를 맞추도록 작업방식을 바꾸어 숙련을 해체시켰다.

직장의 소집단을 단위로 하는 자주관리활동은 직장집단을 경영목표 달성을 위해 동원하는 효과가 있다.

직장의 문화가 어떠한 성격을 가지고 있는가 하는 문제는 노사가 강조하는 바람직한 가치의 내용과 결부된다. 사용자가 강조하는 이데올로기는 '기업공동체', '능력주의', '보수주의'로 집약할 수 있다. 반면에 노동자의 문화로 제시될 수 있는 내용은 '저쪽과 우리의 사회적 경계 명확화', '연공적 평등주의', '직무내용 작업방법의 규제', '승진 승급에 대한 조합원간 경쟁의 규제' 등이다. 이러한 문화는 중산층으로의 상승보다 노동자로서의 생활에 정착하는 것을 긍지로 느끼는 가치관이기도 하다.

한국에서도 1990년대에 '기업문화 운동'이 강조되는 것은 경영자들이 이 문제를 심각하게 받아들이고 있기 때문이라고 할 수 있다. 여가 생활에 대한 관리를 누가 할 것인가 하는 문제도 문화적 주도권의 소재를 둘러싼 중요한 논점이다. 1987년 이후 한국의 대기업에서 각종 취미 스포츠 활동을 장려하고 있는 모습도 여기에 비추어 해석할 필요가 있다. 자주관리활동의 효과도 이러한 맥락에서 해석할 수 있다.

5. 극소전자 기술혁신과 노조의 선택

1980년대 이후 직장의 자동화를 획기적으로 전진시킨 극소전자 기술혁신은 고용확보와 직무 재편성에 대한 입장을 재정립해야 하는 과제를 노동운동에 대해 제시하고 있다. 이는 산업혁명기의 기계파괴운동을 연상시키는 고전적 쟁점이기도 하다. 역사적으로 볼 때 한 가지 분명한 사실은 기술적 진보도 총체적 사회관계의 변화라는 맥락 가운데서 진행되는 현상이므로 신기술 도입 자체에 대한 반대운동이 목적을 달성하기는 어렵다. 반면에 신기술의 규정력을 일방적으로 강조하는 기술결정론적 사고도 노사관계의 상황을 무시하는 논의로 귀착될 위험성을 내포하고 있다.

(1) 노조의 목표

신기술 도입에 대한 노조의 행동 방향을 이념형적으로 살펴보면 다음과 같이 절차적 목표(procedual objectives)와 내용적 목표(substantive objectives)로 구분할 수 있다.

절차적 목표

·협의(consultation) = 사용자는 신기술 도입을 검토하는 단계에서부터 변동사항에 대한 모든 정보를 공개하고 노조와 협의를 시작해야 한다. 따라서 이미 도입된 기술에 대해 사소한 문제만을 제기하는 수준에서 벗어나 노조도 기술의 선택과 적용방법 자체에 대해 진정한 영향력을 행사할 수 있다.

·노조의 전문성(union expertise) = 노조는 사용자의 제안을 검토할 수 있도록 기업 안팎에서 기술전문가를 독자적으로 확보할 필요가 있다. 이들은 기술사양서를 비롯한 사용자측 자료에 접근할 수 있어야 한다. 노조 간부와 평조합원이 모두 기술체계 변동이 가져오는 기술적·사회적 쟁점에 대해 충분한 교육을 받아야 한다.

·자료 보호(data protection) = 정보기술이 노동자의 사생활 침해에 사용되어서는 안된다. 사전동의가 없는 한 정보기술이 노동자 개인의 성과를 통

제하기 위하여 사용되어서는 안된다. 자료의 수집, 사용, 열람 가능자의 범위에 대해 노조도 사용자와 공동으로 통제할 수 있어야 하며 개인도 본인에게 관련되는 자료에 접근할 수 있어야 한다.

·공동검토(joint reviews) = 노조는 모든 기술 변화에 대해 정기적으로 검토해야 한다. 따라서 합의내용의 이행 여부를 확인하고 예기하지 않은 사태가 발생해도 대처할 수 있게 된다.

내용적 목표

·고용안정(job security) = 기술변화 때문에 일자리가 줄어들어서는 안된다. 신기술의 활용으로 생산성이 올라가 고용규모 축소가 불가피해지면 임금이나 기타 노동조건의 손실이 없이 배치전환되어야 한다. 이것이 불가능하면 고용규모 축소가 자연적으로 이루어질 수 있도록 조기퇴직이나 자발적 퇴직에 응하도록 유인을 제공할 필요가 있다.

·퇴직(redundancy) = 해고가 불가피할 경우에는 대상자 선정 기준, 보상, 사전통보 기간 등을 미리 협의해야 한다. 해당자에 대한 상담이나 구직활동에 대한 지원이 제공되어야 한다.

·재훈련과 재숙련화(retraining & reskilling) = 일자리를 잃은 사람이 가능하면 신기술에 적응하여 노동을 계속할 수 있도록 재훈련되어야 한다. 기술변화가 탈숙련화로 직결되는 것이 아니라 재숙련화의 기회를 가질 수 있는 계기로 작용해야 한다. 사용자는 종업원 훈련에 투자해야 한다. 여기에는 취업시간중에 이루어지는 훈련도 포함될 수 있다.

·노동시간(working hours) = 신기술 도입에 의해 노동자가 취업시간 선택에 보다 많은 재량권을 가지며 총노동시간이 단축될 수 있어야 한다. 동시에 교대제 적용대상 인원이 늘어나지 않아야 한다.

·급료(pay) = 사용자는 신기술을 습득한 종업원에 대해 금전적 처우를 개선해야 한다. 새로운 기능이 요구되지 않을 경우에도 기술의 변화가 임금하락을 가져와서는 안된다.

·직무설계(job design) = 신체적, 정신적으로 작업환경의 질적 개선을 가져오는 기회가 되어야 한다. 예를 들어 노동자들이 작업속도를 조절하고 작

업내용이 지나치게 반복적이거나 단편화되지 않도록 개입할 수 있어야 한다.

·보건과 안전(health & safety) = 직장의 보건 안전 수준이 향상되어야 한다. 신기술 도입 이전에 이와 관련된 새로운 종류의 위험이나 스트레스가 제거되어야 한다.

·기회의 평등(equal opportunities) = 기술변화가 고도의 기능을 가지고 고임금을 받는 소수와 탈숙련화되고 저임금 상태에 있는 다수 사이의 양극화를 촉진하는 계기가 되어서는 안된다. 성별, 인종, 종교, 가족적 배경에 상관없이 가장 좋은 직무에 배치될 수 있는 기회를 평등하게 제공받아야 한다.

이상과 같은 이념형적인 노조 정책 내용은 신기술이 등장하기 이전에도 쟁점화되어 있던 항목들이다. 이는 오히려 극소전자 기술혁신에 따른 위협 때문에 노조의 정책 입안자들이 전략·전술을 구체화시키는 과정에서 제기된 문제들이라고 볼 수 있다.

(2) 노조의 행동유형

노조의 행동유형은 다음과 같이 분류할 수 있다.

·참가적 개입 = 노조가 긍정적으로 기술변화를 환영하고 초기 단계부터 기술의 선택과 직무설계에 대한 기본적 의사결정 과정에 구체적 의견을 제시한다. 이는 앞에서 언급한 이념형의 내용이기도 하다. 이념형적 정책 실현에 필요한 경영자, 노조 대표, 종업원 개인의 동의를 모두 확보하는 것은 사실상 어렵다. 실제로 사용자측의 기술자나 관리자가 일방적으로 주도권을 행사하는 기술도입 초기단계에 노조나 종업원 집단이 의사결정 과정에 개입하기 어렵다.

·보상문제 협상 = 노조가 임금이나 기타 노동조건에 대한 보상과 교환으로 기술변화를 수용한다.

·무조건 수용 = 사용자가 일방적으로 결정했지만 이 내용을 노조나 종업원에 대해 성공적으로 설득시키는 경우이다.

·강요된 승락 = 사용자가 결정을 하고 노조에게 이를 받아들일 것인가 아니면 실업을 감수할 것인가를 선택하도록 요구하는 유형이다. 불황 때 많이 나타난다.

·철저한 저항 = 노조가 이러한 행동을 하는 경우는 매우 드물며 비교적 단기간에 끝난다. 노조 간부나 일반 조합원들이 자신들에게 파멸적인 결과가 올 것이라고 믿고 사용자와 협상이나 협의를 한다고 해서 별로 나아질 것 같지 않다는 판단을 하게 될 때 생기는 사태이다. 그러나 이 경우에는 노조가 사용자에 대해 어느 정도의 영향력을 행사할 가능성이 있기도 하다.

이상과 같은 노조의 선택 유형은 신기술 도입에 따른 여러 쟁점을 파악하기 위해서는 기술 자체의 속성과 함께 노사관계의 상황에 대한 인식이 중요하다는 점을 시사하고 있다.

(3) 노조의 개입과 창조적 노사관계

실질적으로 노조가 신기술 도입 문제에 개입하여 발언권을 어느 정도 행사할 수 있을 것인가 하는 문제를 검토하기 위해서는 노사관계 제도에 대한 고찰이 선행될 필요가 있다. 어느 나라에서든지 노동자의 권리에 대한 법적 규정 가운데는 중요 쟁점에 대한 정책적 결정이 나타나 있다.

① 논의되는 권력의 유형: 협의권, 교섭권
② 누가 권리를 가지는가: 노조 대표, 종업원 협의회
③ 개입 수준: 국가, 지방자치체(광역, 기초), 기업, 사업장
④ 신기술에 대한 협의가 개시되는 단계: 초기 계획 과정, 도입 시기, 결정이 내려진 다음 그 결과에 대한 의견 청취
⑤ 노동자가 의사결정 과정에 참여할 수 있는 주제: 투자, 고용문제, 노동조건

신기술에 대한 협상 문제에 국한되어 마련된 법률 조항이 구비되어 있는 나라는 찾아보기 힘들다. 단체협약의 지위, 종업원 평의회나 노사협의회의

권한을 규정한 일반적 조항과의 관련 위에서 신기술 도입 문제도 다루어질 수밖에 없다. 그러나 신기술 문제에 대한 노사협상은 통상적인 단체교섭과 다른 새로운 방법과 절차의 확립이 요청되고 있다.

총체적으로 신기술의 파급효과와 노동자의 대응 양상에 대한 논의를 검토하기 위하여는 빈곤과 육체적 고역으로부터의 해방이 장래에 기술적으로 가능할 수는 있지만 이것이 정치적으로도 가능할 것인가는 완전히 별개의 문제라는 사실을 지적할 필요가 있다. 신기술이 가지는 막대한 잠재력을 유용하게 활용하기 위해서는 국가, 사회, 노조, 연구자, 사이에 창조적 동반자 관계가 성립하는 것이 바람직하다는 의견도 제시되고 있다.

Ⅳ장의 핵심단어

뉴딜 노동법 체계, 노자관계론, 수렴이론, 헤게모니, 노무관리, 노동생리학, 연공주의, 직능자격제도, 자주관리, 조합민주주의, 조합 관료제, 네오코포라티즘, 기업별 노조, 기업공동체, 단체협약, 노사협의제, 종업원 평의회.

참고문헌

尹性天, 李銑, 金廷翰,『團體協約 分析』, 韓國勞動硏究院, 1990.

犬塚先,『勞動者と職場組織』, 問宏 北川隆吉『經營と勞動の社會學』, 東京大學出版會, 1985.

稻上毅,『從業員と職場集團』, 問宏 北川隆吉,『經營と勞動の社會學』, 東京大學出版會, 1985.

峯村光郞,「團交方式と勞使協議制の問題點」, 日本勞動協會 編,『團體交涉と勞使協議制』, 1964; 峯村光郞,「團交方式と勞使協議制－總括と展望」, in *ibid.*.

森五郞, 松島靜雄,「日本勞務管理の現代化」, 東京大學出版會, 1977.

隅谷三喜男『勞動組合運動の一般理論』; 隅谷三喜男『勞動經濟の理論』, 東京大學出版會, 1976.

Bamber G., "Technological Change and Unions", in Richard Hyman and Wolfgang Streek ed., *New Technology and Industrial Relations,* ch.12, Basil Blackwell, 1988, UK.

Brentano, L., Die *Arbeitergilden der Gegetwart,* Leipzig, Veragvon Duncker & Humbolt, 1871.

Burawoy, M., *Politics of Production*, Verso, London, U.K., 1985.

Dunlop, John T., Industrial Relations System, New York: Holt, Reinhart, and Winston, 1958.

Goldthorpe, John H., *Order and Conflict in Contemporary Capitalism: Studies in the Political Economy of Western European nations,* Oxford, Clarendon Press, 1984.

Jacobi O., "New Technological Paradigms, Long Waves and Trade Unions", in Richard Hyman and Wolfgang Streek ed., *New Technology and Industrial Relations,* Basil Blackwell, 1988, UK.

Kochan T.A., H.C. Katz, and R.B. McKersie, *The Transformation of American Industrial Relations,* Basic Books, Inc., N.Y., U.S.A, 1986.

Lenin, V. I., Über Gewerkschaften, 1921, レーニン全集刊行委員會 譯, 勞動組合論 下, 國民文庫, 1960.

Marx, K. and Engels, F., Manifest del Kommunistischen Partei, 1848.

Marx, K., Instruktion für die Delegierten des Provisorischen Zentralrats zu den einezelen Fragen, 1866, マルクス·エンゲルス全集刊行委員會譯, 1966, 個個の問題についての暫定中央評議會代議員への指示 マルクス·エンゲルス

全集 第16卷, 大月書店.

Perlman, S., *A Theory of the Labor Movement,* The Macmillan, 1928.

Tallard, M., "Bargaining over New Technology: A comparison of France and West Germany", in Richard Hyman and Wolfgang Streek ed., *New Technology and Industrial Relations,* Basil Blackwell, 1988, UK.

Webb, S. & B., *The History of Trade Unionism,* 1920. rev. eds.(1st. ed. 1894).

V. 기업조직

1. 기업조직의 연구

(1) 기업조직 연구의 의의

현대 산업사회에서 기업조직만큼 중요한 사회적 실체도 찾아보기 힘들다. 그럼에도 불구하고 사회학에서 기업조직의 연구가 소홀히 되어 온 것이 사실이다. 사회학의 한 분과인 조직이론 분야에서는 기업조직 대신에 비영리부문 혹은 공공부문의 조직이 주 연구대상으로 채택되어 왔다. 즉 병원, 사회복지단체 및 정부기관과 같은 조직에 연구가 집중되어 왔다. 또한 산업사회학에서도, 실제 노동의 가치가 결정되고 생산기술이 적용되고 권력이 행사되는 장이 기업조직인데도, 기업조직은 별로 학문적 관심을 끌지 못하였다. 중요한 이유는 이윤을 추구하는 기업조직의 행태를 설명하는 데에는 사회학적 설명보다는 경제학적 설명이 더 유용하다는 다분히 한쪽으로 치우친 견해 때문이라고 할 수 있다. 시장에서의 경쟁력에 초점을 둔 경제학적 이론이 기업조직의 행태를 이해하는 데 충분한 설명력을 갖기 때문에 사회학적 설명이 기여할 부분이 크지 않다는 입장이 그것이다. 예를 들어 기업의 합병이나 인수 같은 행위는 경제적인 사정에 대한 기업의 합리적 대응이기 때문에 사회학적 설명이 기여할 여지가 없다는 것이다.

이와 같은 학문적 노동분화에 대한 입장은 여러 가지 점을 간과하고 있다고 할 수 있다. 첫째, 사회학적 이론이, 그것이 조직이론에 기반을 둔 것이든지 산업사회학에 기반을 둔 것이든지간에, 기업조직의 행태를 설명하는 데 적용되어서는 안되는 근본적인 이유가 없다는 점이다. 같은 대상이라도 다양한 학문적 시각에서 접근하여 나름대로의 설명을 제시할 수 있는 것이다. 둘째, 경제학적 이론의 설명력이 크다는 것을 인정한다고 하더라도 그것이 다른 학문의 기여를 부인하는 것은 아니라는 점이다. 사회학적 이론이 적어도 경제학적 이론이 설명할 수 없는 부분의 설명에 기여할 수 있을 것이다. 사실 최근의 많은 연구들이 이를 뒷받침하는 증거들을 제시하고 있다. 마지막으로, 실제로 기업조직의 행태나 역사에 대한 많은 경제학적 연구 등이 사회학적 지식의 필요성을 강조하고 있다는 점이다. 따라서 앞으로 사회학에서도 기업조직의 연구에 보다 많은 노력을 기울일 필요가 있다.

이런 맥락에서 이 장에서는 먼저 기업조직이 무엇이며, 왜 산업사회를 이해하는 데 기업조직의 연구가 필요한가, 또 산업체계에서 조직은 어떤 위치를 점하고 있는가를 논의하고 나서 기업조직의 행태 중 산업체계와 관련이 큰 생존·성장전략에 대해 설명하려고 한다.

(2) 기업조직의 개념

기업조직은 간단히 '영리를 추구하는 형식적인 조직'이라고 할 수 있다. 먼저, 여기에서 말하는 형식적이라는 용어를 분명히 할 필요가 있는데, 이는 정도를 나타내는 개념으로 보통 두 가지 측면이 고려된다. 하나는 조직 내에서의 행위를 지배하는 규칙이 얼마나 정확하고 분명하게 규정되어 있느냐 하는 정도이다. 이는 우리가 주변에서 흔히 보는 친목단체와 기업체를 비교하여 보면 쉽게 이해될 것이다. 예를 들어 테니스를 즐기는 동호인 모임에서는 그 구성원들이 어떤 상황에서 어떻게 행동해야 하는가가 규칙으로 분명히 규정되어 있지 않는 것이 보통이다. 물론 구성원의 가입요건, 준수사항 및 자격상실의 사유 등과 같은 기본적인 규칙들은 회칙에 의해 규정되어 있을 것이다. 하지만 매번의 모임에서 어떤 구성원이 어떤 일을 어떻게 해야 된다는 것이 정해져 있지는 않을 것이다. 그런 것들은 그때그때의 사정에 따라 비교적 자연스럽게 결정되어 질 것이다. 이에 반해 기업체는 어떠한가? 만약 누가 우리보고 어떤 회사 직원의 하루 일과를 말해보라고 하면 그다지 큰 어려움을 겪지 않고 그 대강을 얘기할 수 있을 것이다.

이는 그만큼 기업조직 종사자의 행위가 쉽게 예측할 수 있도록 규정되어 있다는 것을 의미한다. 이렇게 그 조직 구성원의 행위가 정확하고 분명한 규칙에 의해 지배받는 조직을 형식성이 높은 조직이라고 한다.

또 하나는 조직내에서의 개개인의 역할과 그들간의 역할관계가 조직의 구조내에서 어떤 지위를 점유하고 있는 개인이 갖고 있는 인격적 속성과 관계없이 설정되는가 하는 정도이다. 어떤 조직이든지, 그 정도에 있어 차이는 있지만, 특정의 목표를 달성하기 위해서는 참여자간의 역할분담이 필요하다. 나름대로의 역할이 부여되어 그에 따라 적절하게 행위하도록 요구될 뿐 아니라, 개인간의 관계도 각각 상대방의 역할에 의해 규정되어야 한다. 그런데 사람들이 조직에 참여할 때에는 누구든지 나름대로의 독특한 개인적 속성을 가지고 들어오게 된다. 즉 성별, 연령, 학력, 성격, 가정환경 등에서 차이를 가진 개인들이 참여하게 된다. 집단간에는 이런 개인적인 속성이 그 집단에 참여하는 사람들의 역할이나 역할관계에 미치는 영향의 정도에 있어 차이를 보이고 있다. 어떤 집단에서는 개인적 속성이 개개인의 역할을 설정하는 가장 중요한 기준으로 작용하고, 또 어떤 집단에서는 그것들과는 무관한 각자의 업무수행 능력에 의해 결정될 것이다. 후자와 같은 집단을 형식성이 높은 집단이라고 한다.

둘째로 유의할 점은 기업조직도 일반적인 형식조직의 한 특수한 형태에 지나지 않는다는 점이다. 따라서 기업조직을 이해하기 위해서는 일반적으로 형식적인 조직이란 무엇인가를 먼저 알아야 할 것이다. 따라서 여기에서는 조직의 기본적인 요소와 정의에 대해 간단히 살펴본다.

먼저, 조직을 이해하기 위해서는 그것을 구성하는 기본요소를 알 필요가 있다. 일반적으로 조직은 매우 다양하고 복잡한 것이기 때문에 그것의 가장 기본적인 특징만을 우리에게 보여줄 수 있는 모델이 필요한데, 이런 목적에 맞는 것이 <그림 1>이다.

<그림 1> 에서 보는 바와 같이 조직의 기본요소는 목표, 참여자, 사회구조, 테크놀로지 및 환경이다. 간단히 하나하나 살펴보면, 먼저 목표는 기업조직이 추구하는 바람직한 상태를 의미하는 것이다. 즉 기업조직에 참여하는 사람들이 자기들의 노력으로 성취하고자 하는 상태를 의미한다.

<그림 1> 조직의 기본적인 구성요소

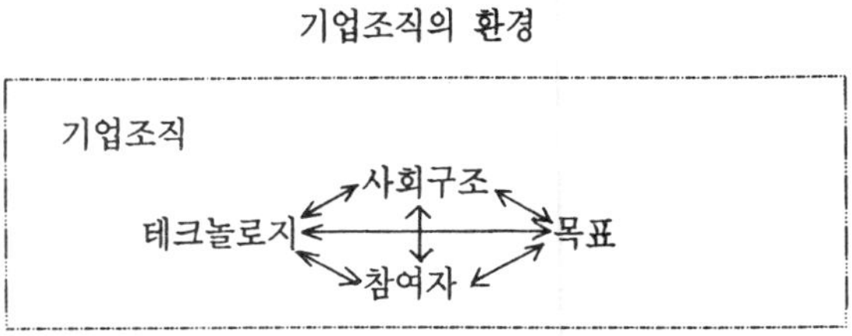

출처: Scott, 1987:15.

참여자는 말 그대로 다양한 반대급부에 대한 보상으로 조직에 기여하는 사람을 의미하는데, 여기에서 문제는 어느 정도까지가 참여자인가 하는 점이다. 예를 들어, 고객도 참여자로 보아야 하는가 아니면 보지 않아야 하는가의 문제가 제기될 수 있을 것이다.

사회구조는 조직에 참여하고 있는 사람들 사이의 관계의 유형화된, 그리고 규칙화된 측면을 언급하는 것으로 이는 다시 규범의 구조와 행위의 구조로 나뉘어진다. 어느 조직이든지 참여자의 행위를 규제하는 비교적 일관적이고 지속적인 믿음이나 규율의 체계를 갖고 있는데 그것을 우리는 규범의 구조라고 한다. 조직의 가치, 규범 및 역할기대 등이 그 예이다. 그러나 어떤 조직에서든지, 정도에 있어서 차이는 있지만, 참여자의 실제 행위가 규범이 제시하는 것과 항상 일치하여 일어나는 것은 아니다. 따라서 참여자간에 나타나는 실제 행위, 상호작용 및 감정의 비교적 규칙적이고 반복적인 유형을 규범의 구조와 구별하기 위해서 행위의 구조라고 한다. 일상의 조직생활에서 이 두 구조는 각각 독립적으로 존재하고 변화하면서 다른 구조에 압력을 주는 긴장의 관계에 있다고 할 수 있다.

조직이란 결국 어떤 형태의 일이 행해지는 장소를 의미한다고 보면 테크놀로지는 일을 수행하는 기술을 말한다. 어떤 기업조직은 물질적인 원자재를 처리하여 새로운 기구나 기계를 생산할 것이고, 또 어떤 기업조직은 사람들을 다루어 새로운 서비스를 생산할 것이다. 따라서 테크놀로지는 도구나 기계뿐 아니라 기술이나 과학적 지식 모두를 포함하는 것이다.

마지막으로, 모든 조직은 특정의 물리적, 기술적, 문화적 및 사회적 환경내에 위치하며 그 생존이나 성장을 위해서는 적응하여야만 한다. 어느 조직이든 환경과 격리되어 존재할 수는 없다. 이는 이상에서 살펴본 조직의 다른 요소와 환경의 관계를 보면 쉽게 이해할 수 있다. 먼저, 기업조직은 그 참여자의 사회화와 훈련을 환경에 의존하고 있다. 뿐만 아니라, 기업조직에의 참여자가 그 조직에만 참여하는 것이 아니라 동시에 여러 집단에 관계하게 된다. 따라서 조직외적인 이해관계가 조직 참여자의 행위를 제한하거나 결정하게 된다. 비슷하게, 대부분의 기업조직들은 테크놀로지를 기계설비, 프로그램 및 훈련된 기술자의 형태로 환경으로부터 받아들인다. 마지막으로 사회구조도 마찬가지이다. 구조적 형태가 특정 기업조직에서 개발되는 경우는 극히 드물고 대부분의 경우 환경에서 빌려오게 된다.

그러면 형식적 조직의 일반적인 의미는 무엇인가? 우리는 일상생활에서 조직이라는 용어를 자주 사용하고 있다. 그 의미도 다양하여 때로는 '경제활동의 조직' 등의 용어에서 볼 수 있듯이 동사적 의미로 사용하기도 하고, 또 때로는 명사적 의미로 ××회사 혹은 ○○재벌 등과 같은 구체적인 실체를 지칭하기 위해 사용하기도 한다. 이 점에 있어서는 조직사회학자들도 예외가 아니다. 각자의 학문적 관심에 따라 형식적 조직을 다양하게 정의하고 있다. 여기에서는 여러 학자들의 정의를 나열하는 대신에, 그와 같은 정의들을 조직의 어떤 중요한 특성을 강조하는가에 따라 크게 세 가지 접근으로 분류하여 각각의 정의를 제시하려고 한다.

첫번째의 접근은, 전통적인 조직사회학자들이 취해 온 입장으로, 형식적인 조직을 하나의 합리적인 체계로 보는 것이다. 즉 조직을 특정의 구체적인 목표를 달성하기 위한 합리적인 도구라는 점을 강조하고 있다. 따라서 조직의 구조도 목표를 가능한 한 합리적으로 수행할 수 있도록 의도적으로 고안된 것으로 생각한다. 요약하자면, 형식적인 조직은 이들에 따르면 '비교적 구체적인 목표를 추구하는, 그리고 그 구조가 상대적으로 높은 형식성을 나타내는 인간 집합체'이다. 따라서 조직의 행위도 합목적적이고 조정된 것으로 이해된다. 이런 입장을 취하는 학자들이 주로 사용하는 용어들은 '정보', '효율성', 그리고 '최적화' 등등이다. 이 접근의 특징은 형식적인 조직이 다른 형태의 인간 집합체와 다른 점에 착안하여 조직을 정의하고 있다는 점이다.

두번째의 접근은 앞서와 같이 조직을 합리적인 체계로 보는 접근이 부적절하다는 비판을 통하여 주로 형성된 것으로 조직을 하나의 생명을 가진 자연적인 체계로 간주하는 입장이다. 합리적인 체계론이 조직을 특정의 목표를 추구하기 위해 의도적으로 고안된 집합체로 다른 집합체와 다른 점을 강조하고 있다면, 자연적인 체계론은 오히려 형식조직과 다른 집합체와의 유사성을 부각시키고 있다. 이 입장을 취하는 사람들에 의하면 조직에의 참여자가 항상 구체적인 목표에 따라 행위하는 것도 아니고, 그 목표가 조직의 행위를 예측하기 위해 사용될 수 있는 것도 아니라는 것이다. 마찬가지로 공식적인 역할의 분담이나 그에 관한 규정이 형식조직에 발달되어 있지만, 그것들이 실제 조직참여자의 행위를 하나하나 제한하는 것은 아니라는 입장이다. 오히려 중요한 것은 공식적인 규범의 구조보다는 실제의 행위의 구조라는 입장이다. 요약하자면, 형식적인 조직은, 이들에 따르면, '조직에 참여하는 사람들이 체제의 생존이라는 공동의 이해를 공유하면서 그 이해를 달성하기 위하여 형식화되지 않은 집단적 행위에 참여하는 집합체'이다.

마지막으로 세번째의 접근은 최근의 조직연구에서 널리 채택되는 입장으로 위에서 살펴본 조직의 다섯 가지의 기본요소들 중의 한 가지인 환경을 강조하고 있는 점이 특징이다. 앞서의 두 접근은 조직을 그것이 위치하고 있는 환경과 유리된 폐쇄적인 체계로 보고 있다. 그러나 조직은 폐쇄적인 체계거나 환경과 유리된 존재가 아니라 외부로부터의 인적·물적 자원의 유통에 의존하는 개방적 체계인 것이다. 따라서 개방체계론자들은 조직을 '그 조직의 목표가 여러 다양한 이해관계를 가진 집단간의 타협에 의해 설정되고, 그것의 구조, 행위 및 결과가 환경의 요인들에 의해 강하게 영향을 받는 인간집단들의 연합으로' 정의하고 있다.

이와 관련, 두 가지를 지적하고 넘어갈 필요가 있다. 하나는, 이렇게 세 가지의 상이한 형식적인 조직에 대한 정의를 제시하는 이유는 그 각각의 정의가 우리가 기업조직을 이해하는 데 필요한 조직의 특성을 잘 나타내고 있기 때문이다. 비록 세 가지의 정의가 조금씩 서로 맞지 않거나 중복되는 점도 없지 않지만, 이 세 입장에 대한 이해는 우리로 하여금 기존의 기업조직에 대한 연구들을 이해하거나 우리가 기업조직의 구조, 행위나 전략을 이해하려고 할 때 대체적인 지침을 제공해 줄 것이다. 둘째는, 최근에 이르러서는 합리론적 체계론자나 자연적인 체계론자나 개방적 입장을 수용하고 있다는 점이다. 기업의 규모와 사회에서의 중요성이 점점 증대함과 동시에 기업을 둘러싸고 있는 환경의 영향력도 점점 증대하여 더이상 환경 혹은 기업외적 요인을 무시할 수 없게 된 것이다. 따라서 혹자는 조직론을 크게 개방적 합리론과 개방적 자연론으로 나누기도 한다. 그러나 그럴 경우, 많은 고전적 이론이 제외되기 때문에 여기에서는 세 가지를 제시한 것이다. 개방-폐쇄, 그리고 합리-자연의 두 구분을 배타적인 아닌 두 가지의 다른 차원으로 이해하면 문제가 없을 것이다.

(3) 기업조직의 중요성

오늘날 우리가 살고 있는 사회를 조직사회라 일컬을 수 있을 정도로 현대사회에서 조직이 차지하는 비중이 크다. 우리의 일상생활 어느 한 구석도 크고 작은 다양한 조직들에 의해 영향을 받지 않는 곳이 없다. 그중에서도 산업부문에서의 기업조직의 중요성은 더 말할 필요가 없을 정도이다. 생산, 분배활동의 대부분을, 심지어는 소비활동까지도, 기업조직에 의존하여 수행하고 있다. 따라서 우리가 산업을 이해하기 위해서는 기업조직의 이해가 필수적이라고 할 수 있다. 이를 다음과 같이 구체적으로 정리해 볼 수 있다.

첫째, 무엇보다도 기업조직이 산업사회에서 가장 대표적인 생산 및 분배활동의 단위주체라는 점이다. 산업혁명 이전에도 상품의 생산과 유통을 담당하는 조직이 있어 왔지만, 현대 산업사회에서만큼 기업조직이 지배적인 적은 없었다. 특히 주식회사의 등장은 몇몇 개인이나 소수집단의 능력을 벗어나는 거대한 자본축적을 가능케 하여 모든 산업국가들에서 대기업이 그 본질적 특징을 이루게 되었다.

둘째, 기업조직의 중요성은 그것의 긍정적인 측면뿐 아니라 부정적인 측면에서도 찾을 수 있다. 조직이 현대사회가 직면하고 있는 여러 사회문제의 원천이라는 것을 부인할 수 없다. 기업조직도 예외가 아니다. 무엇보다도,

기업조직의 거대화가 권력과 위신의 기반을 변화시켜 사회계층체계에 영향을 줄 수 있다는 점이다. 기업조직의 거대화가 국가경제에서 그것이 차지하는 비중을 높여줌으로써 기업조직을 소유하거나 관리하는 사람에게 권력의 집중을 초래할 수 있다는 점이다. 더 나아가 기업조직의 엘리트가 정부나 군대와 같은 다른 권력조직의 엘리트와 결합할 경우, 이는 밀스(1956)가 경고한 권력엘리트를 초래할 것이다. 이런 문제는 국가경제가 재벌 소유의 몇몇 대기업에 의해 지배받고 있는 우리나라의 경우 더욱 심각한 형편이다.

뿐만 아니라, 기업조직이 경제부문에서 다양한 목적을 수행하는 편리한 도구임에는 틀림이 없지만, 또 한편으로는 우리의 생활을 불편하게 만드는 원천이 되기도 한다. 기업조직이라는 것이 사람들이 편의를 위해 고안한 것인데도 때로는 조직 자체의 편의가 우선되기 때문이다. 상품의 생산을 예를 들어보자. 기업조직이 생산하는 상품은 생산과정을 반영한다. 그것들은 자주 일의 분업과 단순화시킬 필요성을 반영하며, 부품과 노동의 규격화, 표준화로의 압력을 반영한다. 진정한 의미에서의 주문자 생산방식은 그 가격이 너무 높아 불가능하게 만들 것이다. 따라서, 예를 들면, 고객의 욕구를 충족시키기 위해서가 아니라 생산조직의 필요에 의해 금속이 나무를, 플라스틱이 금속을 대체하게 될 것이다.

마지막으로, 기업조직은 개인의 심리 혹은 정신건강에도 큰 영향을 미치고 있다. 현대 산업사회에서 기업조직만큼 많은 노동인력을 흡수하고 있는 부문은 없다는 것은 잘 알려진 사실이다. 많은 사람들이 기업조직의 성원으로 하루의 3분의 1 이상을 보내고 있다. 이렇게 사람이 특정의 기업조직에 들어가서 그 성원으로 활동하다 보면 자신도 모르는 사이에 자신의 사회적 성격, 즉 가치관이나 동기, 태도와 행동양식 등에 있어 그 조직의 분위기에 영향을 받게 된다. 즉 기업조직이 하나의 중요한 사회화의 기구가 되는 것이다. 이런 기업조직에 의한 사회화는 사람들을 일시적으로 기업조직의 충실한 성원으로 구실할 수 있도록 해주는 기능을 가질 수 있겠지만, 개인의 차원에서는 소외감이나 과잉동조와 같은 문제점을 내포하고 있다. 우리들이 한동안 쉽게 들을 수 있었던 XX가족 혹은 YY맨 등을 생각해 보면 이는 쉽게 이해할 수 있을 것이다.

2. 산업체계에서 기업조직의 위치

지금까지 기업조직이 무엇이며, 현대 산업사회에서 기업조직이 왜 중요한지를 간단히 살펴보았다. 여기에서는 산업사회를 이해하기 위해 기업조직의 연구가 왜 중요한지를 산업체계에서의 기업조직의 위치와 관련시켜 살펴보기로 한다.

우리가 산업을 공부한다는 것은 산업 그 자체가 아니라 산업의 어떤 측면을 공부하는 것을 의미한다. 산업사회학이란 명칭 아래에서 다루어지고 있는 측면들은 매우 다양하여 개인의 태도나 사기 등의 사회심리학적인 현상과 같은 미시적인 것에서부터 계급지배, 불평등구조, 기업과 국가의 관계와 같은 거시적인 것에까지 이르고 있다. 이는 그만큼 산업사회학이 다루고 있는 대상이 여러 수준에 걸쳐 있다는 것을 의미한다. 따라서 어느 한 분야의 분과 학문이 이 모든 것을 포괄할 수 없어 사회심리학, 직업사회학, 조직론, 노동시장론, 사회계층론, 권력이론, 정치경제학 등등의 다양한 분야에서 산업의 연구에 노력을 쏟고 있다.

기업조직의 연구 역시 산업을 이해하기 위한 노력의 일환으로 우리가 조직이론 혹은 조직사회학이라 부르는 분야에서 주로 행해져 왔다. 비록 그 자체내에서도 실제적 관심, 방법론, 분석의 단위 등에서 다양성을 나타내 보이기는 하지만, 조직론자들은 기업조직이 현대 산업사회에서 가장 중요한 의사결정의 단위일 뿐 아니라 그 자체가 강력한 사회체계라는 데 의견이 일치하고 있다. 즉 기업조직이야말로 실제의 노동의 가치가 결정되고, 생산기술이 적용되고, 그리고 권력이 행사되는 장이기 때문에, 산업을 연구하는 가장 기본적인 연구의 단위여야 한다는 것이다.

이를 좀더 분명히 이해하기 위해서 기업조직이 산업체계내에서 어디에 위치하고 있는가를 알아볼 필요가 있다. 우리는 산업활동이 사회적으로 어떻게 조직되는지를 여러 수준으로 분석적으로 나누어 볼 수 있다. <표 1>에서 보는 바와 같이 우리는 산업활동의 조직화를 크게 사회, 제도, 조직, 역할 및 개인의 수준으로 나누어 볼 수 있으며 그 각각의 수준에 상응하는 연구의 단위로 경제, 시장과 산업으로 나누어지는 부문, 기업조직, 직무 및 근로자를 꼽을 수 있다.

<표 1> 산업활동의 조직화 수준과 분석의 단위

사회조직의 수준	분석의 단위
사회	경제
제도	부문(시장, 산업)
조직	기업조직
역할	직무
개인	근로자

먼저, 우리는 산업활동의 조직화를 거시적으로 전체 사회의 수준에서 살펴볼 수 있다. 이때에는 국가경제가 분석의 단위가 될 것이다. 가령 예를 들어 세계경제에서의 어느 국가의 위치 등에 우리의 관심이 있을 때는 이 수준에서 연구가 행해져야 할 것이다. 그보다 좀더 낮은 거시적 수준으로 제도의 수준에서 산업활동의 조직을 살펴볼 수 있을 것이다. 이 수준에서는 상품 혹은 노동시장의 구성이나 그것들을 규제하는 기관, 그리고 특정의 기업조직이 활동하는 데 직접적으로 영향을 미치는 산업의 환경 등이 다루어질 수 있을 것이다. 그 다음의 수준으로 기업조직을 들 수 있다. 이 수준에서는 실제로 개개의 기업조직이 어떤 전략을 행사하고, 어떤 구조를 채택하고, 어떻게 업무를 수행하는가를 살펴볼 수 있을 것이다. 미시적인 수준에서는 먼저 역할들이 기업조직내에서 어떻게 분화되는가를 살펴볼 수 있을 것이다. 그리고 가장 미시적인 수준으로 구체적인 개인이 어떤 직무에 배치되고 작업에 대한 만족이나 사기 등의 개인적 행위나 태도는 어떠한지를 살펴볼 수 있을 것이다.

그런데 이 표에서 볼 수 있는 것은 기업조직이 사회나 제도와 같은 거시적 수준에서의 사회조직과 직무나 근로자와 같은 미시적 수준에서의 사회조직의 한가운데에 위치하고 있다는 점이다. 이것이 의미하는 것은 기업조직이 국가경제나 시장의 영향력과 실제 산업활동에 참여하고 있는 개개인을 연결시켜 주는 매개역할을 한다는 것이다. 다르게 표현하면, 사회적, 제도적 요구에 부응하여 실제로 노동이 각각의 직무로 분화되고, 그에 맞는 사람이 고용되고, 또 적절한 보수가 결정되는 것은 바로 기업조직의 장에서라고 할 수 있다.

그러나 여기에서 유의해야 할 점은 기업조직이 거기에서 실제로 업무가 수행되고 보수가 결정되는 장이라고 하여 다른 수준에서의 산업활동의 조직과 관련된 특성들이 중요하지 않다는 것은 아니다. 이 점이 바로 기업조직을 하나의 폐쇄적인 체계로 본 전통적인 입장과 최근의 개방체계적 입장의 차이인 점이다. 종래의 폐쇄론자들은 그들의 관심을 조직의 구조적 속성들에 한정하여 기업외적인 환경을 무시하여 왔다. 반면에 최근의 연구들은 기업조직을 외부환경에 의해 그 구조와 행위가 제약을 받는 존재로 인식하고 있다. 즉 기업조직을 경제체제나 계층체계와 같은 거시적, 사회적 속성들에 의해 행위가 규제되고 상품이나 노동시장과 관련된 여러 가지의 규정에 의해 제약을 받는 존재로 인식하고 있다는 점이다. 그렇지만 조직사회학자들의 기본적 주장은 그런 상위수준의 영향 혹은 제약과 노동자를 결합시켜 주는 것이 바로 기업조직이라는 것이다.

3. 기업조직의 행태: 생존/성장전략

(1) 기업조직과 환경

앞에서도 언급하였지만 기업조직의 연구에 있어서의 최근의 경향은 기업조직을 하나의 개방체계로 이해하고 기업조직과 환경과의 관계를 아주 중요시한다는 점이다. 즉 기업조직을 개방체계로 보는 관점의 가장 중심적인 특징은 어떤 기업조직이든 완전하지 않기 때문에 다른 체계와의 교환에 의존해야 하며, 그것이 생존하기 위해서는 환경으로부터의 영향력에 개방되어 있을 뿐 아니라 그에 대한 적절한 전략을 구사하여야 한다는 입장이다. 따라서 이 입장에 따르면 기업조직의 구조나 과정은 환경과 기업조직의 상호작용의 결과로 볼 수 있다. 먼저, 환경적 요인들이 어떤 기업의 규모, 영업

내용, 참여자의 범위 등의 결정에 영향력을 행사하여 조직을 규제할 것이다.

그렇지만 기업조직이 환경에 의해 영향을 받기만 하는 수동적인 존재는 아니다. 기업조직 역시 여러 가지 전략을 구사하여 기업외적 환경을 자기에게 유리한 방향으로 변화시키려 할 것이다. 가령 어떤 기업이 부품조달에 어려움을 겪게 되면, 그 기업은 그와 같은 불리한 환경을 개선하기 위해 부품업체를 인수한다든지, 조달원을 다변화한다든지 하는 등 다양한 전략으로 대처할 것이다. 이런 개별기업들의 전략의 결과는 역으로 환경의 변화를 초래할 것이다.

기업조직의 환경은 <그림 2>에서 보는 바와 같이 크게 기술적 환경과 제도적 환경으로 나누어 볼 수 있다. 먼저 기술적 환경이란 기업조직의 영업활동에 직접적으로 영향을 미치는 것으로 인적, 물적 자원의 흐름에 관련된 환경을 말한다. 이것은 영업활동의 기술적 효율화와 관련된 것으로 전통적인 경제학에서 말하는 경쟁적인 시장과 비슷한 것으로 이해하면 된다. 대부분의 제조업체나 서비스 업체들에 있어 중요한 것은 이 기술적 환경이다. 상품을 생산하는 공장이, 예를 들어, 성공하거나 살아남기 위해서는 우량의 상품을 경쟁이 가능할 만한 가격에 만들어 낼 수 있는 공정을 개발해야 한다. 그렇게 하기 위해서는 원자재의 공급이 원활해야 하고, 훈련된 인력이 충당되어야 하고, 시장이 확보되어야 하고, 세금제도가 적절해야 하는 등등의 조건이 만족되어야 할 것이다. 기술적 환경은 이와 같이 기업조직이 일의 과정을 효과적이고 효율적으로 통제하여 상품이나 서비스를 생산하여 보상을 받고 시장에서 교환하는 것과 밀접한 관계를 갖는 환경을 말한다. 따라서 기술적 환경은 크게 네 부문으로 나누어 정리해 볼 수 있다. ① 고객, ② 재료, 인력, 자본, 설비 및 토지의 공급자, ③ 경쟁기업 및 ④ 정부기관, 산업협의회 및 노동조합과 같은 규제집단이 그것이다. 어떤 기업조직도 그것의 목표를 수행하는 데 필요한 자원을 스스로 해결할 수 없기 때문에 이와 같은 환경내의 집단들과 상호 의존의 관계를 갖게 된다. 특히 교환의 관계가 대등의 관계가 아닐 때는 기업조직과 상대방과의 권력이나 의존도에서 차이를 가져오기 때문에 기업조직들은 교환관계에서 조심을 하게 되고, 보다 유리한 협상의 고지에 서기 위한 전략을 추구하게 된다.

<그림 2> 기업조직의 구조와 환경과의 관계

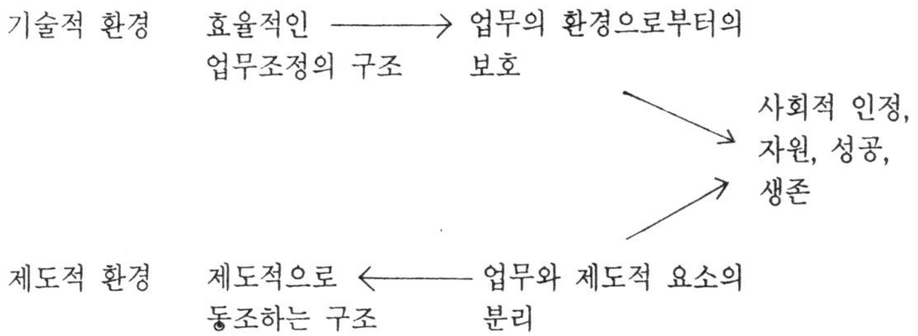

출처: John Meyer 외, 1983:47.

반면에 제도적 환경이란 개개의 기업조직이 정당성과 사회적 지지를 얻기 위하여 따라야 하는 규칙이나 요구들을 망라한 것이다. 이 환경은 기업체보다는 학교나 병원과 같은 조직에 크게 영향을 미치는 것으로 상품이나 서비스의 양이나 질보다는 올바른 과정과 절차를 강조하는 것이기는 하지만, 기업조직 역시 그 영향에서 제외되는 것은 아니다. 예를 들어, 사회마다 독특한 문화적 특성을 보이고 있는데 이런 문화적인 차이가 조직이나 조직간의 관계에 영향을 미치고 있다는 것은 널리 알려진 일이다.

기업조직이 사회적으로 인정을 받고, 영업에 필요한 자원을 환경으로부터 확보하기 위해서는, 따라서 궁극적으로 생존/성장해 나가기 위해서는 기술적 및 제도적 환경에 적절히 대처할 수 있는 전략을 구사하여야 할 것이다. 먼저 기술적 환경에 대해서는 기업조직의 본질적인 영업활동이 환경에서의 예측할 수 없는 변화에 의해 영향을 덜 받도록 하는 것이 가장 필요한 일이다. 예를 들어 자동차 조립공장이 있다고 하자. 이 기업조직의 본질적인 업무는 자동차의 조립일 것이다. 그런데 조립에 필요한 부품의 조달을 한 기업체에 의존한다고 가정하자. 가령 그 부품조달 업체에서 노사분규가 일어나서 생산이 중단되었다고 할 때, 그 여파가 직접 자동차조립에 큰 영향을 미칠 것이다. 이때 조립회사는 하나의 업체에 대한 의존도를 줄일 수 있는 전략이 필요할 것이다.

둘째로 제도적 환경에 대해서는 환경이 요구하는 제도적인 요소를 수용하여 환경과의 마찰을 피할 뿐 아니라, 더 나아가 사회적, 문화적 요구에 부응한다는 것을 보여야 할 것이다. 그렇지만 중요한 것은 그런 요소의 도입이 기업조직의 본질적인 업무수행에 영향을 주지 않는 방향에서 행해져야 한다는 점이다. 병원운영을 예로 들어 보자. 병원의 가장 본질적인 업무는 진료와 치료이다. 그런데 병원을 제대로 운영하기 위해서는 제도적인 환경과 관련된 여러 가지 과외의 업무를 수행해야 하는 것이 사실이다. 극단적인 예를 들면, 봄에는 나무심는 것, 겨울에는 불조심 등에 참여하도록 요구받고 있다. 이때 병원은 그런 잡무를 수행하는 부서를 만들어 병원 본질의 업무에 영향을 주지 않도록 하여야 할 것이다.

(2) 기업조직의 행태: 생존/성장 전략

기업조직의 환경에 대한 의존을 줄이기 위한 전략은 다양하지만 여기에서는 기술적 환경과 관련된 것을 내부적 전략과 외부적 전략으로 나누어 간단히 살펴본다.

1) 내부적 전략

규모-성장: 기업조직이 채택하는 대표적 전략의 하나가 기업규모를 늘리는 것이다. 기업조직이 생산이나 영업의 규모를 늘리는 데는 여러 가지 이유가 있을 것이다. 먼저, 기술적인 이유로 규모경제의 이점을 들 수 있다. 일정 수준까지의 규모의 증대는 비용의 체감을 가져와 규모의 경제를 실현할 수 있는 것이다. 그러나 그에 못지 않는, 어쩌면 더 중요한, 이유가 있을 것이다. 그것은 시장에서의 경쟁에서 우위를 점할 수 있다는 점이다. 시장의 영향을 줄이거나 감소시킬 수 있을 뿐 아니라, 더 나아가 보다 쉽게 가격, 생산량을 통제하여 다른 기업의 결정에 영향력을 행사할 수 있게 되는 것이다. 이렇게 하여 대규모의 기업조직은 환경에 대해 보다 큰 영향력을 행사할 수 있게 되어 적은 규모의 기업조직에 비해 보다 쉽게 환경으로부터의 변화압력을 버틸 수 있을 뿐 아니라 외부로부터의 위협에 대처하여 적응하는 데 필요한 시간적 여유를 가질 수 있게 되는 것이다. 즉 규모의 증대는 영업활동을 환경의 변화에서 오는 교란으로부터 보호하여 기업의 실패에 대처할 수 있는 완충막(cushion)과 여유(slack)를 제공함으로써 기업의 생존 가능성을 높여준다.

고용관계: 기업조직이 인적 자원과 관련된 환경의 변화에 대처하기 위해 내부적으로 취하는 전략 중의 하나는 고용관계의 결정에 의해서이다. 쉽게 얘기하면, 기업조직은 환경의 불확실성과 의존성에 대처하기 위해 내부 고용과 계약을 적절히 조합하는 전략을 취할 수 있다는 점이다. 이와 관련 중요한 개념이 내부노동시장이다. 내부노동시장이 바로 현대의 기업조직이 환경과 조직과의 경계를 유지하는 전략인 것이다. 고전적인 경제학이론은 근로자가 자기의 소유하고 있는 기술과 일이 요구하는 요건과의 결합을 최적화할 수 있는, 따라서 노동생산성과 임금과의 결합을 가장 최적화할 수 있는 일이나 직장을 찾아 자유로이 옮겨 다닐 수 있는 것으로 가정하고 있다. 그러나 현실의 세계에서는 그렇지 않다. 일자리에 대한 정보, 기회, 승진의 기회 및 보상이 직업, 산업, 그리고 기업조직별로 다르게 형성되어 있다. 그 중에서도 중요한 것이 기업조직의 내부노동시장이다. 내부노동시장은 노동시장에서의 자유로운 경쟁에 의해 영향을 받는 것이 아니라 기업조직내에서 나름의 규칙과 절차에 의해 노동의 가치가 결정되는 시장을 의미한다. 기업조직은 자기들의 업무수행에 꼭 필요한 특수한 지식이나 기술을 가진 노동자는 내부노동시장으로 수용하고, 쉽게 계약에 의해 조달할 수 있는 기술이나 지식을 가진 노동자는 시장에서의 계약에 의존하는 식으로 인적 자원과 관련된 환경에 대처한다.

내부조직의 구조(사업부제화): 앞에서 살펴본 성장과 뒤에서 다룰 합병 등에 의한 규모의 확대는 그에 따른 조직구조의 변화를 수반하게 된다. 즉 규모의 성장이 일정한 한계를 지나게 되면 구조의 재조정이 일어나게 되는데, 그중 대표적인 것이 사업부제의 채택이라 할 수 있다. 전통적인 기업조직의 형태는 하나의 중앙 본부와 여러 개의 기능적으로 분화된 부분들로 이루어지는 단일구조를 가진 것이었다. 이에 비해 사업부제는 하나의 중앙

본부와 여러 개의 상품별 사업부로 구성된 구조를 말하는 것으로 사업부 하나하나가 각자의 기능적으로 분화된 부서를 가지는 형태이다. 이런 구조는 제1차 세계대전 직후에 듀퐁이나 제너럴 모타와 같은 미국의 대기업을 중심으로 등장하였다. 제1차 세계대전 이전에 이미 합병 등에 의한 사업의 다각화를 성취한 미국의 대기업들이 직면한 문제는 어떻게 하면 다양한 사업을 보다 더 효율적으로 경영할 수 있는가였다. 이에 고안된 것이 바로 사업부제였다. 사업부제의 가장 중요한 이점은 신규사업의 개발과 같은 기획적인 업무와 기존 업무의 경영을 분리시킬 수 있다는 점이다. 일상적인 영업에 종사하는 관리들의 관심과 이해관계는 자연히 기존의 자기들 업무를 중심으로 형성되어 장기적인 기획을 제한하게 되는 경향이 있어 전체 기업의 효율적 관리를 어렵게 하는데, 사업부제가 이 문제를 해결해 주는 것이다.

2) 외부적 전략

기업합병: 기업조직의 생존/성장 전략 중 가장 과감한 전략이 바로 합병이라고 할 수 있다. 기업합병은 이미 존재하는 두 개 이상의 조직들을 합쳐 단일의 행위주체를 이루도록 하는 전략이다. 이에는 크게 세 가지의 종류가 있는데 수직적 합병, 수평적 합병 및 다양화전략이 그것이다. 먼저, 수직적 합병은 기능적으로 밀접히 연관되어 있지만 생산과정의 다른 단계에 있는 조직들의 통합을 의미한다. 이는 다시 세 종류로 구별되는데, 전방적 합병, 후방적 합병 및 공생적 합병이 그것이다. 가령 예를 들어 가구 제조회사가 목재공장을 합병하면 후방적 합병이고, 가구 판매회사를 합병하면 전방적 합병이다.

두번째가 수평적 합병인데, 이것은 비슷한 기능을 수행하는 두 개 이상의 기업조직을 통합하여 작업의 규모를 증대시키는 전략이다. 예를 들어, ㅁㅁ자동차를 판매하는 회사와 ㅇㅇ자동차를 판매하는 회사가 두 종류의 자동차 판매를 모두 다루는 하나의 회사가 되는 것이다.

마지막으로, 다양화전략은 다른 영역에서 활동하는 기업의 합병이다. 이들 기업조직들은 교환의 상대방도 아니고, 또 서로 경쟁의 관계도 아닌 기업간의 합병이다. 다양화전략의 예는 우리나라에서 쉽게 찾아볼 수 있다. 소위 말하는 '문어발식 기업합병'이 이에 속한다. 화장품을 생산하는 회사가 여가산업에 참여한다든가, 식료품을 생산하는 회사가 금융업에 참여하는 등이 여기에 해당한다.

다국적 기업화: 기업조직이 급변하는 환경의 불확실성에 대처하기 위해 취하고 있는 또 하나의 전략이 다국적 기업화이다. 이 전략은 1980년대말부터 우리나라에서도 많이 채택되고 있다. 그 이유는 다국적 기업의 입장에서 보면 다음과 같은 여러 가지 이점을 가지기 때문이다. 먼저, 다국적 기업화는 하나의 상품을 여러 국가에서 동시에 생산, 판매함으로써 더이상 국내시장의 확대로는 이룰 수 없는 규모의 경제에 이를 수 있도록 해준다. 둘째로, 다국적기업은 현지의 외국자본을 쉽게 이용할 수 있는 기회를 제공한다. 셋째로, 다국적 기업화는 해외시장의 개척을 통하여 생산과잉이나 지체를 해소시켜 준다. 넷째로, 자국내에서의 노동운동으로부터의 위협에서 벗어날 수 있도록 해준다. 다섯째로, 기업을 유치하기를 원하는 국가들간에 경쟁을 유발시켜 각종의 특혜나 양보를 얻어낼 수 있다. 마지막으로, 무엇보다도, 새로운 시장을 개척하고 값이 싼 노동력을 사용함으로써 자본축적을 확대할 기회를 갖게 된다.

기타 전략: 이밖에도 기업조직이 그들이 놓여 있는 환경으로부터의 영향력을 줄이고 그들 자신의 힘을 키우기 위해 사용하는 전략으로는 전국 경제인연합회나 상공회의소 등에서 예를 보듯이 이익단체를 결성하는 것과 퇴직 고위공무원의 스카우트 등에 의한 정부와의 연결을 시도하는 방식 등이 있지만 여기에서는 생략한다.

4. 성장/생존 전략의 이론적 설명

지금까지 기업이 성장과 생존을 위해서 취하는 전략들을 살펴보았다. 그러면 기업들은 왜 이런 전략들을 취하는가? 여기에 대한 답변은 경제학에서나 사회학에서나 다양하게 제기되고 있다. 이상과 같은 기업조직의 전략을 설명하기 위한 어떤 단일의 이론이 경제학에도 사회학에도 존재하지는 않는다. 대신에 상호 보완적이거나 경쟁적인 다양한 이론이 공존하고 있다. 그러나 여기에서는 설명의 편의상 경제학적 설명과 사회학적 설명으로 나누어 논의한다.

(1) 경제학적 설명

경제학적 설명의 하나의 공통적인 특징은 바로 시장에서의 판매를 위한 생산의 효율성을 중심개념으로 삼고 있다는 점이다. 다시 말하면, 투입과 산출간의 관계를 최적화함으로써 이윤의 극대화를 추구하는 것이 기업조직이라는 점을 같은 출발점으로 하고 있다. 따라서 경제학적 설명들간에서 우리가 찾아볼 수 있는 차이는 어떤 새로운 요소가 이윤의 극대화라는 이 기본적인 전제에 가미되어 기업의 생존/성장 전략을 설명하느냐에 있다.

신고전주의 경제학에 의하면, 기업조직을 통제하는 행위자는 투입과 산출을 최적화함으로써 이윤의 최대화를 추구한다. 따라서 여기에서는 기업조직의 전략과 구조는 문제시되지 않는다. 그에 반해 경제학내의 다른 접근들은 기업조직의 전략과 그 결과로 나타나는 조직의 구조를 이윤의 극대화를 위해 문제가 되는 부분으로 다루고 있다.

규모의 경제와 범위의 경제: 위에서 살펴본 여러 가지 전략 중에서 특히 성장, 합병 및 다각화 등을 설명하기 위해 경제학자들이 제시하는 것이 규모의 경제론과 범위의 경제론이다. 먼저, 성장이나 합병에 의해 기업의 규모가 확대되면 판매, 기술개발 등에서 비용절감의 효과를 얻을 수 있으며, 원자재의 도입이나 자본의 동원에서 교섭력의 증대로 비용을 감소시킬 수 있다는 것이다. 뿐만 아니라 비슷한 상품이나 보완관계에 있는 상품을 생산하거나 판매하는 데 있어 각각의 기업조직이 따로 생산, 판매하는 것보다는 한꺼번에 생산, 판매하게 되면 비용을 줄일 수 있어 범위의 경제를 얻을 수 있다고 보는 입장이다.

그런데 문제는 사업의 다각화, 수직적 합병, 사업부제 등이 이 두 이론으로 잘 설명되지 않는다는 점이다. 먼저, 수직적 합병을 살펴보자. 만약 하나의 원료품의 생산에 맞는 효율적인 규모가 시장의 규모에 비하거나 생산과정의 다른 원료품에 비해 크다고 하면 그 규모의 경제를 지키기 위해 다른 원료품과의 수직적 합병은 피하게 될 것이다. 이는 바로 수직적 합병이 꼭 규모의 경제 때문은 아니라는 것을 시사한다. 예를 들어 수직적 합병이 경쟁 상대에 대한 부품공급을 교란하기 위한 시도일 수도 있는 것이다. 사업부제 역시 마찬가지이다. 사업부제의 채택이 서로 관련이 높은 상품의 연구, 개발, 생산 및 판매에서 얻을 수 있는 경제성 때문이라 본다. 여기에서의 초점은 기업조직이 왜 하나의 상품생산을 가장 효율적으로 생산할 수 있는 관리구조를 취하기보다는 여러 관련된 상품생산을 위한 사업부제를 채택하느냐 하는 점이다. 이에 대해서는 직접적인 설명이 제시되지 않는다. 사업의 다각화는 더욱 이와 같은 설명에 해당되지 않는다. 사업의 다각화는 다른 영역에 참여하는 것이기 때문에 규모의 경제나 범위의 경제에 해당되지 않기 때문이다.

경영자이론: 이상에서 살펴본 바와 같이 기업조직의 다양한 전략들이 경영의 효율성을 높여 이윤의 극대화를 가져 오기 위한 것이라는 설명의 한계성을 인식한 학자들은 여러 대안적인 설명을 제시하고 있는데, 경영자이론도 그중의 하나이다. 이 이론에 따르면, 전문경영자의 출현, 소유의 분산, 그리고 대기업이 보유하고 있는 여유능력 등이 기업으로 하여금 더이상 이윤의 극대화에 매달리지 않아도 되도록 해준다는 것이다. 극대화되는 것은 이윤이 아니라 대신에 규모나 매출액이라는 것이다. 기업을 경영하는 전문경영인의 이해관심은 이윤보다는 연봉과 직접 관련이 있는 규모의 성장에 있기 때문에 그들은 사업부제나, 합병 및 사업의 다각화 등의 전략을 주로 구사한다는 입장이다.

시장실패이론: 또 다른 대안으로 제시되고 있는 것이 시장실패이론인데

이의 중심개념은 거래비용이다. 이 이론에 따르면, 생산자와 소비자가 시장에서 상품을 거래하는 과정에서는 여러 가지 이유로 비용이 발생하게 되는데, 그런 거래비용을 줄이려는 노력의 결과로 나타난 것이 앞에서 살펴본 여러 가지 다양한 전략이라는 것이다. 먼저, 시장에 의존한 거래에서 비용이 생기는 첫번째의 이유는 거래 당사자들이 가지고 있는 제한된 합리성과 환경의 불확실성이다. 환경의 복잡성과 불확실성에 비해 거래의 당사자들이 갖고 있는 정보처리 능력에는 한계가 있을 수밖에 없기 때문에 시장에 의존하는 거래는 실패하기 쉽다는 것이다. 또 하나의 이유는 거래 당사자들의 기회주의적 태도와 소수의 문제이다. 거래에 참여하는 개인은 남을 속여 자신의 이익을 높이려는 성향을 갖는데, 거래 당사자를 여럿 중에서 선택을 하게 되면 어느 정도 이 문제를 완화시킬 수 있지만 가능한 당사자가 소수일 때는 비용이 높을 수밖에 없다는 것이다. 이런 조건들 때문에 시장에서의 거래비용이 높을 때, 기업조직은 그 거래를 기업에 끌어들이는 것이 유리하다는 것이다. 거래를 기업조직에 끌어들임으로써 먼저 개인의 기회주의적인 행위를 감독, 감시할 수 있는 이점이 있으며, 더 나아가, 여러 가지의 유인에 의하여 개인으로 하여금 스스로 그런 행위를 포기하도록 할 수 있다는 것이다.

(2) 사회학적 설명

사회학적 접근은 경제학적 설명보다 더 다양하게 제시되고 있는데, 그 주된 이유는 경제학에서의 효율성 원칙과 같은 공통의 출발점이 없기 때문이다. 그런데도 불구하고 사회학적 설명들은 몇 가지 기본적인 요소를 공유하고 있는데, 그중에서도 중요한 것은 기업조직의 행위와 그 행위의 결과 간에 밀접한 연결이 존재한다는 것을 의문시한다는 점이다. 쉽게 말하면, 앞에서 살펴본 합병과 같은 전략적 행위와 그 전략적 행위가 가져오는, 혹은 가져온다고 믿는, 효율성이나 생존가능성의 증대 사이에 깊은 상관관계가 없다고 보는 것이다. 왜냐하면, 대기업의 경우, 예를 들어, 그 생존이 그와 같은 전략적인 행위에 의해 영향을 받는 정도가 매우 낮을 것이기 때문이다. 시장에서의 경쟁력, 다양화전략, 자원의 비축, 그리고 정치적인 능력(해결력) 등이 결합하여 대기업으로 하여금 시장기제에서 오는 압력을 쉽게 버틸 수 있게 할 것이다. 비록 우리가 행위와 결과 사이에 관련이 있다고 인정하더라도, 기업조직을 경영하는 사람이 그 둘간의 연결을 제대로 평가할 수 있는 능력은 극히 제한적이어서 그들이 객관적으로 정확하다기보다는 사회적으로 구성된 세상에서 작용할 가능성이 클 것이다. 비슷비슷하게 시장으로부터의 정보를 처리하고 분석하는 데 한계를 가진 기업조직들로 구성된 것이 시장이라고 볼 때, 기업의 전략이 생존을 좌우하는 시장의 힘에 의해 결정된다는 생각을 의심케 한다. 따라서 사회학적 설명은, 기업의 성장/생존 전략은 효율성과 깊은 관련을 갖는 것이 아니라고 주장한다.

기업조직의 성장/생존 전략에 대한 사회학적 설명은 크게 두 범주로 나누어 볼 수 있다. 하나는 앞에서 살펴본 전략들을 포함한 기업조직의 행태는 규범적으로 나타나는 것이라고 주장하는 이론들이며, 또 하나는 그런 전략을 채택하는 데 있어 강력한 행위자의 역할을 강조하는 이론들이다. 이 각각은 다시 전략선택의 장이 기업조직 내부에 존재하는가 아니면 외부에 존재하는가에 따라 둘로 나누어 진다.

규범을 강조하는 이론 중에서 내부적인 요인을 강조하는 이론에 따르면 이상과 같은 전략들은 복잡다단한 세상에서 행위의 지침이 되는 표준화된 절차가 규범으로 설정되어 그것에 따라 행동한 결과라는 것이다. 쉽게 말하여 어떤 돌발사태가 일어났을 경우, 어떤 절차를 거쳐 어떤 방식으로 대처방안이 결정되어야 하는지에 대한 표준화된 지침이 있어 그에 따라 결정된 것이 각각의 전략이라는 것이다. 보통 우리는 그런 표준화된 지침에 따라 전략을 선택하는 것을 합리적인 방법이라고 생각하는 경향이 있다. 그러나 표준화된 지침에 따르는 것이 의사결정 과정의 합리성을 보장해 줄지는 몰라도 의사결정 내용의 합리성을 보장해 주는 것은 아니다.

반면에, 보다 최근의 연구들은 기업외적인 제도적 환경이 그와 같은 결과를 초래한다고 주장한다. 앞에서 살펴본 여러 가지 전략 그 자체들이 기업조직을 제대로 운영하기 위해서 당연히 채택되어야 하는 제도적 요소로 존재한다고 보는 입장이다. 어떤 전략이 몇몇 선구적인 기업조직이 그들 나름의 필요에 따라 고안하여 성공적이라는 것이 알려지게 되면, 그것은 개개 기업의 필요와는 무관하게 기업의 성공을 위해서 당연히 채택되어야 하는 요소로 간주되는 경향이 있다는 것이다. 자기 기업의 사정에 관계없이 올바른(?) 전략이기 때문에 선택된다는 입장이다. 따라서 당연히 전략의 선택과 효율성의 극대화간에는 상관관계의 정도가 낮을 수밖에 없다. 이 입장에 따르면, 중요한 것은 기업조직을 경영하는 사람들의 그런 제도적 요소에의 노출이다. 중요한 경로로 제시되고 있는 것이 학교교육과 동일 산업내의 성공적인 기업이다. 학교에서 배울 때 그 전략이 맞는 답으로 교과서에서 제시되어 있었기 때문에, 혹은 같은 산업내의 성공적인 기업이 그 전략을 채택하기 때문에 특정 전략을 하나의 당연히 채택해야 할 요소로 간주하게 된다는 것이다.

이와는 달리, 약간의 학자들은 기업조직내적, 외적 환경을 변화시킬 수 있는 능력을 가진 강력한 행위자의 역할을 강조한다. 기업조직내적인 환경을 강조하는 견해에 따르면, 어떤 전략의 선택은 내부의 특수한 권력관계의 결과이다. 보통 권력을 가진 집단은 기존 구조에서의 변화를 싫어하는 경향이 있다는 것은 잘 알려진 사실이다. 따라서 이상에서 살펴본 것과 같은 다양한 전략의 선택은 그와 같은 변화에서 오는 이득을 취할 수 있는 집단이 기득집단과의 경쟁에서 우위를 취할 수 있었기 때문으로 볼 수 있는 것이다. 이 입장을 따르면, 특정 전략의 채택은 권력경쟁의 산물이지 효율성의 제고와 같은 합리적인 계산의 결과는 아닌 것이다.

한편 외적인 환경을 강조하는 견해에 따르면, 기업의 외부환경과의 관계, 특히 자원의존 관계가 기업간의 경쟁에 영향을 끼쳐 거기에서 승리한 행위자가 선택한 결과라고 보는 것이다. 이 입장을 따르는 학자들에 의하면 중요한 것은 기업조직내적인 효율성이 아니라 어떻게 하면 다른 조직과의 경쟁에 이겨 시장에서 과점적 혹은 독점적 지위를 확보하느냐 하는 여부이다. 문제가 되는 것은 다른 기업조직과의 투쟁이지 내부적인 효율성의 제고는 아닌 것이다. 비슷하게, 고용관계의 결정이나 사업부제의 채택과 같은 내부적 전략도 그것이 효율성을 높여주기 때문이기보다는 경영자로 하여금 보다 용이하게 노동자를 통제할 수 있기 때문으로 본다.

5. 기업조직 연구의 앞으로의 방향

지금까지 기업조직의 개념, 기업조직 연구의 필요성, 기업조직 환경의 불확실성에 대한 대처방안과 그에 대한 경제학적, 사회학적 설명을 살펴보았다. 결론으로, 여기에서는, 기업조직의 행태에 대한 사회학적 연구가 앞으로 나아가야 할 방향에 대해 간단히 언급하고자 한다.

우리가 경제학적 설명과 사회학적 설명을 대비시켜 볼 때 뚜렷이 알 수 있는 것 중의 하나가 기업조직의 환경을 어떻게 보느냐 하는 차이이다. 경제학자들은 환경과 관련, 시장의 개념을 자주 사용하는 데 비해, 사회학자들은 환경을 하나의 사회적으로 형성된 세계로 이해하려고 한다는 점이다. 경제학적 입장에서는 중요한 것은 같은 시장에 참여하는 기업조직간의 관계이다. 예를 들어 같은 시장에 참여하는 하나의 기업이 기술혁신을 이루었을 때, 혹은 가격에서 변화가 있을 때, 같은 시장에 참여하는 기업들은 다 영향을 받지만, 같은 시장에 참여하지 않는 기업은 그런 변화에 의해서 영향을 받지 않는 것으로 본다.

반면에 사회학적 입장에서는, 같은 사회적 배경을, 같은 교육적 배경을 공유하고, 비슷한 세계관을 가진 경영자에 의해, 그리고 그들에 의해 운영되는 조직들로 구성된 세계를 환경으로 이해하고 있다. 비록 시장이 다르더라도 그런 조직들이 개개 기업조직의 경영자가 기업행위를 결정하는 데 영향을 미치는 준거집단으로 작용하는 것으로 보고 있다. 물론 이렇게 환경을 파악하는 것은 구체적인 환경의 범주를 설정하는 것에 어려움이 있겠지만, 보다 풍부한 이론적, 경험적 연구를 가능케 할 것이다. 앞으로의 중요한 과제는 기업조직의 환경을 이와 같이 이해하고, 그런 세계를 구성하는 개개 기업조직에서의 변화뿐 아니라 그런 세계의 구성에서의 변화를 이해하는 일이 될 것이다.

구체적으로 얘기하면, 가령 우리가 재벌조직에 대해 연구하고자 할 때, 개개 재벌기업의 행태를 같은 제품을 생산하는 시장에서의 효율성이라는 좁은 관점에서 볼 것이 아니라 우리나라의 재벌을 구성하는 기업들은 어떤 어떤 기업들이며, 그것들이 어떻게 형성되어 왔으며, 서로서로 어떤 영향을 주었는지가 연구되어야 할 것이다. 뿐만 아니라, 그런 기업을 실질적으로 이끌어온 사람들에 대해서도 연구가 행해져야 할 것이다. 그들의 사회적 배경, 교육적 배경, 가치관 및 그들간의 연결고리가 연구되어야 할 것이다.

V장의 핵심단어

조직의 기본요소, 규범의 구조, 테크놀로지, 기술적 환경, 규모경제, 내부노동시장, 사업부제, 기업합병, 다국적 기업화, 범위의 경제, 거래비용.

참고문헌

W. Richard Scott, *Organizations: Rational, Natural, and Open Systems*, Englewood Cliffs, New Jersey: Prentice-Hall, 1987.

John Meyer et al., "Institutional and Technical Sources of Organizational Structure: Explaining the Structure of Educational Organizations" in John Meyer and W.R. Scott (eds.), *Organizational Environments*, Beverly Hills, Ca: Sage Publications, 1983, pp.45-70.

Ⅵ. 노동시장과 임금

1. 노동시장에의 관심

사회학은 왜 노동시장에 관심을 가지는가? 그것은 인간의 삶에 있어서 극히 중요한 활동인 직업노동의 내용이 노동시장에서 결정되기 때문이라고 말할 수 있다. 인간은 성인이 되고 나서는 자신의 직업노동 및 그것을 위한 준비에 대부분의 시간을 투여한다. 또한 노동 이외의 여가시간에 이루어지는 소비의 내용도 직업노동에서 얻는 소득에 의해 대부분 규정된다. 그런데 자본주의 사회에서 가장 보편적인 노동의 방식은 임금노동이다. 대부분의 인간은 자신의 노동력을 판매함으로써 직업노동을 하게 되는 것이다. 이 노동력의 판매가 이루어지는 곳이 바로 노동시장이다. 따라서 노동시장의 운영원리에 대한 이해를 통해 인간의 삶을 잘 이해할 수 있다.

그런데 노동시장은 하나의 시장이고 시장은 경제원리에 의해 작동하기 때문에 여러 가지 사회문제가 발생한다. 예컨대 실업이나 저임금 같은 것들이 그것이다. 이러한 사회문제의 원인을 잘 알고 그것의 해결을 모색하는 것이 사회학의 중요한 과제이므로 이 역시 우리가 노동시장에 관심을 가지는 이유가 된다.

노동시장은 사회구조의 특징을 잘 보여주기도 한다. 노동시장은 노동력의 수요자인 기업들과 공급자인 노동자들이 자유로이 만나고 거래하는 곳 이상의 특정한 구조를 가지고 있는 것이 보통이다. 그리고 그 구조의 핵심적인 특징은 차별에 있다. 노동시장에서의 이러한 차별은 사회적 불평등의 가장 중요한 측면인 경우가 많다. 예를 들어 여성은 남성 못지 않은 능력을 가지고서도 노동시장에서 주변적인 노동력으로 판매되는 것이 일반적인데,

이것은 자본주의 사회에서의 성차별의 가장 중요한 측면이라고 할 수 있다. 이처럼 노동시장 구조의 이해를 통해 사회적 불평등의 내용을 보다 잘 알 수 있게 된다.

2. 노동력의 수요와 공급

(1) 노동수요

1) 수요의 양

노동시장도 하나의 시장인 한에서는 노동시장에서 거래되는 상품인 노동력의 수요와 공급이 노동시장의 구체적인 성격을 규정하는 가장 기본적인 변수가 된다. 이중 노동수요와 관련해서 가장 관심의 대상이 되는 것은 수요의 양이다.

자본주의 사회에서 노동수요의 규모를 결정하는 가장 기본적인 변수는 자본량이다. 노동에 대한 수요는 상품에 대한 수요가 증가함에 따라 증가하는 파생수요이므로 양자는 직접적인 관계를 가진다. 자본주의 사회에서의 자본량 증가는 크게 두 가지 과정에 의해 이루어진다. 하나는 상품생산이 소상품생산 위주에서 자본주의적 생산 위주로 변화하는 것이다. 예를 들면 과거엔 구두가 주로 독립적인 수공업자들에 의해 생산되다가 이제는 구두 생산에 자본을 투자하여 구두공장을 만들고 노동자를 고용한 자본가에 의해 생산된다고 하자. 이러한 변화가 이루어지면 사회 전체적인 구두 생산량은 동일하더라도 자본량은 증가할 것이며 노동수요도 증가할 것이다. 자본량이 증가하는 다른 하나의 과정은 사회전체적으로 상품생산량이 증가하는 것이다. 대체로 자본주의 사회에서는 이 두 가지 과정에 의해 자본량이 증가하고 노동수요도 증가해 왔다.

그런데 자본주의 사회에는 노동수요를 감소시키는 경향도 존재한다. 여기서 중요한 변수는 기술발전과 이에 따른 노동생산성의 발전이다. 다시 구두 생산의 예를 들자면 과거엔 한 사람의 노동자가 하루에 구두 10켤레를 생산하다가 기술발전으로 노동생산성이 증대되어 한 사람의 노동자가 20켤레의 구두를 생산한다면 구두생산량은 변화가 없어도 구두 생산을 위한 노동수요는 반으로 감소할 것이다. 자본주의 사회에서는 자본간 경쟁에 의해 노동생산성을 증대시키려는 시도가 끊임없이 이루어지며 이에 따라 노동생산성이 증대되는 경향이 나타난다. 맑스는 이것이 자본가들이 '특별잉여가치'를 추구하기 때문이라고 설명했다.[1] 그런데 노동생산성의 증대는 노동수요를 증가시키는 효과를 가져올 수도 있다. 왜냐하면 노동생산성이 증가하여 노동비용이 감소되고 그만큼 구두의 값이 싸진다면 사회전체적으로 구두의 소비량이 증대되고 이것은 구두의 생산량을 증대시켜 다시 노동수요를 증대시킬 수 있기 때문이다.

한편 기술발전은 생산방식을 개혁하여 동일한 효율성을 가지는 생산재의 가격을 하락시키는데 이 역시 노동에 대한 수요를 감소시키는 요인이 될 수 있다. 자본가는 자신의 자본을 최대한 효율적으로 투자하고자 하므로 생산에 필요한 여러 요소 중 노동력 대신 상대적으로 값이 싼 요소인 생산재를 더 많이 사용하고자 한다. 그러므로 노동력에 대한 생산재의 상대적인 가격이 하락한다면 노동수요는 감소할 것이다. 이것을 대체효과라고 한다.

대체효과는 생산요소들간의 상대적인 가격이 문제이므로 임금이 중요한 변수가 된다. 만일 임금이 올라 노무비가 증대한다면 자본가들은 노동력의 사용을 줄이고 대신 기계 등 생산재의 사용을 늘리려 할 것이고 따라서 노

1) 맑스의 특별잉여가치에 대한 설명을 알기 쉽게 하자면 다음과 같다. 특정한 시기에 모든 구두생산 자본가들이 구두 하나에 4,000원의 생산수단과 500원의 임금을 들여서 생산을 하고 그 시장가격(이때 가치와 시장가격이 동일하다고 가정한다)이 5,000원이라고 하자. 그러면 구두 한 켤레를 생산하여 자본가가 얻는 이윤(잉여가치)은 500원이 된다. 그런데 한 자본가가 생산방식을 혁신하여 노동생산성을 높여 구두 한 켤레에 드는 노동비용을 500원에서 300원으로 줄였다고 하자. 그가 구두를 처음과 마찬가지로 5,000원에 판다면 그는 구두 한 켤레에 남보다 200원이 많은 700원의 이윤을 얻게 될 것이다. 이것이 특별잉여가치이다. 한편 그가 구두를 4,900원에 판다면 한편으로 자신의 구두판매량이 전보다 증가하고 그러면서도 여전히 구두 한 켤레 당 100원의 특별잉여가치를 얻을 수 있을 것이다. 이러한 이유로 자본가들은 노동생산성을 높이려는 동기를 가지게 된다. 그런데 이제 불리한 위치에 놓이게 된 다른 자본가들도 혁신된 생산방식을 채택하고자 할 것이고 그러면 특별잉여가치는 사라진다. 그러나 이러한 과정을 거쳐 사회전체적인 노동생산성이 상승한다.

동에 대한 수요는 감소할 것이다. 대체로 선진자본주의 사회의 경우 임금은 상승하는 추세를 보여 왔으므로 자본가들은 고용량을 감소시키려는 노력을 지속적으로 해 왔다. 한국에서는 1987년 이전까지 임금이 매우 낮았으므로 자본가들은 저임금 노동력을 대규모로 이용하는 노동집약적인 생산방식을 채택해 왔다. 그러나 1987년 이후 임금이 상당히 상승하자 고용규모를 줄이려는 시도를 강화하고 있으며, 그 방법으로는 노동강도의 강화, 자동화 등이 사용되고 있다.[2] 그런데 임금상승은 반드시 노동수요를 감소시키는 효과만을 가져오는 것은 아니다. 노동자의 임금이 상승하면 노동자의 구매력이 증대되어 소비가 늘고 이는 상품의 생산량을 늘리므로 결국 노동수요를 증가시키는 결과를 가져 오기도 한다.

이처럼 자본주의 사회에는 노동수요와 관련된 상반되는 경향이 동시에 존재하는데, 최근에 관심의 대상이 되는 것은 노동이용을 비약적으로 절약하는 자동화가 장기적으로 노동수요에 어떠한 효과를 미치는가 하는 것이다. 자동화는 당장 노동수요를 감소시키지만 또 다른 노동수요를 파생시키기도 한다. 예를 들어 구두 생산이 완전히 자동화되면 구두를 만드는 노동자는 모두 일자리를 잃겠지만 대신 구두기계를 만드는 공장에 일자리가 생길 것이고 구두기계를 수리하는 노동자의 수요가 증가할 것이다. 따라서 사회 전체적인 노동수요의 양은 두 가지 경향 중 어느 것이 지배적인가에 의해 결정된다. 그런데 자동화 기술이 더 발전하면 발전할수록 노동이 절약되는 정도는 더 커질 것이므로 전체 경제규모가 계속 증가하지 않는 한 노동수요의 증가에는 한계가 있을 것이다.

2) 수요의 질

노동수요와 관련하여 또 한 가지 관심의 대상이 되는 것은 '과연 어떠한 노동력이 수요되는가'이다. 수요되는 노동력의 질은 자본주의 노동과정의 변화에 따라 변해 왔는데, 크게 보면 한편으로 탈숙련화된 노동력에 대한

---

2) 우리나라에서 자동화가 반드시 임금상승 때문에 이루어지는 것은 아니다. 사용자들에 대한 설문조사 결과를 보면 인력난 및 제품의 질 향상이 더 중요한 동기인 것으로 나타나고 있다.

수요가 증대되면서 다른 한편으로 새로운 숙련을 가진 노동력에 대한 수요도 증대해 왔다.

서구의 예를 중심으로 보면 초기 자본주의 이후 20세기초 독점자본주의 시대까지는 노동력의 수요가 숙련 노동력에서 반숙련, 미숙련 노동력으로 변화하는 경향이 두드러졌다. 초기자본주의 시대의 주요 생산방식인 매뉴팩처는 과거 독립생산자이던 숙련노동자들이 한자리에 모여 생산을 하는 방식이었으므로 노동자들은 대체로 숙련노동자였다. 그후 산업혁명과 아울러 기계화가 진전되면서 노동자의 숙련이 덜 중요해지고 기계에 종속된 단순노동력에의 수요가 증대되었다. 이것은 아동과 여성노동력이 대거 노동시장에 진출할 수 있는 배경이 되었다. 노동자의 숙련이 더욱 해체된 중요한 계기는 20세기초의 테일러주의와 포드주의였다.(3장 4절 참조) 그런데 테일러주의에서는 노동과정을 표준화하여 한편으로 직접 생산자로부터 노동과정에 대한 통제권을 완전히 박탈하는 한편, 구상기능과 관리·감독 기능을 담당하는 정신노동자의 역할이 강화되어 화이트칼라 노동력의 수요를 증가시켰다.

20세기 중반 이후에는 기술의 급속한 발전으로 노동력 수요에 새로운 변화가 나타나고 있다. 가장 두드러지는 것은 전문적 지식과 기능을 갖춘 노동자에 대한 수요가 증대되는 것이다. 이것은 기술발전에 따라 제품생산에 다양한 기술이 적용되고 따라서 기술이 중요한 생산력이 되는 것의 귀결이다. 이러한 변화에 따라 연구, 설계 등을 담당하는 노동력에 대한 수요가 증대된다.

그리고 제한된 범위에서나마 생산현장에서도 숙련도가 높은 노동자에 대한 수요가 증가한다. 생산의 기계화가 촉진되면 노동자의 일의 내용은 단순가공이나 조립에서 복잡한 기계의 감시노동으로 바뀌게 되는데, 감시노동을 하는 노동자들에게는 생산의 전반적인 과정에 대한 이해가 중요해지므로 노동자에게 필요한 숙련수준이 향상되는 경향이 있다. 그리고 직접적인 생산과정에 컴퓨터를 비롯한 고도의 기계장치가 사용되는 곳에서는 단순한 기계를 작동하는 경우에 비해 노동자에게는 높은 숙련이 요구될 것이다. 또한 기계화와 자동화는 기계를 작동하는 노동자에 비해 기계를 설계하고 수리하는 노동자의 비중을 증가시키는데 이 역시 비교적 지식과 숙련 수준이 높은 노동자에 대한 수요를 증대시킨다. 제품시장 수요의 변화에 따라 생산방식이 소품종 대량생산에서 다품종 소량생산으로 변화하는 것도 노동자의 숙련을 변화시키는 요인이 되기도 한다.

그런데 기술발전이나 자동화의 진전에도 불구하고 생산과정에서 단순하거나 주변적인 일을 하는 반숙련 및 미숙련노동자에 대한 수요는 여전히 매우 큰 비중을 차지한다. 선진자본주의 사회에서도 취업 노동자의 가장 큰 부분은 단순노동자이다. 이들은 고용조건도 불안정하고 임금도 낮고 노동조건도 상대적으로 열악한 것이 보통이다. 이에 따라 전체적으로 볼 때 수요되는 노동력의 질의 양극화가 나타난다.

한편 현대자본주의의 노동수요의 또 한 가지 중요한 변화는 서비스노동의 증가이다. 서비스노동 수요가 증가하는 이유로는 무엇보다도 현대사회에서 서비스 상품에 대한 수요가 증가하여 산업구조에서 서비스업이 차지하는 비중이 증가하는 것을 들 수 있다. 그 외에도 기술발전과 노동생산성의 발전이 서비스노동에 대한 수요가 증가하는 요인이 된다. 제조업의 경우 생산의 자동화에 따라 노동생산성이 비약적으로 증가하면 생산량의 증대에도 불구하고 직접 생산과정에 종사하는 노동자의 수는 상대적으로 또는 절대적으로 감소한다. 그런데 서비스업은 대체로 기계화나 자동화의 가능성이 제한적이다. 따라서 서비스 노동수요는 제조업에 비해 커지게 된다. 한편 선진자본주의 사회의 경우 노동집약적인 제조업을 임금이 싼 제3세계로 이전하는 것을 볼 수 있는데, 이것 역시 국내적으로는 제조업에 비해 서비스업의 노동수요가 상대적으로 증가하는 요인이 되고 있다.

(2) 노동공급

노동력의 공급을 규정하는 가장 중요한 변수는 인구증가일 것이다.[3] 그런데 인구가 는다고 해서 노동공급이 그만큼 자동적으로 증가하는 것은 아니

---

3) 노동시간이나 노동강도도 노동공급의 중요한 변수가 된다. 노동자의 수가 같아도 노동시간이 길거나 노동강도가 높으면 그만큼 노동공급량이 증가한다.

다. 전체 인구 중에서 일부만이 경제활동 인구가 되고 또 그중에서도 일부만이 자본주의 부문에 고용되고자 하는 노동공급자가 된다. 인구 중 얼마만큼이 노동시장에 공급되는 노동력이 되는가를 결정하는 중요한 변수가 되는 것은 노동수요이다. 자본에 의한 노동수요가 작으면 인구의 많은 부분은 경제활동에 참여하지 않거나 농민 등 소상품 생산자로 남아 있으려 할 것이다. 왜냐하면 노동시장에 참여하더라도 취업하지 못하는 실업자가 될 가능성이 많기 때문이다. 반대로 노동에 대한 수요가 많으면 비경제활동 인구도 경제활동에 참여하고 농민이나 영세자영업자도 자본제부문에 취업하고자 할 것이므로 노동공급이 증가할 것이다. 물론 노동수요와 노동공급의 관계는 상호적인 것이어서 수요가 공급에 의해 규정되기도 한다.

그러나 수요가 있다고 해서 노동력의 공급이 그것에 맞게 자동적으로 적응하는 것은 아니다. 노동공급에는 그 나름대로의 과정이 중요하다. 이 경우 임금수준이 중요한 변수가 된다. 임금수준이 상승하면 노동력 공급은 일단 증가할 것이다. 그러나 임금이 어느 이상으로 오르면 노동력 공급이 감소할 가능성도 있다. 왜냐하면 노동자들은 임금이 일정 수준을 넘으면 일만 하기보다는 적당한 여가를 선택할 것이기 때문이다. 또한 사회적인 제도도 중요한 변수가 된다. 여성노동력은 수요가 있어도 육아 등 가사노동으로부터 얼마간 자유로울 수 있는 조건이 있어야 노동시장에 나올 것이다.

역사적으로 볼 때 대체로 자본주의의 발전에 따른 노동수요의 증가에 따라 노동공급 역시 증가해 왔다. 주된 노동력은 초기에는 농민층에서 후기에는 여성과 연소노동자층에서 공급되었다.

초기 자본주의 시대의 가장 중요한 노동력 공급원은 농민층을 중심으로 하는 소생산자층이 분해되어 임금노동자로 되는 것이다. 그런데 이 과정이 반드시 자본제 부문에 노동수요가 있고 여기에 맞추어 공급이 이루어지는 자연스러운 과정으로 진행되지는 않았다. 초기 임노동자의 창출은 자본의 초기적인 축적과 함께 이른바 본원적 축적의 중요한 구성부분인데, 그 과정은 매우 폭력적으로 전개되었다. 그 가장 대표적인 것이 종획운동(enclosure movement)이었다. 토지를 상업적으로 이용하려는 영주에 의해 토지에서 축출된 농민들은 도시로 나와 자본가에게 고용되어 살아가야 했다. 그러나 당시 노동수요가 충분한 것이 아니었으므로 일자리를 얻기는 쉽지 않았고 따라서 초기의 노동자들은 노동빈민(working poor)으로서의 성격을 강하게 가지고 있었다.

산업자본주의가 확립된 이후에도 농민층은 여전히 중요한 노동력 공급원이었다. 농업의 자본주의화와 농업생산력의 발전으로 농입인구가 감소하고 다른 한편으로 도시와 농촌간의 소득격차가 있었으므로 농민층 분해는 계속되었고 탈농층은 자본제 부문에의 가장 중요한 노동공급원이었다. 한국에서도 1960년대 이후의 경제성장 과정에서 농민층이 노동공급의 가장 중요한 원천이었다.

농촌으로부터의 노동공급은 어느 시기에는 고갈된다. 루이스(Lewis)는 어느 나라에서나 경제성장이 계속되면 농촌에서 도시로의 무제한적인 노동력 공급이 한계에 이르러 노동력 공급의 부족현상이 나타나기 시작하는 단계가 나타난다고 보고, 이를 전환점(turning point)이라고 했다. 한국은 1975년경에 전환점을 통과하여 무제한적 노동공급 단계에서 제한적 노동공급 단계로 바뀌었다는 연구결과가 있다. 농민층이 노동공급으로서의 위치를 잃게 되면 도시에서 자라 교육을 받은 젊은층이 가장 중요한 노동력 공급원이 된다.

이러한 초기 노동자들의 성격은 기계화와 더불어 여성 및 연소노동력이 노동시장에 나오게 되는 중요한 배경이 되었다. 초기의 노동빈민들은 가장 혼자의 수입으로는 생계를 유지할 수 없었으므로 온 가족이 일자리를 구하기 위해 나서야 했다. 그러나 여성은 가사노동을 책임져야 했으므로 노동시장참여에는 한계가 있었다. 그리고 아동노동의 고용에 대한 법적 규제가 강화되고 남자 노동자들의 임금이 가족임금에 접근함에 따라 아동노동은 감소되어 갔다.

이와 함께 자본주의의 발전과 더불어 중요한 노동공급원이 되는 것은 기혼여성 노동력이다. 그것은 자본량의 발전에 따라 성인남성 노동력만으로는 노동공급 부족현상이 나타나기 때문이다. 교육 수준이 높아짐에 따라 젊은층의 경제활동 참여가 감소하는 것도 노동력 부족을 심화시키는 요인이 된다. 노동력 부족이 심화되면 임금이 상승하고 이것은 여성의 경제활동 참가율을 높인다. 여기에 여성의 가사노동 부담이 감소하고 탁아제도의 발전 등으로 탁아비용에 비해 임금이 상당히 높아지게 되는 조건 등이 마련되면 여성 노동공급은 더욱 증가한다. 그런데 이 경우 기혼여성 노동력은 대체로 높은 숙련이 필요하지 않은 임시직이나 파트타임 노동 등 주변적인 노동력으로 고용되는 것이 일반적이다.

한편 자본주의의 발전에 따라 자본의 국제적 이동이 용이해진다. 이것은 노동력 공급이 국제적으로 이루어질 수 있는 기반이 된다. 즉 노동력이 부족하다거나 임금이 높아지는 문제에 봉착하는 자본은 값싼 노동력을 찾아 제3세계에 투자를 하여 제3세계의 노동력을 이용한다. 그리고 교통수단의 발전은 일정한 한계내에서는 노동력의 국제적인 이동을 가능하게 하기도 한다. 유럽의 경우 제3세계로부터의 이민노동자가 중요한 노동공급원이 되고 있다.

한국에서는 1980년대 후반 이후 저임금 노동력 부족현상이 두드러지게 나타나고 있는데 이에 따라 기혼여성 노동력이 새로운 중요한 노동공급원이 되고 있고, 부분적으로 외국인 노동력의 공급도 확대되고 있다.

3. 실업

노동력의 수요와 공급이 항상 일치하는 것은 아니다. 호경기에는 수요가 증가하고 불경기에는 수요가 감소한다. 나아가 노동수요와 공급이 일치하여 완전고용에 가까워지면 임금이 상승하므로 자본은 노동을 기계로 대체하거나 해외에 투자하여 항상 노동력 공급초과 상태를 만들어 내려는 경향이 있다. 이에 따라 나타나는 문제가 실업이다. 실업은 현재 선진자본주의 사회를 괴롭히는 가장 큰 사회문제의 하나이며 일부 논자들은 실업이 경제체제로서의 자본주의의 불완전성을 보여주는 가장 중요한 사실이라고 본다.

실업과 관련하여서는 먼저 누구를 실업자로 볼 것인가의 문제가 제기된다. 한국의 경우 정부의 통계는 국제노동기구(ILO)가 권고하는 방식을 택하고 있는데 여기서는 1주일에 1시간 이상 수입 있는 일을 한 사람은 모두 취업자로 간주된다. 그런데 1주일에 겨우 1시간 일하는 사람을 취업자로 보는 것은 상식적으로 보아도 문제가 있다. 그러므로 이러한 완전취업자와는 별도로 집계되는 주당 18시간 미만 취업자를 불완전 취업자로 보아 역시 일종의 실업자로 간주하기도 하는데, 한국에서 18시간 미만 취업자의 비율은 전체 경제활동 인구 중 1% 내외로 극히 낮다. 그러나 36시간 미만 취업자는 1990년의 경우 전체 취업자의 약 5.7%에 달하며 그중 약 절반이 1차 산업에 취업해 있다.

이와 달리 잠재실업도 중요하다. 즉 실업은 경제활동 참여인구를 기준으로 한 개념이어서 구직이 안되어 아예 구직을 포기하고 경제활동인구에도 포함되지 않는 실망노동자(discouraged worker)는 여기에 포함되지 않는다. 그러나 이들도 경기가 나아져 구직 가능성이 높아지면 경제활동에 참여할 것이다. 이들을 잠재실업자라고 하는데 이들 역시 통계적으로는 잡히지 않다라도 실업자에 포함되어야 할 것이다.

한편 실업문제를 '상대적 과잉인구'라는 개념으로 보다 넓게 파악하는 맑스주의적인 방식도 있다. 여기서 '상대적 과잉인구'란 간단히 말하자면 현역노동자로서 자본에 직접 고용된 노동자 이상의 노동력을 말한다. 그런데 상대적 과잉인구는 완전실업자에 국한되지 않고 부분적으로만 취업하고 있는 불완전취업자층을 포함하여 상당히 넓은 범위를 포괄한다는 것에 특징이 있다. 상대적 과잉인구는 유동적 과잉인구, 잠재적 과잉인구 그리고 정체적 과잉인구로 나뉜다. 유동적 과잉인구는 근대적 산업의 중심지에서 때로는 자본에 의해 흡수되고 때로는 배출되면서 점차 유동화해 가는 인구로 그 예로 고령노동자층을 들 수 있다. 그리고 잠재적 과잉인구는 공장 노동자가 되기 위해 대기하고 있는 농촌 노동력을 지칭한다. 한편 정체적 과잉인구는 현재 취업하고 있지만 가내공업 등에서 저임금으로 불규칙적인 취업을 하고 있는 층을 가리킨다.[4] 이러한 상대적 과잉인구는 현역노동자와

---

4) 맑스는 자본축적에 따라 상대적 과잉인구가 증가하는 것이 자본주의 사회에서의 하나의 법칙이라고 보았다. 이같은 법칙이 관철되는 이유는 노동생산성을 증가시키기 위한 자본간 경쟁의 결과로 나타나는 유기적 구성의 고도화이다. 그런데 과연 자본주의 사회에서 과잉인구가 누적적으로 증가하는가에 대해서는 맑스주의 이론가 사이에서도 논쟁이 있어 왔다. 양적으로만 보자면 자본주의 사회에서 유기적 구성이

의 경쟁을 통하여 임금수준을 전체적으로 저하시키며, 취업노동자의 노동강도를 강화하는 역할을 한다.

상대적 과잉인구 개념을 채택하는 사람들 중에는 불완전 취업자뿐만 아니라 임시고, 파트타임 노동자 등 불안정 취업자도 모두 상대적 과잉인구로 보려는 경우가 있다. 한국이나 제3세계 국가들은 일반적으로 사회보장제도가 미비하여 누구라도 어떠한 형태의 일이라도 하지 않으면 생계를 유지하기가 어렵고 이 때문에 취업은 하고 있으나 실질적으로는 실업자에 가까운 인구의 규모가 크므로, 과잉인구의 범위를 넓게 잡는 것은 일단 타당하다고 할 수 있다. 그런데 현대자본주의 사회에서 임시고용이 점점 더 보편적인 노동력 이용방식으로 되어 가고 있다는 것을 고려한다면 이것은 상대적 과잉인구 개념을 지나치게 확대하는 것이 될 수 있다.

제3세계에서 과잉인구의 역할을 하는 중요한 층으로 도시비공식부문을 들 수 있다. 일반적으로 제3세계에서는 경제발전에도 불구하고, 이농한 후 근대적인 부문에 취업하지 못하고 도시에서 빈민인 영세자영업자나 영세사업체의 노동자로서 불안정한 생활을 유지하는 층이 광범위하게 형성되어 있다. 이들을 도시비공식부문이라고 부르는데 이들은 형식적으로는 취업해 있으나 실제로는 근대적인 부문에의 취업을 기다리는 층이므로 과잉인구로서의 기능을 한다.

이상과 같이 파악되는 실업은 원인별로 몇 가지로 나눌 수 있다. 먼저 크게 보면 수요부족 실업과 비수요부족 실업으로 나눌 수 있다. 이중 수요부족 실업은 사회전체적으로 총노동공급에 비해 총노동수요가 부족해서 생기는 실업이다. 그리고 비수요부족 실업은 부문간의 불균형 등으로 인해 생기는 실업이다. 여기에는 경기적 실업과 마찰적 실업, 구조적 실업, 그리고 계절적 실업이 있다. 경기적 실업은 경기가 후퇴하여 기업이 고용인력을 감축할 때 생기는 실업이다. 마찰적 실업은 노동시장에서의 정보 부족 등으로 구직과 구인이 원활하게 연결되지 않아 생기는 실업이며, 노동자가 직장을

고도화되는 것보다 자본총량이 더 빠르게 증가하면 상대적 과잉인구의 규모는 증가하지 않을 수도 있다고 해야 할 것이다. 그런데 맑스의 논의는 단지 양적인 파악일 뿐만 아니라, 자본주의 사회에 현역 노동자들을 끊임없이 상대적 과잉인구가 되게 하는 경향이 있음을 드러내 보인 데에 의의가 있다고 평가된다.

옮기는 과정에서도 이러한 실업이 나타난다. 그리고 구조적 실업이란 사회 전체적으로는 노동수요가 부족하지 않아도 수요자가 필요로 하는 기능을 가진 구직자가 없기 때문에 생기는 실업이다. 예를 들면 단순노동력은 남는데 고숙련노동자에게서는 인력난이 생기는 것을 들 수 있다. 구조적 실업하에서는 인력난과 실업이라는 상반되는 현상이 동시에 상당히 장기적으로 나타난다.

한국의 경우 특히 1980년대 이후에는 인력부족 현상이 두드러져 실업문제는 심각하지 않다고 할 수 있다. 그리고 아직 기혼여성의 경제활동 참가율이 낮은 조건하에서이긴 하지만 농촌이나 도시비공식부문에의 취업자에게서도 이른바 산업예비군으로서의 성격은 매우 약화되었다. 그러나 고용안정성을 높이려는 사회적인 제도가 미비하기 때문에 개별 노동자들은 최소한 단기적으로라도 구조적 실업을 위시한 각종 실업을 자주 경험하게 된다고 보인다.

4. 노동시장의 구조

노동시장과 관련하여 또 하나 중요한 연구대상이 되는 것은 노동시장의 구조이다. 여기서 핵심적인 관심은 노동시장의 분절 여부이다. 노동시장 분절 여부가 관심의 대상이 되는 것은 그것이 계층구조의 중요한 측면을 보여주는 것이기 때문이지만, 실질적인 관심도 중요하다. 즉 노동자의 삶을 어떻게 개선시키고 불평등을 어떻게 축소시킬 것인가 하는 것이다. 만일 노동시장이 분절되지 않은 통합노동시장이라고 한다면 모든 사람은 노동시장에서 평등하게 경쟁하게 되며, 따라서 노동자가 자신의 삶의 기회를 증대시키기 위해서는 교육을 많이 받거나 숙련을 쌓아 자신의 노동생산성을 높이는 것이 필요하게 된다. 반면 노동시장이 분절되었다면 노동시장의 구조 자체를 개선하는 것이 필요하게 된다. 한편 노동시장 분절은 노동시장이 단지 경제적 과정에 의해서 운영되는 것이 아니며 사회적 요인들이 중요하게 개입된다는 것을 보여준다는 점에서도 사회학의 주요 연구대상이 된다.

(1) 통합노동시장론(경쟁노동시장론)

통합노동시장론에서는 노동시장이 완전히 경쟁적이어서 노동자의 숙련이나 기술을 제외하고는 노동력의 자유로운 매매를 제약하는 장애가 없다고 가정된다. 그러므로 노동자들은 자신의 기술이나 숙련에 따라 일자리를 자유롭게 이동할 수 있고 기업도 최소의 비용으로 가장 생산성이 높은 노동자를 고용하는 데에 어떠한 제약도 받지 않는다는 것이다.

통합노동시장 모형은 신고전파 이론이 가정하는 한계이론에서 찾을 수 있다. 물론 신고전파 이론은 노동시장에 대한 이론은 아니다. 신고전파 이론에서는 노동시장의 단일성을 단지 가정한다. 신고전파 이론에 의하면 기업은 주어진 임금수준에서 노동자의 한계생산력을 고려하여 고용량을 결정하며, 이러한 개별기업들의 고용규모가 사회전체적으로 합해져 전체 노동수요의 규모가 결정된다. 그리고 노동자는 효용극대화 논리에 입각하여 노동과 여가를 선택하며, 이러한 개별 노동자의 공급곡선이 사회 전체적으로 합해져 노동공급 규모가 결정된다. 이처럼 신고전파의 한계이론에서는 노동시장에 존재하는 제도는 문제가 되지 않는다.

신고전파 이론에 입각하여 노동자의 개인적 속성에 따른 임금의 차이를 설명하고자 한 대표적인 이론이 인적 자본 이론이다. 인적 자본 이론에서는 인간을 하나의 자본으로 보고 인간이 자신에 대해 투자를 함으로써 생산력을 증대시키면 그만큼 높은 소득을 얻을 것으로 보았다. 그리고 인적 자본에 대한 투자의 대상으로는 교육, 현장훈련(on-the-job training), 이주(migration), 건강, 정보를 들었다.

(2) 분절노동시장론

분절노동시장론들은 노동시장에 차별적인 구조가 있어서 같은 인적 자본을 가진 노동자도 동등한 대우를 받지 못한다는 사실의 인식에서 출발한다. 예를 들면 흑인은 같은 인적 자본을 가지고도 노동시장에서 백인에 비해 차별을 받는다는 것이다. 이런 사실에 근거하여 분절 노동시장론자들은 노동시장에서는 자유로운 노동이동을 제약하는 제도적인 장애물이 있다는 주장을 하게 되었다. 특히 미국에서 인적 자본 이론에 입각하여 저임금 노동자의 소득을 증가시키고 빈곤을 없애려는 목적에 의해 추진된 교육훈련 프로그램이 별다른 성과를 거두지 못했던 것이 분절노동시장 이론들이 등장한 중요한 배경이 되었다.

노동시장의 분절에 대한 인식은 이미 제도학파 노동경제학자인 커(Kerr) 등에 의해 제시되어 왔으나 분절노동시장에 대한 이론을 처음 체계적으로 제시한 것은 도린저(Doeringer)와 피오르(Piore)라고 할 수 있다. 도린저와 피오르는 노동시장을 1차노동시장과 2차노동시장으로 나누는 이중노동시장론을 제시한다. 1차노동시장의 노동자는 고임금, 높은 고용안정성, 승진의 기회를 가지는 데 비해 2차노동시장의 노동자들은 저임금, 높은 노동이동, 낮은 승진기회를 감수해야 한다. 그런데 1차노동시장과 2차노동시장은 서로 상당히 독립적이어서 임금이나 노동조건이 결정되는 방식이 다르며 서로간의 노동이동도 제한적이다. 따라서 2차노동시장의 노동자들은 인적 자본에 투자를 하여 생산성이 높더라도 1차노동시장으로 들어갈 수 있는 기회가 제한적이다.

1차노동시장의 특징은 대체로 내부노동시장이 발전되어 있다는 것이다. 도린저와 피오르에 의하면 내부노동시장이란 임금이나 노동력 배치가 외부의 노동시장과는 구분되는 특정 기업이나 직종내의 규칙에 의해 이루어지는 것을 말한다. 일단 내부노동시장에 들어온 노동자들은 개인의 생산성과는 비교적 독립적으로 내부노동시장의 규칙에 의해 임금을 받고 안정적인 고용을 보장받는다. 그리고 내부노동시장의 형성요인으로는 숙련의 특수성, 현장훈련, 관습이 제시된다. 특히 이들은 숙련의 특수성과 현장훈련 등 경제적인 요인을 중시하는데, 이러한 조건에서 내부노동시장이 형성되고 노동자의 고용안정성이 높아지는 것은 그것이 노동자와 사용자 모두에게 유리하기 때문이라고 말한다.

분절노동시장론 중에서는 분절화가 이루어지는 요인을 숙련의 성격과 같은 경제적인 측면보다는 노사간의 세력관계에서 찾는 입장도 있는데, 그 대표적인 것이 이른바 급진노동시장이론이다. 급진이론가들도 대기업에서의 내부노동시장 형성과 노동시장 분절화라는 현상이 현대 자본주의 노동시장의 보편적인 특징이라는 점에 대해서는 이중노동시장론자들과 의견을 같이 한다. 그런데 급진이론가들은 자본가들이 노동자의 저항에 직면하여 비록 경제적으로 불리하더라도 노동과정에 대한 통제를 확보하기 위해서 노동시장을 분절화시킨다고 본다.

급진이론의 대표적 이론가들은 에드워즈(Edwards)나 고든(Gordon) 등인데 이들은 주로 미국의 노동과정 변화에 대한 분석을 통하여 내부노동시장 발전의 역사적 과정을 분석하고 있다. 에드워즈는 미국의 노동통제 방식이 경쟁자본주의 단계의 전통적인 인격적 통제인 '단순통제'(simple control)에서 독점자본주의 단계의 '기술적 통제'(technical control)로, 그리고 '관제적 통제'(bureaucratic control)로 발전해 왔다고 말한다. 기술적 통제는 포디즘으로 대표되는데, 일단 작업과정에 대한 자본의 지배력을 강화시켰으나 탈숙련화로 노동자들이 동질화되었기 때문에 노동자들의 저항이 증대되고 노동조합이 성장하는 기반이 되었다. 이에 대한 대응으로서의 관제적 통제하에서는 동질적인 노동자층내에 위계를 설정하고 직무에 따라 임금을 차등화하며 하위직무에서 상위직무로의 승진제도를 도입하여 노동자들이 이질화되고 내부노동시장이 발전한다. 고든 등은 미국 노동자계급이 초기 프롤레타리아화 시기, 동질화 시기, 이질화 시기 등 세 시기를 거쳤다고 말한다. 동질화 시기는 독점자본주의하에서 기계화의 급속한 진전에 의해 구숙련 노동자가 탈숙련화되고 노동자계급의 동질화가 촉진되는 시기를 가리킨다. 이러한 노동자의 동질화는 1930년대에 나타난 노동자들의 격렬한 저항의 원인이 되었다. 이에 대해 핵심산업의 대기업들은 한편으로 노동조합을 인정하고 선임권제도, 내부승진제도를 도입하여 내부노동시장을 발전시켰다.[5] 그리고 이에 따라 노동시장은 1차시장과 2차시장으로 분절되었고, 1차시장은 다시 독립 1차시장과 종속 1차시장으로 분절되어 갔다.

노동시장분절론 중에는 노동자 집단이나 노동조합의 역할을 강조하는 이론도 있다. 루베리(Rubery)는 영국의 경험을 바탕으로 급진이론이 자본의

---

5) 고든 등에 의하면 사용자들은 그 대신 작업조직의 변경 등 현장 지배권을 확보했다.

지배에만 초점을 맞춘다고 비판한 뒤, 내부노동시장의 발전은 스스로의 이익을 지키려는 노동자들의 집합행동에 의해 형성된다고 말한다.

노동시장분절과 내부노동시장의 발전은 노동자계급의 사회적 성격에도 중요한 영향을 미칠 수 있다. 노동시장이 분절되면 어느 시장에 속하는가에 따라 노동자들의 노동조건이 달라지므로 이해관계의 동질성이 약화된다. 또한 기업 내부노동시장이 발전되면 노동자들의 기업귀속 의식이 강화될 수 있다.

한국 노동시장의 특징을 보면 1987년까지는 최소한 생산직 노동자에 국한하여 볼 때 기업규모나 직종에 따른 노동시장분절은 나타나지 않아 통합노동시장으로서의 특징을 가졌다. 그러나 1987년 이후에는 노동운동의 발전에 따라 핵심산업의 대기업과 중소기업간에 노동시장분절화 경향이 뚜렷하게 나타나고 있다.

5. 임금

(1)임금수준의 결정

임금은 노동력이라는 상품의 가격이다. 자본주의 사회에서 상품의 가격은 직접적으로는 그 상품에 대한 수요와 공급의 관계에 의해 결정되므로 임금도 양자의 관계에 의해 결정된다. 즉 노동에 대한 수요가 증가하여 공급을 초과하면 임금은 상승할 것이고, 반대로 공급이 증가하여 수요를 초과하면 임금은 하락할 것이다. 그런데 노동력 상품은 다른 상품과는 다른 특수성이 있다는 것이 전제되어야 한다. 그 가장 큰 특징은 노동력 상품은 저장을 할 수 없어서 낮은 임금으로라도 판매해야 하는 가능성이 크다는 것이다.

그런데 노동시장 조건이 유사하더라도 임금수준은 나라에 따라 다르다. 특히 선진국과 후진국간에는 임금에 커다란 차이가 난다. 그러면 한 나라의 임금수준을 결정하는 것은 무엇일까?

먼저 생존비를 들 수 있다. 노동자에게 임금은 생활을 유지하기 위한 자금이 되므로 사회적으로 생존비가 높다면 임금은 더 높을 것이다. 임금결정 기준으로서의 생존비는 노동수요에 비해 노동공급이 많은 상황에서 중요한 임금결정의 기준으로 작용한다. 왜냐하면 노동공급이 많은 상황에서 자본가는 임금수준을 가능한 한 낮추려 할 것이지만, 임금이 노동자의 육체적인 생존이 불가능한 정도보다 더 낮아서는 노동자들의 최소한의 건강이 유지되지 않고 따라서 노동력의 공급 자체가 계속될 수 없을 것이기 때문이다.

초기 자본주의 시대에는 노동공급이 거의 무제한적인 상황을 반영하여 임금이 노동자와 그 가족의 생존비 수준에 머문다는 이론이 많았다. 그 대표적인 것이 아담 스미스(A. Smith)나 맬더스(Malthus) 등의 임금철칙설이다. 맬더스는 자신의 인구론에 입각하여 임금이 생존비 이상으로 오르면 인구가 증가하여 노동공급이 증가하므로 다시 임금이 하락하고, 반대로 임금이 생존비 미만으로 하락하면 노동계급 인구가 감소하여 노동공급이 감소하므로 다시 임금이 생존비 수준으로 상승하게 된다고 말했다. 이 임금철칙설은 그후 실제로 임금이 생존비 이상으로 상승하고 특히 노동운동의 발전이 임금을 상승하게 하는 효과를 가져온다는 것을 설명하지 못하는 한계를 드러내었다. 그러나 저발전국과 같이 노동공급이 과잉인 나라에서는 실제로 임금이 겨우 생존비 수준에 머무는 것이 보통이다.

나아가 임금은 노동자와 가족의 생존비 이하로 하락할 수도 있다. 초기 자본주의 시대에는 임금이 노동자 가족의 생존비가 아닌 취업한 노동자 자신의 생존비 수준에 머물렀고 노동자계급 가구는 전체 가족구성원이 취업을 함으로써 생존을 영위할 수 있었다. 이러한 조건에서 성인남성 노동자의 임금을 가족의 생계비 수준으로 높여 '가족임금'을 받으려는 것이 초기 노동자들의 중요한 요구였다.

임금수준을 결정하는 또 하나의 중요한 기준은 노동생산성이다. 노동생산성이 직접 임금을 결정하는 것은 아니지만 노동생산성은 노동수요를 결정하는 중요한 변수가 되어 임금수준에 영향을 미친다. 한계이론에 의하면 개별기업은 주어진 임금수준에서 한계 노동자를 고용하는 비용이 그 노동자가 생산에 대해 기여하는 것과 같은 수준이 될 때까지 노동자를 고용하고자 한다. 이러한 개별 기업의 고용량은 사회전체적으로 노동수요를 결정하여 임금수준 결정에 영향을 미친다. 한편 다소 다른 측면에서 보자면 노동생산성이 높은 나라의 기업에서는 그렇지 않은 나라의 기업에 비해 높은 임금수준에서도 같은 규모의 고용을 하고자 할 것이므로, 균형상태에서의 임금수준이 높을 것이다.

임금수준에 영향을 미치는 세번째 요인은 노자관계이다. 동일한 노동시장 조건에서도 노동자들이 조직된 힘을 바탕으로 교섭과 투쟁을 한다면 임금수준은 상승할 수 있다. 이러한 요지의 주장을 하는 임금이론들을 세력설이라고 한다. 한국에서도 1987년 이후의 임금상승에는 노동시장의 변화와 아울러 노동운동의 발전이 중요한 요인으로 작용했다. 그런데 노동생산성의 변화가 없는 가운데 노동자의 임금이 상승하면 자본가의 이윤이 감소하거나 임금상승분이 제품가격에 전가되어 다른 계층의 실질소득이 감소할 것이다.

한편 임금수준은 여러 가지 사회정책에 의해서도 변동된다. 가장 중요한 제도는 최저임금제인데 이것은 임금의 하한선을 끌어올리는 역할을 한다. 그러나 최저임금제가 기업의 노동수요를 감소시키는 결과를 초래할 수도 있다. 반면 최근 우리나라에서 볼 수 있는 바와 같은 임금억제 정책이나 선진국의 소득정책은 임금수준의 상승을 억제할 것이다.

(2) 임금체계

전반적인 임금수준과 함께 또 한 가지 중요한 관심의 대상이 되는 것은 임금체계이다. 임금체계란 노동자 개개인에게 지급되는 임금이 어떠한 기준에 의해 지급되는가를 말하는 것이라고 할 수 있다. 기업이 노동자에게 임금을 지급하는 경우 노동자 개개인의 실적이나 능력에 따라 지급할 수도 있고 근속기간이 오랜 고참 노동자에게 높은 임금을 지급할 수도 있다. 임금이 노동자 개인의 실적에 따라 차등지급되는 경우 노동자들은 임금을 많이 받으려면 높은 실적을 올려야 하므로 노동강도가 강화될 것이다. 따라서 임금체계는 노무관리 수단의 하나이기도 하다. 서구의 생산직 노동자들에게 적용되어 온 대표적인 임금체계인 개수임금(piecerate)은 임금과 노동능률을 연결시키려 했던 대표적인 시도이다.[6] 그런데 노동자들의 입장에서 보면 실적에 따른 임금지급은 노동자들간의 경쟁을 강화할 가능성이 있으므로, 대체로 노동조합은 이에 반대하고 임금의 평준화와 연공에 따른 임금상승을 요구한다. 그러므로 임금체계는 노사간의 역관계의 산물이라는 성격을 가지기도 한다.

임금체계는 여러 가지 방식으로 나눌 수 있는데 기본적으로는 업무급과 속인급 및 양자의 혼합적 성격을 가지는 종합급으로 나눌 수 있다. 업무급이란 노동자의 직무의 내용에 따라 지급되는 임금이며 속인급은 노동자의 연령, 근속기간, 학력 등 노동자의 속성에 따라 지급되는 임금이다.

속인급에서 가장 대표적인 것은 연공급이다. 연공급은 기업내에서 노동자의 근속기간이 상승하는 것에 따라 임금이 증가하는 임금체계를 말한다. 임금체계가 업무급인 경우에도 대체로 노동자의 근속기간이 증가하면 기능도 상승하므로 일정한 연령까지는 근속기간이 증가함에 따라 임금이 상승하는 추세가 나타난다. 그러므로 본래적인 의미에서의 연공급은 노동자의 기능상승 여부에 관계없이 근속기간에 따라 임금이 상승하는 임금체계를 가리킨다고 할 수 있다. 정기승급제도는 연공급의 특징적인 측면이다. 흔히 연공급의 전형은 1973년 이전 고도성장기의 일본 임금체계에서 찾아진다. 그러나 정확히 말하면 이 시기 일본의 임금체계는 연공적 요소와 업무적 요소가 함께 고려되는 종합급이었다.

업무급 중 직무급은 노동자의 직무를 평가하여 그에 따라 임금을 지급하는 체계이다. 서구의 경우 생산직 노동자의 임금체계가 직무급적인 성격을 가지는 것이 보통인데 특히 사회적으로 직무에 따른 표준임금률이 적용되는 경우가 많다. 이러한 조건에서 베이스업[7]과 별도로 노동자의 임금이 오르기 위해서는 직무승진을 해야 한다.

직능급은 노동자의 직무 자체가 아니라 직무능력을 평가하여 임금을 지

---

6) 이러한 임금제도는 테일러주의의 매우 중요한 구성부분이다. 그러나 메이요(Mayo) 등 인간관계론자들의 연구에 의하면 노동자들은 개수임금제도에도 불구하고 생산량을 최대한까지 증가시키지 않고 스스로 매일매일의 작업량을 규제하고 있었다.

7) 모든 노동자들에게 평균적으로 적용되는 임금인상분을 말한다.

급하는 제도이다. 직능급은 업무급이라는 점에서는 직무급과 마찬가지이지만 두 가지 중요한 차이점이 있다. 먼저 직능급에서는 노동자의 직무가 변하지 않아도 교육훈련 등을 통해 직능등급은 상승할 수 있으므로 능력개발에 따른 기업내에서의 임금상승 가능성이 상대적으로 크다. 다음 직무급에서는 노동자의 직무가 변화하면 임금률이 변하므로 노동자가 배치전환에 강하게 저항하는 반면, 직능급에서는 임금과 직무의 관계가 간접적이므로 기업내에서의 배치전환이 용이하고 따라서 고용의 유연성을 높일 수 있다. 반면 직능등급의 평가가 사용자의 인사평가에 크게 의존하는 것이 일반적이어서 노동자들간의 경쟁을 강화하고 노동조합으로의 단결을 약화시킬 가능성이 있다.

한국의 임금체계는 1987년까지는 대체로 종합급이었다. 기업이 개개인의 임금을 결정할 때에는 그의 나이, 근속기간, 기능, 실적 등을 종합적으로 고려하였다. 종합급이기 때문에 임금체계는 연공급적인 성격도 부분적으로 가지고 있었으나, 사무관리직의 경우는 나이가 들어도 임금이 계속 증가하는 반면 생산직은 30세 중반이 되면 임금상승이 중단되어 임금체계의 연공성이 아주 강한 것은 아니었다. 1987년 이후에는 노동조합의 요구로 임금은 정률 또는 정액으로 인상되는 것이 일반적이어서 임금체계의 업무급적인 성격은 약화되고 대신 정기승급제의 확대 등으로 연공급적인 성격이 강화되었다. 이에 대해 사용자 단체에서는 직능급의 도입을 추진하고자 하고 있으나 직능급의 도입이 노동운동을 약화시키는 수단으로 이용될 것을 우려하는 노동조합의 반대로 직능급 도입은 본격화되지 못하고 있다.

VI장의 핵심단어

노동생산성, 특별잉여가치, 대체효과, 종획운동, 잠재실업, 상대적 과잉인구, 수요부족 실업, 구조적 실업, 인적 자본이론, 이중노동시장론, 내부노동시장, 기술적 통제, 관료제적 통제, 생존비, 속인급, 업무급, 직능급.

참고문헌

김형기, 『한국의 독점자본과 임노동』, 까치, 1988.
배무기, 『노동경제학』, 경문사, 1989.
송호근, 『한국의 노동정치와 시장』, 나남, 1991.
윤진호, 「한국의 불완전취업층에 관한 연구」, 서울대 경제학과 박사학위논문, 1990.
이각범 엮음, 『현대자본주의와 노동시장』, 한울, 1989.
이효수, 『노동시장구조론』, 법문사, 1984.
Marx, K., 김수행 옮김, 『자본론 1』, 비봉출판사, 1989.
Schneider, H. et. al., 한정숙 옮김, 『노동의 역사』, 한길사, 1982.

Ⅶ. 자본주의의 성별분업과 여성노동

1. 성별분업과 여성노동

자본 임노동관계의 분석은 일반적으로 성별 구분없이 노동자를 단일범주로서 설정하며 여성노동은 남성노동의 부차적인 것으로 취급하든지 혹은 아예 논의의 관심 밖으로 배제하는 경향을 보이고 있다. 그러나 임노동자로서 여성 노동자의 위치와 의미를 정확히 이해하지 않고서는 자본주의적 생산과 재생산의 문제를 총체적으로 분석할 수 없다. 자본주의 초기부터 여성노동은 전체노동자의 적어도 3분의 1 이상의 비중은 차지하여 왔으나 남성노동자와는 다른 존재로 취급되어 왔다. 남녀노동자는 동일한 조건의 경쟁상태에 있지 않았으며 자본은 항상 남녀노동을 분리시켜 상이한 위치로 포섭하여 최대 이윤을 확보하고자 하였다. 남녀노동을 분리시키고 차별하는 그러한 자본의 전략은 여성노동자만의 문제가 아니라 전체 노동자의 임금을 낮추고 노동자계급의 재생산에 영향을 미치는 전체노동계급의 문제인 것이다.

자본주의 사회의 생산노동에서 여성이 차지하는 위치는 전자본주의 사회에서와는 근본적으로 다른 의미를 갖는다. 전자본주의 사회에서는 생산과 소비 또는 생산과 재생산이 가정과 특별히 분리되지 않는 동일한 영역에서 이루어졌다. 성별분업이 행해졌지만 생산노동과 재생산노동이 엄격히 분리되지 않은 체계내에서 여성이 생산노동으로부터 구조적으로 격리되지는 않았다. 그러나 자본주의 사회의 생산노동은 가정으로부터 분리되어 밖에서 사회적으로 수행하게 되므로서 생산은 남성, 소비는 여성이라는 성별 역할

분리 체계를 구조적으로 형성하게 된다. 남성은 사회적 생산노동을 담당하며 여성은 가정에서 소비 또는 재생산노동을 담당하게 된다.

그러나 그러한 성별 역할분리 체계의 실상은 자본주의 사회의 실재적 구도라기보다는 가부장제 이데올로기로서 자본의 이익에 이용되는 기능을 하는 것이다. 자본주의의 역사적 발전과정의 초기부터 어떠한 자본주의 사회에서도 여성은 생산으로부터 완전히 배제되어 소비나 재생산노동만을 담당하는 존재로 남아 있지는 않았다. 자본은 언제나 생산노동에 여성을 부분적으로 끌어들여 자본의 이윤추구에 적극적으로 활용하여 왔다. 그러나 자본주의 사회의 노동력의 위계구조에는 항상 성이라는 변수가 개입되므로서 남녀노동자는 분리되어 여성은 일반적으로 남성의 아래에 위치하여 왔다. 자본은 남녀노동을 분리시키고 여성노동을 남성노동보다 낮게 평가하여 차별하므로서 이윤을 취하게 된다.

여성은 생산노동을 하지 않는 가사노동 전담자이며, 가계의 책임자가 아닌 단지 보조자일 뿐이며, 여성노동은 남성노동에 보조적이며 부차적인 역할을 수행하고, 여성노동은 생산성이 낮다는 성차별적인 가부장제 이데올로기는 자본제 사회에 보편화되어 있다. 자본은 가부장제 이데올로기를, 여성노동을 자본의 이해에 따라 포섭하고 배제하는 기재로써, 여성노동을 평가절하시키고, 여성노동의 가치를 낮추고 저임금을 정당화하는 데 활용하는 것이다. 자본은 여성노동을 끌어들이나 차별하여 여성을 저임금으로 활용하고 착취하며 남성노동자의 임금도 낮추어 전체 노동자의 임금을 저하시키는 데 이용한다.

따라서 여성은 자본주의 사회의 노동의 3영역인 노동시장, 노동과정, 노동력재생산의 각 영역에서 남성과 동등한 조건으로 존재하지 않으며 동일한 평가기준이 적용되지 못한다. 그리고 자본은 노동자계급의 노동력재생산에 여성의 가사노동을 무보수로 이용함으로써 이익을 보며, 여성을 고용하는 경우 여성의 가사노동 대체비용을 지급하지 않음으로써 노동력재생산 비용을 최소화하여 최대의 이윤을 추구하게 된다.

그러면 자본은 남녀차별을 통하여 어떻게 이익을 취하게 되는가? 첫째, 자본은 여성노동력을 산업예비군으로 활용하여 이익을 본다. 여성을 광범위한 노동력의 풀로 남겨두고 자본의 필요에 따라 흡수하고 배제하며 언제나 차별적으로 포섭해 간다. 둘째, 자본은 여성노동력에 대해 실제 가치보다 낮은 임금을 주어 이득을 취한다. 여성과 남성을 노동시장과 노동과정에서 분리하고 배치하고 여러 형태의 가부장제 이데올로기를 적용시켜 차별하여 저임금을 지급한다. 셋째, 여성의 임금을 낮춤으로써 남성의 임금도 하향 조정하는 효과를 가져오게 하고, 남성의 임금이 높아지면 여성으로 대체함으로써 노동자계급 전체에 불이익을 주게 된다. 넷째, 노동력재생산에서 여성의 가사노동을 무보수로 이용하고 노동력재생산 비용을 최소화시켜 이득을 취한다. 다섯째, 분할지배전략으로 남성과 여성을 분리시켜 경쟁시킴으로서 남녀노동자의 단결을 약화시킨다.

그러면 자본주의 사회의 노동시장, 노동과정, 노동력재생산의 각 영역에서 여성이 어떻게 위치지워짐으로써 자본은 여성노동을 통해 이익을 보게 되는가 살펴보자. 그리고 구체적으로 한국의 자본주의화의 과정에서 각 영역별로 여성노동에 대한 성차별의 실태는 어떠한가 살펴보기로 하자.

2. 노동시장과 여성

자본주의의 노동시장에서 여성노동자는 남성노동자와 동일한 상황에서 경쟁하지 못하며 동등한 평가를 받지 못한다. 여성은 노동시장의 진입에서부터 제한되고 선택적으로 편입되며 노동시장의 진입 이후에도 직업선택, 임금, 승진에서 차별을 받는다. 노동시장에서 여성들은 수평적, 수직적으로 차별을 경험하게 되어 여성직종이라 여겨지는 특정 직종에 한해서 그리고 주로 저임금 직종에 한정적으로 기회를 갖게 된다 . 노동시장에서의 이러한 성차별은 남녀노동자간의 문제로 현상화되지만 궁극적으로는 자본의 이윤극대화를 위한 목적과 관계되는 것이다. 따라서 노동시장에서의 성차별에 의한 노동시장 분절은 여성만의 문제가 아니라 전체적으로 자본은 노동을 어떤 방식으로 선택적으로 흡수하고 배제하며 또 차등화시켜 이익을 취하게 되는가를 분석하기 위한 것이다. 그러면 왜 노동시장에서 여성과 남성은 차별화되며 여성노동자는 노동시장의 낮은 위계를 차지하게 되는가에 대해 상이한 관점에서 설명하고 있는 각 이론들을 살펴보자.

(1)노동시장분절과 여성노동 이론

1) 인적 자본론

인적 자본론은 여성은 남성에 비해 인적 자본 축적 정도가 적기 때문에 노동시장에서 저임금직종에 치우친다고 설명한다. 여성과 남성은 동일한 조건으로 완전경쟁시장에 참가하며 남녀 노동력의 질적 차이가 임금의 차이로 반영된다고 보는 것이다. 남녀간에는 교육이나 훈련 등 인적 자본 투자량에서 차이가 생기고 이것이 생산성의 차이를 야기시켜 임금격차가 발생하게 된다고 한다. 즉 여성은 자신이 평생 동안 노동시장에 참여하는 기간이 적다고 생각하기 때문에 인적 자본 투자량이 적고 결혼 등의 이유로 노동시장에서 떠나게 될 때 새로운 투자를 하지 않게 된다. 또한 여성은 결혼에 따른 가사나 자녀양육 부담으로 고용이 단절되며 그 동안에 그들의 기술이 저하하게 된다는 것이다.

이 이론은 남녀간의 임금격차는 구조적 차별의 결과로서 발생하는 것이 아니라 여성들 개인의 문제로 전가되는 것이며 여성 자신의 경제적으로 동기지워진 자발적 선택의 결과로 보는 것이다. 이 이론은 여성이 남성에 비해 교육이나 기술습득을 할 수 있는 사회적 조건이 근본적으로 제약되어 있는 구조적 요인에 대해서는 고려하지 않고 있다. 또한 교육이나 기술수준이 동일한 남녀간에 발생하는 노동시장 분절이나 임금격차에 대해서는 설명하는 데 한계를 지니고 있다.

2) 노동시장 분절론

노동시장 분절론은 노동시장은 완전한 경쟁이 이루어지는 곳이 아니며 구조적 변수에 의해 몇 개의 부문으로 분절되어 있고 성별분절 상태를 나타낸다고 본다. 먼저 내부노동시장과 외부노동시장이 단절되어 있으며 또한 1차노동시장과 2차노동시장으로 분절되어 있어 각각의 노동시장에 여성은 남성과 다른 형태로 편입된다. 여성은 내부노동 시장에 들어올 때부터 남성과 다른 조건으로 편입되며, 특정한 여성적 직종에 편중되어 기회가 주어지며, 직무배치, 승진, 훈련 등에 있어서 차별을 받고 있다. 또한 여성은 고용안정성이 보장되고 상대적으로 임금이 높으며 보다 나은 노동조건을 지닌 1차노동시장에 속하기보다 불안정한 고용관계, 저임금, 열악한 노동조건으로 특징지어진 2차노동시장에 속하게 된다.

바론과 노리스(R. D. Barron and G. M. Noris)는 이중노동시장 이론을 여성의 직업적 위치 분석에 적용하여 여성노동력이 전체적으로 이차노동시장 개념으로 규정될 수 있다고 하였다. 여성의 임금은 남성보다 낮으며, 남성과 여성노동자 사이에는 고도의 직업분할이 존재하고 , 여성은 남성보다 해고될 가능성이 커서 직업 불안정성이 더 높다. 남성은 여성보다 상향이동 가능성이 더 많으며, 여성에게는 승진의 기회가 제한되어 있는 대신 수평적으로 이동하는 경향이 있다고 주장한다. 이런 식으로 여성노동자는 2차부문 노동자의 모든 기준에 맞아 떨어진다고 주장한다.

그리고 여성들이 2차노동시장의 직업에 국한되는 것은 여성들이 2차부문 노동자가 지니는 다섯 가지 주요 속성을 지녔기 때문이라고 한다. 즉 (1) 자의건 타의건 일자리를 그만 두기 쉽다. (2)일정한 관습적 사회적 차이에서 1차부문 노동자와 뚜렷이 구별된다. (3) 적절한 직업훈련과 경험을 획득하려는 성향이 상대적으로 낮고, (4) 경제문제에 그다지 민감하지 않아 경제적 보상을 높이 평가하지 않으며, (5) 동료노동자와 연대를 발전시킬 가능성이 상대적으로 적다는 속성을 모두 지니기 때문이라고 한다.

이 이론의 장점은 여성이 고용된 곳은 특정 직종과 미숙련·반숙련직이며, 대부분 직업 안정성이 거의 제공되지 않고 임금 수준이 낮다는 사실을 강조하고 있는 점이다. 그러나 여성들이 그런 속성들을 소유한다는 착상은 진부한 가정으로부터 추론한 것이며 특정 직종에 편중되어 저임금을 받는 노동자가 왜 남성이 아니라 여성인가, 그리고 이러한 현상이 어떻게 해서 지속적일 수 있는 가에 대해서는 설명하지 않고 있다.

3) 맑스주의적 관점

여성노동의 차별에 대한 맑스주의적 관점은 자본 자체에 내재하는 이윤추구의 속성에 의한 것으로 설명한다. 자본은 사회적 관행은 물론 노동력 자체가 지니고 있는 자연적 속성인 성, 연령, 인종 등도 이윤추구를 위한 수단으로 활용한다. 맑스주의이론에서 노동시장에서의 여성차별을 설명하는 유용한 것으로 상대적 과잉인구 혹은 산업예비군과 분할지배 전략개념이 적용되고 있다. 여성노동력은 유동적 과잉인, 잠재적 과잉인구, 정체적 과잉인구의 세 유형의 산업예비군의 주요한 위치를 점하고 있다. 산업예비군은 자본축적에 따라 노동력을 유인하고 밀어내며, 경기의 호황과 불황에 따라 노동력의 흡수가 달라지며, 상대적 과잉인구의 압력에 의해 임금수준을 저하시키는 기능을 하게 되는데 여성노동력이 바로 그러한 성격을 지닌다는 것이다. 여성을 가정이라는 영역에 묶어놓고 자본의 필요에 따라 흡수했다 배제했다 하며 자본축적의 지렛대이자 필연적 산물인 산업예비군으로 이용하는 것이다. 여성은 전쟁시기나 경기변동에 따라 쉽게 고용되거나 축출되면서 자본의 필요에 따라 이용된다. 그리고 여성은 해고당한 흔적도 없이 다시 가족 안으로 사라져 갈 수 있으며 실업통계에도 나타나지 않게 된다.

분할지배 전략 개념은 자본의 이윤추구 목적은 인간이 지닌 자연적 속성인 성을 이용하여 남성노동과 여성노동을 분할하고 차별하여 이득을 취함을 설명한다. 자본은 가부장제 이데올로기를 이용하여 여성적 신화나 허위의식을 조장 강조하여 여성노동을 남성노동과 분리시키고, 낮게 평가하여 저임금을 지급하는 것을 합리화하여 이득을 본다. 여성은 가정적 존재이며 가족 생계의 일차적 담당자가 아니며, 가사노동과 관련된 여성적인 일에 적합하며, 섬세하고 유연한 노동에 적합하며, 남성에 비해 낮은 가치를 생산한다는 가부장제 이데올로기를 적용하여 여성노동자에게 노동력가치 이하로 임금을 지불하는 것이다.

(2) 한국노동시장의 성별 분절상태

한국 노동시장의 구조적 분절요인은 일반적으로 성,학력, 기업규모에 의한 것으로 지적되고 있다. 그러한 분절요인 가운데 성별분절 현상은 가장 광범위하고 분명히 구분되며 상호간의 이동도 거의 일어나지 않고 뚜렷이 격리된 것으로 나타난다. 소위 여성직이라 불리는 직업과 남성직이라 불리우는 직업이 명확히 구분되어 있으며 전체적으로 여성은 임금 피라미드의 아래층을 광범위하게 점하고 있다. 그리고 동일한 상품을 생산하는 동일노동에 종사하는 경우에도 여성은 남성에 비해 상대적으로 저임금을 받고 있다. 다음에서 구체적으로 한국의 노동시장에서 성별 분절현상을 살펴보자.

1) 노동시장 진입에의 차별

1960년대 이래 한국의 빠른 경제성장은 저임금 여성노동자의 희생의 대가 위에 이루졌다고 해도 과언이 아닐 만큼 '산업의 역군'으로서 여성들의 역할은 큰 비중을 차지하였다. 한국의 외자의존적 수출지향 산업화는 저임금, 미숙련, 미혼여성들의 노동력을 주로 활용해 왔음은 주지의 사실이다. 60년대 이후 자본주의화 과정에서 여성의 사회적 노동에의 참여비율이 크게 증가하여 1990년에는 15세 이상 여자인구 중 거의 절반에 가까운 47.0%가 경제활동에 참가하고 있다.

이처럼 여성은 가정에만 머무르는 존재가 아님에도 불구하고 아직도 우리사회는 여성은 가정에서 가사노동, 남성은 사회에서 생산노동이라고 하는 이분법적 역할분리 구도의 가부장제 이데올로기로 강하게 지니고 있다. 한편에서는 여성노동을 생산노동에 끌어들여 이용하면서 다른 한편에서는 그러한 역할분리체계의 근본적 구도는 관철시키고 있는 것이다. 여성은 가부장제 이데올로기에 의해 노동시장에서 배제되고 노동시장에 진입하는데 제한과 장벽요소를 갖게 된다. 자본주의는 처음부터 여성노동을 이용하지만 자본축적에 의해 자본에 필요한 노동력의 양이 증대되어 남성노동만으로 부족하게 되면 여성노동에 대한 수요를 증가시켜가게 된다. 따라서 선진자본주의 국가에서도 여성의 사회적 노동에의 참여가 지속적으로 증가해 여성의 경제활동 참가율이 1988년 미국 64.0%, 영국 59.8%, 스웨덴 78.0% 이다.

자본주의 국가의 이러한 일반적 경향과 함께 우리사회의 노동집약적 산

<표 1> 남녀별 경제활동인구(1960~1990) (단위: 천명, %)

	1960		1970		1980		1985		1990	
	여자	남자	여자	남자	여자	남자	여자	남자	여자	남자
14세이상인구	7,571	7,251	9,630	9,313	12,945	11,903	14,258	13,295	15,897※	14,903※
경제활동인구	2,064	5,551	3,621	6,752	4,973	8,622	5,975	9,617	7,474	11,013
경제활동참가율	28.4	76.7	37.6	72.5	38.4	72.4	41.9	72.3	47.0	73.9
경제활동인구 내의 여성비율	27.1		34.9		36.6		38.3		40.4	

자료: 경제기획원, 『인구 및 주택 센서스 보고서』, 각 연도.
※ 1990년 자료는 15세 이상 인구. 경제기획원, 『경제활동인구연보』, 1990.

업화 과정은 여성노동을 자본에 빠른 속도로 포섭해 가 여성의 경제 활동 참가율은 더욱 급격히 증가하였다. 남녀의 경제활동 참가율을 1960년과 1990년을 비교해 보면 남성은 76.7%에서 73.%로 오히려 줄어들었지만 여성은 28.4%에서 47.0%로 크게 증가하였다. 경제활동 인구내에서 여성이 차지하는 비율도 27.1%에서 40.4%로 늘어났다.

여성의 사회적 노동에의 참여가 증가하였지만 여전히 여성의 절반 이상은 사회적 노동에서 배제되어 여성의 55.0%(1988년)는 비경제활동 인구로 남아있다. 그중 39.6%는 가사인구로 분류된다. 우리사회의 여성에 대한 차별과 가부장제 이데올로기는 여성이 사회적 노동에 참여하는 것에 적극적 가치를 부여하지 않고 직업을 찾는 데 소극적으로 만든다. 그리고 여성들에게는 주로 여성적인 특정 직종 또는 저임금 직종에만 취업의 문이 열려 있다. 가사노동의 가치에 상응하는 '시장보상임금' 이상의 '시장임금'을 받을 만한 직장이 많지 않아 여성은 실망실업자나 실업화되고 비경제활동 인구화되고 있는 것이다. 이와같이 비경제활동 인구화되도록 강요되고 있는 여성노동력은 광범위한 산업예비군의 풀로 기능하면서 자본의 필요에 따라 흡수되고 배제되면서 저임금노동력으로 활용되는 것이다.

2)노동시장내의 성별 분절

노동시장에서 여성은 남성과 자유로운 경쟁은 통해 직업을 갖는 것이 아니다. 노동시장에서 특정한 직종은 여성직업 또는 남성직업으로 분리되어 있으며 남녀는 성별로 분절된 노동시장 안으로 충원된다. 노동시장내의 성별 분절현상은 수직적, 수평적 분절 형태를 나타낸다. 수평적 분절은 특정 직업은 여성직업으로 분류되어 여성만을 충원하며 남성직업으로 인식된 직업은 여성을 충원에서 제외하거나 여성이 그 직업으로 진입하기가 매우 어려운 현상을 일컫는다. 수직적 분절은 여성은 사회적 위신이 높은 직업에 취업하기가 용이하지 않으며, 승진, 승급에 있어서도 기회가 주어지지 않거나 제한됨으로써 노동력 위계구조의 높은 위치에는 여성의 비율이 극히 적은 것을 의미한다.

여성의 취업이 용이한 직업은 주로 가사의 연장으로 파악되는 일, 보조적인 역할을 하는 일, 기술을 요하지 않으며 책임과 권위가 따르지 않는 일이다. 노동시장의 성별 분절은 사회문화적 관습의 반영인 가부장제 이데올로기에 의해 특정 직업을 여성적으로 취급하거나 여성의 사회적 노동을 가사노동의 연장선상에서 규정하는 데서 연유한다. 이것은 자본의 노동분할 지배전략과 가부장제 이데올로기가 결합하여 남녀노동을 분리시켜 놓고 여성적인 일에 대한 평가를 낮춰 낮은 보수를 줌으로써 자본이 이득을 꾀하고자 함이다.

<표 2> 여성 취업인구의 직업별 분포(1960~1990)

	1960	1970	1980	1990
전문기술 · 행정관리직	2.3%	2.2%	3.6%	7.7%
사무직	0.5	2.8	8.6	12.8
판매직	9.6	9.6	11.6	16.9
서비스직	9.8	10.8	9.9	16.7
농림수산직	69.6	59.7	46.4	20.3
생산직	6.9	14.7	19.9	25.6

자료: 〈표 1〉과 동일.

위표에 의하면 여성취업자중 생산직에 종사하는 사람이 가장 큰 비율로 증가했을 뿐 아니라 구성비에 있어서도 가장 많은 수를 차지하고 있다. 그 다음이 농림수산직이 많으며 전문기술·행정관리직이 가장 적은 수를 나타내고 있다. 이러한 여성노동력 분포 현상을 선진국과 비교하면 미국은 농림어업 1.1%, 생산직 11.6%, 전문기술·행정관리직 26.5%이며, 스웨덴은 농림어업2.1%, 생산직 11.3%, 전문기술·행정관리직 40.5%이다(1988,ILO). 이와 같이 선진국과 비교해 보면 우리나라는 특히 사회적 위신이 높은 전문,행정직에는 여성 증가율이 극히 적고, 사회적 보수나 위신이 낮은 생산직과 농림업에 여성노동력이 주로 흡수되었음을 보여주고 있다.

<표 3> 직업별 취업인구의 성별 구성비

	전문기술	행정	사무	판매	서비스	농업	생산
1960 남	82.2%	81.3%	96.2%	66.3%	53.3%	69.5%	80.2%
여	17.7	18.7	3.8	33.7	46.7	30.5	19.8
1988 남	61.8%	96.5%	62.5%	54.0%	39.3%	55.2%	68.9%
여	38.3	3.5	37.5	46.0	60.7	44.8	31.1

자료: 경제기획원, 「인구 및 주택 센서스 보고」, 1960.
경제기획원, 「경제활동인구연보」, 1988.

이러한 직업별 분포를 남성과의 상대적 비율로 살펴보면 서비스직의 비율만 여성이 남성보다 높아 상대적으로 서비스직에 여성이 집중되어 있음을 보여준다. 사무직은 상대적 비율이 크게 증가하여 사무직이 여성적 직업으로 되어가는 경향을 나타내고 있다. 행정직은 오히려 비율이 낮아지고 차지하는 수도 아주 적어 남성적 직업임을 보여주고 있다(<표 4> 참조).

직업별 대분류를 다시 소분류로 나누어 여성이 70%를 넘는 직업을 여성직, 여성이 10% 미만인 직업을 남성직, 여성이 10% 이상 70% 이하인 직업을 혼성직이라고 명명하고 그 구성을 살펴보면, 전직종 191종 가운데 남성직이 106종이며 여성직은 33종이다. 행정관리직에 속하는 직업은 거의 남

<표 4> 남성직, 혼성직, 여성직의 특성비교(1986년)

	전직종	남성직 (여성10%미만)	혼성직 (여성10%이상 70%이하)	여성직 (여성70%초과)
Y	326,355원	386,395원	282,848원	213,402원
E	2.9	3.0	2.9	2.8
X	3.2	3.5	3.1	2.7
W	28.0%	1.8%	37.7%	87.5%
H	191	189	193	193
N	191	106	80	33

주: Y : 월평균 임금.
E : 평균교육수준—국졸이하 1, 중졸 2, 고졸 3, 초대졸 4, 대졸이상 5.
X : 평균경력년수—1년미만 1, 1-2년 2, 3-4년 3, 5-9년 4, 10년이상 5.
W : 여성비 %.
H : 월평균 노동시간수.
N : 직종수.
자료: 장지연, 「한국사회 직업의 성별 분절화와 경제적 불평등」, p.30.

성직이며, 사무직에서는 타자원, 전화·전신조작원, 경리출납원, 문서정리원 등의 하위사무직은 여성의 비율이 압도적으로 높으며 사무감독직만 유일하게 남성직에 속한다. 판매직에는 판매점원은 여성이 많으며, 전문기술직에도 간호원이나 특수교육 교원에 여성이 다수를 점하고 서비스직의 경우 조리사, 가정부, 청소원 등에는 여성이 많으며 서비스 감독직은 남성이 많다. 생산직에서는 섬유, 봉제, 식품, 전자, 전기조립의 분야에 제한하여 여성이 진출하고 있다.

다음 표에 의하면 제조업내에서도 남성은 비생산직에 취업하며 그 비율이 점차 크게 증가해 가고 있지만 여성은 주로 생산직에만 종사하며 비생산직에서는 거의 증가하지 않고 있음을 보여준다. 제조업 전체에 42.1%(1988년)를 여성이 점하고 있지만 여성은 생산직에 주로 종사하며, 비생산직 노동자인 사무직, 전문기술직은 남성이 차지하고 있음을 나타내준다.

<표 5> 제조업의 직종별 성별 노동자 구성

	생산직 남	생산직 여	사무직 남	사무직 여
1975	40.2%	44.4%	12.2%	3.3%
1980	38.0	41.4	16.1	4.6
1985	39.6	36.0	18.5	5.8
1989	40.2	32.6	20.6	6.6

자료: 노동부, 「매월노동통계조사보고서」, p.355.

3) 성별 분절과 임금격차

성별 임금격차는 1987년 이후 약간 감소추세를 나타내지만 여전히 크게 나타나 1989년 전체적으로 여성은 남성의 54.1% 수준이다. 이러한 격차는 미국 68.2%, 스웨덴 89.9%, 프랑스 87.4%로 선진국에 비해 볼 때 현저히 큰 것이며, 필리핀 61.3% 태국 70.9%로 우리보다 후진국인 나라들에 비해 봐도 우리나라의 성별 임금격차는 크게 나타나고 있다. <표 6>은 전국 10인 이상 사업체 남녀근로자의 임금계층을 나타낸 것이다. 이 표에 의하면 임금계층별 분포에서 여성근로자는 대부분이 저임금 계층에 몰려 있음을 보여준다. 1989년 5월을 기준으로 하여 한국노총이 발표한 최저생계비는 남자 단신의 경우 335,197원이며, 여자 단신은 331,054원이다. 이 기준에 비추어 볼 때 10인 이상 기업체 남자 취업자의 약 20%가, 여자는 약 70%가 남녀 단신 노동자 최저생계비에 미달하는 저임금을 받고 있다(<표 6> 참고).

앞의 <표 4>에 의하면 여성직의 월평균 급여액은 213,402원, 남성직은 386,395원으로 커다란 격차를 보이고 있다(1986년). 성별 임금격차를 생산직과 사무직을 중심으로 학력과 경력을 통제하여 비교해 보면 동일한 학력과 경력을 갖고 있음에도 불구하고 여성의 임금이 크게 낮게 나타난다.

성별임금 격차를 학력을 통제하여 보면 사무직 여성의 79.7%를 차지하고 있는 고졸에서 여자는 남자의 55.4%, 생산직여성의 76.7%를 차지하고 있는 중졸 이하에서 여자는 남자의 53.4%로 성별 임금격차가 가장 두드러지게 나타난다. 학력별 임금격차는 대졸 이상과 그 이하에서 가장 큰 폭의 차이

<표 6> 임금계층별 남녀 근로자의 분포(1989)

임금계층	총수		남		여	
	구성비	누적구성비	구성비	누적구성비	구성비	누적구성비
10만원 미만	0.1%	0.1%	0.0%	0.0%	0.1%	0.1%
100.0-199.9	5.3	5.4	0.8	2.0	12.1	12.2
200.0-299.9	19.2	24.6	9.3	11.3	39.2	51.4
300.0-399.9	19.9	44.5	15.7	27.0	28.1	79.5
400.0-499.9	14.7	59.2	16.6	43.6	10.9	90.5
500.0-599.9	11.3	70.5	14.7	58.3	4.7	95.2
600.0-699.9	8.9	79.4	12.2	70.4	2.3	97.4
700.0-799.9	6.0	85.5	8.5	78.9	1.1	98.6
800.0-899.9	3.9	89.4	5.7	84.6	0.5	99.1
900.0-999.9	2.7	92.1	3.9	88.5	0.3	99.3
100만원 이상	7.9	100.0	11.5	100.0	0.7	100.0
총 수	100.0	100.0	100.0	100.0	100.0	100.0

자료: 노동부, 「직종별 임금 실태조사 보고서」, 1989.

를 나타내며, 노동시장에서의 성별 임금격차는 전학력에 걸쳐 광범위하게 나타나며 더욱 분명한 분절현상을 보이고 있다. 그러한 성별 임금격차를 정당화하는 데 자주 남녀간의 경력차이에서 오는 것이라고 설명한다. 그러나 경력을 통제하여도 성별임금 격차는 크게 줄어지지 않는다. 사무직의 경우 10년 이상의 경력에서 여자는 남자의 54.1%로 오히려 경력이 많을수록 격차가 더 커지고 있음을 볼 수 있다.

3. 노동과정과 여성

성에 의해 수직적, 수평적으로 분절된 노동시장에서 차별을 경험하게 되는 여성노동자는 다시 노동과정에서 이중적 차별을 겪게 된다. 노동과정에서의 성차별은 노동시장에서 요구되는 여성노동자의 수요를 규정하여 노동시장에서의 성차별을 강화 확대해 간다. 직접적인 생산과정인 노동과정의 기술적 및 사회적 측면에 개입되는 성차별적 요소는 노동시장의 성차별로 이어지게 되는 것이다. 노동과정의 기술적 측면인 숙련을 성과 결부시킴으로써 노동시장에서 수요되는 노동력의 질적 구조를 결정하여 성별로 분절된 노동시장에 영향을 주게 된다. 또한 자본은 노동과정의 사회적 측면인 노동조직 체계내에 여성과 남성을 분리하여 배치시켜 통제한다. 작업과정이 성별로 나뉘어져야 할 특정한 이유가 없는 많은 경우에도 남녀 노동자가 분리되어 노동을 수행하며 여성이 많은 작업장에서도 감독 관리직은 남성이 맡고 있다. 이처럼 자본은 작업장내에서 남녀노동을 분리시켜 배치하고 다시 노동시장에서 성별로 분절하여 포섭한다. 남성노동자와 여성노동자를 계속 분리시켜 통제하면서 여성의 위치를 낮게 평가하여 낮은 임금을 줌으로써 자본은 최대한의 이윤을 취하게 된다. 그러면 자본주의 노동과정에서 여성은 어떻게 위치지워지는가를 살펴보자

(1)자본주의 노동과정과 여성

매뉴팩처로부터 근대산업으로의 이행과정에서 나타나는 노동과정의 변화에서 여성노동의 위치에 대해 맑스는 다음과 같이 말하고 있다. "도구와 더불어 그것을 다루는 노동자의 기술도 기계로 대체된다. 도구가 인간이 할 수 있는 일을 대신하게 된다. 따라서 매뉴팩처에 있어 분업의 기술적 근거가 사라져 버린다. 그 결과 매뉴팩처 이전단계의 생산의 특징인 숙련공 사이의 위계질서 대신에 기계작업자들을 하나의 동등한 수준의 작업으로 환원시키는 경향이 기계화된 공장에서 나타나며, 또한 수공업노동자 사이에서 생성된 인위적 분화 대신에 연령과 성에 따른 자연적 분화가 등장한다."

즉 매뉴팩처시대의 기능의 전문화에 의해 나타난 노동의 위계서열은 근대산업의 노동과정에서는 더이상 필요치 않게 된다. 자본주의적 생산과정에서는 기계에 의해 작업을 수행함으로써 탈숙련화와 노동의 동질화 현상이 나타나게 된다. 그러나 과거의 위계서열적 분업의 형태는 전통적 관습에 의해 유지되며, 근대산업에서는 경쟁이라는 과정에 의해 착취를 강화하는 수

단으로 이용된다. 기술에 의한 위계적 서열이 없어졌음에도 불구하고 노동자 상호간에 경쟁을 유발시키는 기제로서 노동의 위계체계가 지속적으로 유지되는 것이다. 봉건제적인 관습을 가부장제 이데올로기로 전화시켜 노동의 위계서열에 적용시킴으로써 남성이 행하는 노동은 여성노동보다 숙련노동이며 중요한 노동으로 평가하여 우위에 위치시키는 것이다.

또한 기계에 의한 생산은 육체적인 '힘'보다는 '유연함'을 필요로 하게 되어 남성노동을 여성노동으로, 성인노동을 소년노동으로 대체하려는 경향이 나타나게 된다. "기계가 근육의 힘을 필요로 하지 않는 한, 완력이 약한 노동자나 신체성장이 완전하지는 않지만 팔다리가 훨씬 더 유연한 노동자를 고용해야 한다. 그러므로 기계를 사용하는 자본가가 제일 먼저 고용해야 할 사람은 여성과 어린이였다. 노동과 노동자의 이러한 대체 현상은 연령과 성을 구별하지 않고 한 가족의 구성원 모두를 자본의 직접 지배하에 두어 임금노동자의 수를 급증시킨 결과를 초래했다."

이와같이 자본제 생산의 노동과정은 탈숙련화의 경향과 중노동의 감소경향으로 여성노동이나 아동노동이 남성노동과 동등하게 사용될 수 있는 조건을 형성하게 된다. 따라서 남성과 함께 여성과 아동도 노동력을 팔 수 있는 임금노동자화시켜 자본은 더욱 풍부한 산업예비군을 축적하여 노동자들 사이에 경쟁을 격화시키게 된다.

자본주의 생산과정에서의 이러한 경향을 브레이버만은 독점자본주의하에서의 노동과정에 대한 분석에서 재확인하고 있다. 독점자본주의하에서 구상과 실행이 분리되고, 탈숙련화가 확장되고 노동의 지위격하가 지속됨으로써 노동의 동질화가 이루어지는 노동과정의 보편적 경향에 따라 여성의 고용확대가 이루어지게 된다고 한다. 즉 노동과정의 변화에 따라 직업구조도 변화하여 가며 사무직노동, 서비스직업, 소매업 등과 같은 새로운 노동계급 직업에도 노동의 표준화, 합리화, 지위격하 현상이 일어나 여성들의 고용이 늘어난다고 하였다.

이와같이 탈숙련화와 노동의 동질화를 나타내는 자본주의 노동과정의 내재적 경향은 여성노동의 고용을 확대 이용해 가지만 다른 한쪽으로는 가부장제 이데올로기를 노동과정에 개입시켜 여성노동을 차별화함으로써 이윤

확대를 추구해 간다.

(2) 노동과정에서의 성차별

일반적으로 여성노동을 저임금 노동력, 미숙련 노동력, 단기적 노동력으로 특징짓는다. 여성의 노동은 미숙련, 불숙련이며 남성의 노동에 보조적인 성격을 지니고 경력이 짧기 때문에 저임금을 받는다는 것이다. 과연 노동과정에서 여성노동의 성격은 그러한가.

자본이 노동과정에서 사용하는 것은 인간의 '노동'이 아니라 살아움직이는 인격적 총체로서 '노동력'이다. 자본가는 이 노동력이라는 상품을 노동자로부터 사들인 뒤에 노동력이 그 자체만으로 차이가 존재하지 않는 경우에도 이것을 사용가치로 소비하는 노동과정에서 차별화하게 된다. 그러한 노동력의 차등화를 통해 차별임금을 지급하여 이익을 꾀하고자 함이다. 즉 자본은 남성노동과 여성노동이 동일한 가치를 가지고 있는 경우에도 노동과정에서 자본의 의도에 따라 분리하여 배치하고 여기에 가부장제 이데올로기를 적용시켜 여성의 노동을 낮게 평가한다.

그러면 노동과정의 두 측면인 기술적 측면과 사회적 측면을 나누어 노동과정에서의 성별분리와 차별현상을 살펴보자.

1) 기술적 측면의 성차별

한 상품을 생산해 내는 작업장에서도 남성과 여성은 각기 분리되어 노동을 수행한다. 그렇게 분리 수행되는 남녀직무에 대한 숙련수준을 평가할 때 객관적인 과학적 근거에 의존하기보다 자의적이며 남성 중심의 성차별적인 관념에 의존하는 경향을 나타낸다. 작업장의 구체적인 노동과정을 보면 남성의 일이 여성의 일보다 더 고도의 숙련을 필요로 한다는 사실이 정확히 확인되지 않는 경우에도 남성의 일이 더 숙련적인 노동으로 인식되는 이유는 숙련에 대한 남성중심의 평가체계 때문이다.

일반적으로 작업기술의 유무를 얘기할 때 '힘'과 같은 남성적 특질과는 반대로 섬세함, 능숙함, 손재주와 같은 여성적 숙련(feminine skills)은 빈번히 지위격하되고 있다. 작업자의 숙련수준을 작업지식의 양과 자기 작업에 대한 통제능력의 정도에 따라 측정하면 많은 경우 남성보다 여성의 숙련이 낮게 평가되어야 하는 합리적인 근거가 나타나지 않는다 그럼에도 불구하고 남성이 가지는 힘은 기술의 개념으로 인정되지만, 여성이 가지는 섬세함과 손재주는 기술로 평가되지 않고 단지 여성의 특성으로 인식되고 있다. 즉 성별임금 격차의 문제는 남성노동은 힘과 기술을 보유하여 숙련노동자이므로 상대적으로 고임금을 받고, 여성노동은 섬세하고 손재주를 보유하나 미숙련 단순기능 노동자이므로 저임금을 받는다고 설명되고 있는 것이다.

다음으로 여성 노동자들이 직장에서 하는 일의 성격이 집안의 가사노동과 유사한 경우가 많으며 그러한 여성의 일을 '쉬운 일', '단순한 일', '보조적인 일'로 평가한다. 성별분업에 관한 성차별적인 관념은 남성의 일은 중요하며 가치있고 여성의 일은 무가치하며 중요하지 않다는 사회문화적 관념을 여성일의 평가에 연장하여 적용시킨다. 그러나 구체적인 연구들은 여성의 일이 상품생산에서 중심적인 일이며 남성에 보조적인 일이라 평가할 수 없는 경우에도 그러한 관념이 적용되고 있음을 보여주고 있다. 즉 여성이 직장에서 담당하는 업무들은 그 실질적 내용과 관계없이 남성의 일에 비해 단순하고 보조적인 일로 낮게 평가하여 낮은 임금을 지불하는 것이다.

2) 사회적 측면의 성차별

노동과정의 사회적 측면은 노동조직체계 혹은 직무구조와 그 안에서의 노동통제체제의 측면을 의미한다. 자본가가 구입한 남녀노동력은 어디까지나 가치를 창출할 수 있는 잠재능력이며 그것으로부터 지출될 수 있는 노동량의 크기는 불확정적이다. 따라서 자본은 결합노동자를 효과적으로 지배하여 최대한의 잉여가치생산을 보장할 수 있도록 남녀노동자를 조직하고 편성한다. 자본에 대한 노동자의 저항을 최소화하기 위한 자본의 기본적 전략은 전체노동자군을 남녀로 '분할지배'하는 것이다. 즉 자본은 피라미드형의 위계구조에서 남성을 상단에 여성을 하단에 배치하여 남성의 여성에 대한 명령체계를 세우며, 남녀노동자의 단결을 약화시켜 자본에 대한 노동자의 저항을 최대한 봉쇄하고 잉여가치생산을 최대화할 수 있도록 한다.

자본은 노동조직의 위계구조의 분할 통제에 가부장제 이데올로기를 이용하여 동질적 남녀노동력을 임금, 승진, 승급, 고용안정성의 차이에 의해 위계적으로 분할하는 관료적 통제를 실시한다. 채용에서는 입직조건을 남자로만 규정하거나 남녀규정이 없는 경우에도 실제 고용은 남성노동자만 하는 경우가 많으며, 입직경로에서 남녀사원을 구분하여 채용한다. 그리고 사내외의 교육훈련 과정에서도 남녀를 분리하여 교육시키며 특별한 숙련기회나 연수프로그램에서 여성은 제외되는 경우가 많다. 승진에서 여성은 관리직 승진의 길이 원천적으로 봉쇄되기도 하고 여성이 조건이 갖추어진 경우에도 남성우선 관행이 이루어지고 있다. 퇴직에 있어서는 결혼을 하면 직접, 간접적으로 퇴직을 요구하며, 여성의 퇴직연령을 남성보다 낮은 연령에 정하기도 하며, 경영상 인원감축이 이루어질 때는 여성을 남성보다 우선적으로 감축대상으로 삼는다. 그리고 여성노동자가 대부분인 작업장에서도 현장의 관리 감독자는 남성으로 전체적으로 여성은 위계체계의 맨 아래층을 차지하게 되는 것이다.

(3)노동과정의 성차별의 실태

한국 자본주의는 수직적 국제분업 체계에 종속적으로 편입되므로서 한국자본의 노동과정도 독점자본주의의 노동과정의 내재적 경향을 나타낸다. 따라서 한국자본주의의 노동과정 역시 구상과 실행이 분리되고 탈숙련화 파편화된 테일러주의와 포드주의의 노동과정이 도입 정착되었다. 그러나 한국산업의 노동과정은 한층 노동강도가 강하고 노동시간도 길어 더욱 유혈적 성격을 띠는 것으로 평가되고 있으며 그러한 현상은 특히 수출산업의 여성노동자에게 두드러지게 나타났다. 단순가공 위주의 상품수출 산업으로 성장해 온 한국 자본의 노동과정은 주로 미숙련노동을 중심으로 하는 단순조립노동이 주류를 이루었다. 그러한 단순 가공수출 산업의 중심이었던 봉제, 섬유, 신발, 전자산업은 여성노동자가 주로 고용되었으며 그러한 기업의 노동과정을 유혈적 테일러주의 노동과정이라 한다. 유혈적 테일러주의 노동과정에서 노동자들의 작업은 극도로 세분화된 단순작업이고, 작업에 대한 경영측의 통제는 극히 비인간적이며 전근대적으로 최소한의 생존권조차 보장하지 않을 정도로 열악한 노동조건이다. 그리고 저임금 장시간노동과 노동자들에 대한 가부장적인 통제를 그 특징으로 한다.

여성노동자를 중심으로 고용한 수출산업체는 대부분 일관작업이나 수치제어장치가 광범위하게 도입되어 있어 노동강도가 극도로 강하게 나타난다. 그러한 노동과정에서 여성노동자는 상대적 잉여가치 추구의 대상으로 착취되고 있음을 나타낸다. 그리고 여성노동자의 평균노동시간은 남성노동자 보다 상대적으로 길게 나타나고 있어 여성노동자는 절대적 잉여가치 추구의 대상이 되었다. 생산직 노동자뿐 아니라 사무직의 컴퓨터 도입과 사무전산화는 사무직 여성노동자의 노동과정을 더욱 탈숙련화시키고 철저하게 관리통제하고 집중화시키는 양상을 보여주고 있다.

우리나라의 직무구조는 성별로 확연히 분리되어 같은 작업장내에서도 남성과 여성은 분리되어 노동을 수행하고 있다. 이러한 작업장의 구체적인 노동과정을 보면 남성의 일이 여성의 일보다 더 고도의 숙련을 필요로 한다는 사실은 발견되지 않는다. 그럼에도 불구하고 직무평가시 성차별적인 관념이 개입되어 숙련에 대한 남성우위의 평가체계를 적용하여 여성노동을 미 숙련으로 규정하고 임금체계를 남녀를 달리 책정하여 여성에게 저임금을 지급하고 있다. 노동과정의 사회적 측면인 노동조직의 위계체계에서 여성노동자를 남성노동자와 분할지배하는 전략을 택하고 있으며 여성노동자는 채용, 승진, 퇴직의 전과정에서 분리되어 차별받고 있다.

4. 노동력 재생산과 여성

노동력재생산은 노동자가 노동력을 제공한 대가로 받은 임금에 의해 유지되며 가족 단위로 이루어진다. 노동자의 임금은 가족의 노동력재생산을 충족시켜야 하므로 노동력의 재생산비는 노동자가 자신의 가족과 함께 정상적인 생활을 유지하는데 드는 비용, 곧 노동자가구의 생계비를 의미한다. 따라서 노동력재생산은 노동자 자신의 매일매일의 노동력재생산과 다음 세대의 노동력을 재생산하는 문제를 포괄하는 계급재생산의 문제이다.

이와같이 노동력재생산은 개별 노동자의 수준에서가 아니라 가족의 차원에서 이해되어야 하는 문제이다. 많은 남성노동자들의 임금이 '가족임금'의 수준이 되지 못하므로 가족의 생계비의 상당부분에 여성의 임금이 기여하고 있다. 노동력재생산은 남성의 임금만으로 이루어지는 것이 아니라 전체 경제활동인구의 약 40%를 차지하고 있는 여성 노동력의 대가인 임금이 더하여져 이루어지는 것이다. 따라서 노동자계급의 노동력재생산은 남성과 여성의 임금의 가족단위의 결합을 이해해야 한다.

나아가 노동력재생산은 임금으로 구입한 상품의 소비와 함께 가사노동이 투입되어야만 한다. 남성은 사회적 노동여성은 가사노동이라는 역할분리 체계를 구조화시키고 있는 상황에서 가사노동은 일반적으로 여성의 몫이 되고 있다. 따라서 여성이 사회적 노동에 참여하는 경우에 여성은 가사노동과 함께 이중노동을 하게 된다. 여성이 그러한 이중노동의 고통을 지지 않기 위해서는 여성의 가사노동을 대신할 수 있는 가사대용품이나 사회적 서비스를 구입할 수 있는 비용을 자본이 지불해야만 한다.

그러면 다음에서 자본주의 사회의 노동력재생산과 여성의 문제를 좀더 자세히 살펴보자.

(1) 자본주의 노동력재생산과 여성

자본제사회에서 노동자는 자신의 노동력을 자본에 팔아 그 대가로 받은 임금으로 다시 자본에 의해 생산된 상품을 구입하여 소비함으로써 노동력을 재생산한다. 노동자는 자본에 개인적으로 노동력을 팔고 임금을 받지만 그가 받은 임금은 그 개인의 노동력재생산에만 소용되지 않고 노동자가족 전체의 생계를 유지하는 데 쓰이게 된다. 그 결과 노동자는 노동시장에서 요구하는 일정한 조건을 구비한 노동력을 가족 단위로 재생산하게 된다.

노동자가 자신의 노동력을 제공한 대가로 받는 임금은 노동력 가치의 양을 표현하는 것이지만 실제로 노동자의 임금이 곧 노동력의 가치와 동일한 것은 아니다. 그 임금은 노동력가치 이상일 수도 이하일 수도 있다. 노동력

가치의 크기는 노동력이 사회적으로 표준적인 품질로 재생산되는 데 필요한 생활필수품의 가치에 의해 결정된다. "노동력의 가치는 다른 모든 상품의 가치와 마찬가지로 이 특수한 물품의 생산과 그 재생산에 필요한 노동시간에 의해 규정된다. 즉 노동자는 자기자신을 유지하기 위해서 일정한 양의 생활수단을 필요로 한다. 그러므로 노동력의 생산에 필요한 노동시간은 결국 이 생활수단의 생산에 필요한 노동시간으로 귀착된다." 이때 노동력재생산비는 ① 내일도 '정상적 생활상태'에서 노동을 반복할 수 있기 위해 필요한 생활수단의 가치, ② 노동력의 보충, 세대의 재생산에 필요한 가족생활수단의 가치 ③ 특정노동을 수행하는 데 필요한 숙련과 기능을 체득하기 위한 육성비에 의해 규정된다.

이 필요생활수단의 범위는 사회의 역사적 발전단계와 생산양식의 차이에 따라 다르다. 이 노동력재생산에 필요한 생활필수품의 정도는 그 사회의 역사적·문화적 수준의 정도에 따라 상대적으로 결정된다. 자본축적은 상품의 종류와 범위를 확대시켜 노동자계급의 소비형태를 변화시키며 소비형태의 질적·양적 변화는 노동력재생산에 필요한 재화와 서비스의 상품범위를 확대시킨다. 즉 자본주의의 발전은 노동자 가족의 생활필수품 중 상품의 양을 증대시키며 노동력재생산 비용의 증가를 가져온다. 따라서 자본주의의 노동력재생산 문제는 노동자 계급의 절대적 궁핍화에서 상대적 궁핍화의 문제로 변화되었다. 곧 자본주의 발전에 따른 상대적 궁핍화는 노동력 재생산비로서 임금이 자본주의 발전에 따라 증대하는 사회적 욕구를 충족시키지 못함을 가리킨다.

노동자가 받는 임금은 가족노동력을 재생산하는 비용으로 쓰이게 되며 임금은 가족 전체의 노동력재생산 비용으로서 의미를 갖게 된다. 즉 노동자가 받는 개별적 임금은 노동력재생산이라는 관점에서 궁극적으로 가족임금의 의미를 갖는 것이다. 가족임금이란 "노동자계급의 가족이 일정한 생활수준이상으로 살아가기에 충분한 단일임금을 말하며 이는 남성 가장에게 주어지는 것으로 가정된다." 노동자의 임금은 가족임금의 성격을 띠는 것이지만 실제로 그것은 자본의 노동착취의 수단으로서 이데올로기로서만 작용할 뿐 가족임금으로 주어지지 않는다. 남성의 임금은 가족의 주생계비로 쓰이며 여성의 임금은 가계보조적인 성격을 지닌다고 한다. 그러나 남성의 임금은 노동자 가족의 생계비에 충분치 않아 여성이 생계를 위해 사회적 노동을 하지 않을 수 없는 처지에 놓이게 된다.

그리고 자본축적이 진행될수록 자본은 가족구성원 모두를 고용해 재생산비용을 모든 구성원에게 나누어 지급함으로써 노동력 가치를 낮추며, 노동력가치를 분할하게 된다. "기계는 노동자 가족의 전체 구성원들을 노동시장에 내던짐으로서 가장의 노동력가치를 그의 전체 가족구성원에게로 분할한다. 그러므로 기계는 가장의 노동력의 가치를 저하시킨다. 예컨대 4명의 노동자들로 구성된 가족의 노동력을 구입하려면 종전에 가장의 노동력만을 구입할 때보다 아마도 비용이 더 들 것이다. 그 대신 1일 노동이 4일 노동으로 대체되므로 결국 한 사람이 생산하는 잉여가치보다 네 사람이 생산하는 잉여가치가 더 커지는 만큼, 노동가격은 하락하게 된다. 이제 한 가족이 생활하기 위해서는 4명이 자본가를 위하여 노동할 뿐 아니라 잉여노동을 제공하지 않으면 안된다." 이렇게 여성의 취업이 증가해 가면 여성의 가사노동으로 해결했던 자녀양육과 의식주의 많은 부분이 상품경제부분으로 흡수되어 가 결과적으로 노동력재생산에 필요한 생활수단의 총액이 증가하게 된다. 따라서 자본은 가사노동을 대용할 상품을 구입할 수 있는 비용을 지불해야만 한다.

그리고 노동력재생산 과정은 임금으로 상품을 구입하여 소비하는 것뿐 아니라 육아, 빨래, 청소, 음식만들기 등 여러 형태의 가사노동이 포함된다. 이러한 가사노동을 자본제 사회에서는 사회적 생산노동과 분리되어 여성이 집안에서 수행하는 노동으로 규정된다. 그런데 이러한 "여성의 가사노동이 가정에서의 노동력재생산에 필요한 사용가치를 생산함으로써 노동력 가치를 낮출 수 있다." 즉 자본은 여성의 가사노동에 대한 대가를 지불하지 않고 여성은 자본이 필요로 하는 노동력을 재생산하기 위해 노동력을 무보수로 제공하는 것이다.

따라서 궁핍화 문제의 논의는 노동자 개인이 아니라 노동자 가족이 대상이 된다. 즉 노동력재생산 문제는 노동자계급 가족의 노동력재생산문제로서 사회적 생산노동과 가족내의 재생산노동(가사노동)을 포괄적으로 이해하지 않으면 안된다.

따라서 노동력재생산이 가족 단위로 이루어지므로 노동력의 가치문제는 가족과의 관련에서 분석되어야 한다.

즉 저임금이란 노동력의 가치 즉 노동력의 사회적인 재생산비용을 충당하지 못하는 수준을 의미한다.

그리고 자본주의 발전에 다른 생산의 증대는 상품의 가치를 저하시킴으로서 개별 생활 필수품의 가격을 상대적으로 하락시켜 생활수단의 총액을 감소된다. 그러나 실제로는 상품생산의 확대에 의한 소비양식의 변화는 생활수단의 총액이 증가되어 노동력재생산에 필요한 가치의 총량을 결과적으로 증대된다.

(2) 여성과 노동력재생산의 실태

우리나라의 노동자의 임금은 자기 개인의 최저생계비에도 미달하는 수준이므로 (<표 6> 참조) 가족의 노동력재생산비를 충분히 충족시킬 수 없음은 말할 나위도 없다. 1989년 5월 기준으로 한국노총의 발표에 의하면 4인 가족의 최저생계비는 788,069원이다. 이 기준에 비추어 볼 때 10인 이상 기업체의 남자노동자의 약 25%만이 4인 가족의 최저 생계비를 충족시킬 수 있는 수준의 임금을 받고 있다. 이와같이 가구주의 소득이 가족의 노동력재생산비에 미달하는 경우에는 한 가족의 생계유지를 위해 다른 가족성원의 임금노동을 필요로 하게 된다. 가구주 이외의 노동력이 임금을 벌어와 생계비를 보충하지 않으면 안된다. 그와같은 경우 대부분 아내와 딸이 부족한 생활비를 충당해 가고 있음을 볼 수 있다.

그러한 경향을 「도시가계연보」를 통해서 보면 총수입 중 가구주 소득은 44.1%로 절반에 못 미치고 있으며 소득 중 가구주 소득도 점차 감소되어 가고 있다. 그리고 가구당 취업인원수와 기타 가구원의 소득비율이 증가해 가고 있음을 보여주고 있다. 동시에 총수입중 근로소득의 비중이 점차 낮아져 가는 경향을 나타내 1989년에는 총수입 중 근로소득이 51.2%로 감소되었음을 알 수 있다.

<표 7> 가구소득 구조의 변화

연도	가구당 취업인원수	근로소득 총수입	가구주소득 총수입	가구주소득 소 득	기타가구원 소 득
1980	1.31명	61.5%	55.1%	81.0%	9.1%
1982	1.27	62.2	56.4	82.3	8.4
1984	1.28	62.0	56.0	81.7	8.7
1986	1.36	61.0	53.6	77.8	10.7
1988	1.41	56.2	48.4	75.4	12.2
1989	1.42	51.2	44.1	73.9	12.4

주: 총수입=소득+기타수입(저금 찾은 돈, 계 탄 돈, 빌린 돈)+전기이월금
소득=근로소득+사업 및 부업 소득+기타소득(이자, 임대료, 사회보장보호)
근로소득=가구주소득+기타 가구원소득
자료: 경제기획원, 「도시가계연보」, 80, 82, 84, 86, 88, 89년도.

이러한 일반적 경향을 학력수준별로 살펴보면 가구주의 학력이 낮을수록 취업인원수가 많고 가구주의 학력이 높을수록 취업인원수가 적게 나타난다. 1989년 가구주가 무학인 경우는 1.81명이 취업하고 있으나 대학졸업 학력인 경우는 1.28명이 취업하고 있다.

<표 8> 교육정도별 가구당 취업인원수

연도＼학력	평균	무학	국민	중	고등	전문	대
1985	1.30	1.48	1.53	1.33	1.26	1.26	1.15
1986	1.36	1.54	1.60	1.41	1.30	1.35	1.23
1987	1.40	1.66	1.64	1.49	1.36	1.32	1.22
1988	1.41	1.67	1.69	1.48	1.38	1.35	1.24
1989	1.42	1.81	1.79	1.51	1.37	1.28	1.28

자료: 경제기획원, 「도시가계연보」, 각년도.

「도시가계연보」에서는 가구주의 학력이 낮은 층에서 취업인원 수가 증가

하고 있지만 가구주 이외의 취업자가 누구인가는 나타나 있지 않다. 그러나 개별 조사연구 결과에 의하면 대체로 노동자계급 가족에서 가구주 이외에 부인의 소득이 가장 많은 비율을 차지하고 있다. 노동자 가족에서 적어도 50% 이상이 부인의 노동을 통하여 생계비를 보충하는 것으로 나타났다.

그러나 부인이 취업이 가족의 노동력재생산비에서 차지하는 비율은 남편에 비해 상대적으로 적다. 이는 여성의 임금이 평균적으로 남편의 절반 정도의 저임금으로 설사 같은 시간을 노동하는 경우에도 가족의 생계비에서 차지하는 비율이 낮을 수밖에 없다. 그리고 더욱이 여성의 고용은 불완전고용인 경우가 많은 것이다. 그러나 이러한 경우에도 부인의 노동은 생계보조적인 것이 아니라 가족의 노동력재생산에 필요불가결한 필수적인 기능을 수행하는 것이다.

평균적으로 대졸 이상의 임금수준은 중졸 이하의 임금수준의 2배 이상이다. 따라서 저소득층 가족에서 부인이 취업하여 가족단위로 소득을 결합하여도 상층과는 여전히 격차를 나타내게 된다. 동시에 부인이 취업하는 가정은 여성이 가사노동만을 하는 가정에 비해 탁아비 또는 가사보조비용으로 일정액을 추가로 부담하게 된다. 따라서 여성이 임금노동에 참여할 경우 그 가족의 생계비가 그렇지 않은 경우와 동일하지 않고 훨씬 높아지게 된다. 곧 여성의 취업이 노동자 가족의 노동력재생산비를 증가시키고 그들의 삶을 풍족하게 하기보다는 상대적 빈곤을 심화시키는 결과를 가져오게 된다. 곧 여성의 저임금층으로의 흡수는 그들의 지위를 향상시키고 가족의 노동력재생산비를 상승시키지 못하고 남성의 임금을 가치분할하여 받은 것이며 상대적 빈곤을 심화시키게 된다.

Ⅶ장의 핵심단어

재생산노동, 가부장제 이데올로기, 노동시장 분절론, 분할지배전략, 실망실업자, 수평적 분절, 탈숙련화와 노동의 동질화 현상, 노동의 지위격하, 결합노동자, 유혈적 테일러주의 노동과정, 가족임금, 노동력 재생산비.

Ⅷ. 국가의 노동통제

1. 한국에 있어서 국가와 노동통제에 관한 기존의 이론틀

한국에 있어서 국가와 노동통제에 관한 기존연구들은 크게 보아 세 가지 이론틀을 가지고 있는 것으로 대별할 수 있다.

첫째는 산업화, 노동통제, 노동운동의 상호작용론이고, 둘째는 권위주의적 국가의 노동통제이며, 셋째는 생산정치론이다.

(1) 산업화, 노동통제, 노동운동의 상호작용론

이 상호작용론은 산업화전략과 국가의 강력한 경제개입, 억압적 노동통제 간에는 인과적 관계가 존재하며 노동운동은 이러한 인과작용의 반사적 속성을 지닌다고 보는 전제에서 출발한다.

이 이론틀은 큰 테두리에서 보면 수출지향적 경제가 노동통제체제(labor regime)의 구조화에 미치는 영향에 분석의 초점을 맞추는 신고전주의파 학자들과 그 이론적 뿌리를 같이하고 있다.

우선 국가론을 논의해 보자. 여기에서의 국가는 강력하고 개입주의적인 국가를 그 본질로 삼는다. 이러한 본질을 이해하기 위해서는 두 가지 측면이 설명되어야 한다. 하나는 국가의 상대적 자율성이고, 다른 하나는 발전전략이다.

여기에서 국가의 상대적 자율성은 권력블럭의 균열에 따른 개별 자본분파들에 대한 국가행위 범위를 뜻하는 뿔란짜적 개념이 아니다. 권력블럭의 균열로 기인된 상대적 자율성은 계급관계를 반영한다. 따라서 계급구조와 계급관계의 장에 위치시켜야 한다.

그러나 제3세계에 있어서 국가의 상대적 자율성은 토착지주계급과 국내외 자본분파로부터의 상대적 자율성이다. 동시에 독자적 조직체로서 사회계급이나 이익집단의 요구나 이해관심으로 환원되지 않는 자신의 특정 목적을 설정하고 추진해 가는 능력을 보유한다.

따라서 한국에 있어서 국가의 상대적 자율성은 지배계급인 부르주아계급이 자체 분열로 인하여 자신의·이해관심을 관철시킬 정치적 조직을 결성하지 못했기 때문에 결과된 파생물이 아니다. 그것은 산업화를 추진해 가면서 산업화의 중심계급인 부르주아계급과 노동계급을 그 과정에 편성, 동원시키며 국가주도형 경제발전의 지속에 필요한 정치적, 이데올로기적, 경제적 하부구조를 창출하는 데 핵심적 역할을 수행하였다.

한국에 있어서 국가의 상대적 자율성은 국가주도의 수출지향산업화라는 발전전략을 추진할 수 있었던 물적 토대가 되었다. 한국의 발전전략은 수입대체와 수출지향의 효과적인 결합전략이었다. 다시 말해서 노동집약적 소비재(섬유·의류)의 수출지향을 통해 중간재(철강·석유화학제품)의 수입대체를 도모하고, 이어 중간재의 수출지향을 토대로 자본재(전자·기계·자동차)의 수입대체를 추진했다.

우선 60년대 초반 이후 국가는 수출신장을 위한 환율·각종보조금지원·수출지원 금융정책과 수입제한을 위한 관세 및 품목제한정책, 그리고 조세·재정정책을 도모해 왔다. 한국의 발전전략은 남미의 그것과 노동정책 및 대다국적 기업정책에서 다음과 같은 차이를 보였다.

첫째 남미에 있어서 노동정책은 멕시코와 같은 포섭적 조합주의와 브라질과 같은 배제적 조합주의의 양태를 보였으나,[1] 한국은 정치적 동원억제전

---

1) 포섭적 조합주의는 한정된 범위이기는 하지만 노조지도자에게 정치권력을 조직노동자에게 국가혜택을 제공함으로써 저항세력의 형성 및 성장을 통제해 보자는 전략이다. 배제적 조합주의는 관료제적 국가기구를 동원하여 노조지도자를 통제하고 조직노동자에게 제한적이나마 공식적 혜택을 제공하되 정치적 동원은 최대한 억제하는 전략이다.

콜리에르(Collier)는 멕시코의 노동정책을 '정당에 의한 포섭'(party incorporation), 브라질의 노동정책을 '국가에 의한 포섭'(state incorporation)으로 정의한다.

략(political demobilization)과 저임·장시간 노동을 기본으로 하는 경제적 동원전략을 폈다.

둘째, 남미에서는 수입대체산업화를 도모하기 위해 유치된 다국적기업의 직접투자로 인해 내구성소비재와 자본재산업의 내수시장이 잠식되어 국제화가 되어버리고 말았으나, 한국은 다국적기업의 활동을 수출자유지역에 한정시키는 한편, 최근 개방화가 이루어지기 전까지 내수시장을 국내자본에게 보호하여 줌으로써 다국적기업의 직접투자 비율을 낮추어 왔다. 그러면 상호작용론의 구체적인 과정은 무엇인가? 이정택(1987)은 다음과 같은 분석틀을 제시하고 있다.

<그림 1> 산업화, 노동통제, 노동운동 상호관계에 대한 분석틀

	60년대 (5·16)		70년대 (유신)		80년대 (5공)		80년대 (6·29이후)
① 산업화 ↔ 통 제	①	⟶	①	⟶	①	⟶	①
② 산업화 ↔ 노동운동	②	⟶	②	⟶	②	⟶	②
③ 통 제 ↔ 노동운동	③	⟶	③	⟶	③	⟶	③
④ 산업화, 통제, 노동운동	④	⟶	④	⟶	④	⟶	④

예컨대, ① ② ③ ④ 각각의 국면과 상호연관성을 보기로 하자. ① ② ③은 경공업산업에서 중화학산업으로의 이행 및 육성시기(1972~79)에 중화학공업의 급속한 추진에 대한 노동저항의 예방조치로서의 노동통제가 어떻게 60년대의 통제와 저항간의 상호작용으로 바탕으로 형성되고(①), 노동저항이 60년대 축적된 운동역량을 바탕으로 어떻게 새로운 산업화전략 및 추진에 대응하였고(②), 그러한 노동운동은 유신체제와 중화학공업 추진이라는 정치적·경제적 요인에 의해 강화된 노동통제와 어떻게 상호대립을(③) 형성하였는가를 나타낸다.

따라서 ③은 70년대 한국에서의 통제와 저항간의 상호작용이 총체화된 양상을 말한다. ④는 ③의 역동성이 분해되어 있는 국면의 총체적 모습이다. 그렇기 때문에 예를 들어 ①=f(①×④)라는 등식을 갖는다 할 때 그 등식은 80년대초 제5공화국에 의해서 안정화정책·산업구조 재편성·수입개방정책을 기조로 하는 산업화전략을 성공적으로 추진하는 데 필요한 노동통제가 70년대 통제와 저항간의 상호작용(③)을 바탕으로 형성된 노동통제를 의미한다.

여타 국면들도 이와 같은 원리로 설명할 수 있다. 그러나 상호작용론은 통제와 저항이 대등한 힘의 상호작용을 의미하지 않으며 각 국면의 상황과 그 상황에 대한 국가의 현실의식에 따라 강압적 또는 유인적 통제로 나타나는 차이를 보여주고 있다.

(2) 권위주의적 국가의 노동통제론

한국의 권위주의는 노동계급의 조직화를 억제하면서 조직노동자를 정당과 권력으로부터 배제하여 왔다는 점에서, 정당으로 끌어들이거나 아니면 국가기구로 끌어들였던 남미의 그것과 일정한 차이를 보여왔다.

최장집은 한국에 있어서 관료적 권위주의 등장요인으로 역(逆)오도넬 인과모델을 주장한 바 있다.

> 즉 한국은 해방후 강력하게 중앙집권화된 관료국가의 형성과 사회계급의 성장과 그 정치화가 지연되어 있는 조건에서 관료적 권위주의는 시민사회의 팽창에 대한 대응으로서 군부의 정치개입 때문이 아니라, 국가의 항존적 팽창의 결과로 나타날 수 있다고 볼 수도 있기 때문이다.

이처럼 배제적 노동억압과 관료적 권위주의적 통치방식의 대두를 과대성장국가에서 찾고 있다는 점이 앞의 상호작용론과 다르다. 즉 앞의 상호작용론은 배제적 노동억압정책의 등장요인을 산업화전략에서 찾고 있다면 권위주의적 국가에 의한 노동억압론은 그 등장요인을 과대성장 국가의 항존적 팽창전략에서 찾는다.

물론 한상진(1983)은 한국에서 관료적 권위주의 등장요인을 설명하는 데 있어서 한국적 산업화전략과 관료적 권위주의 사이의 선택적 친화력이 존재해 왔음을 강조한다.

본장에서는 국가와 노동통제의 이론틀로서 두번째 틀인 권위주의적 국가의 노동통제론을 첫번째와 세번재 이론틀과의 차이를 부각시키기 위해 권위주의국가 등장배경에 관한 최장집의 주장을 수용하면서 스테판의 유기체적 국가관을 비판적으로 수용하여 설명하고자 한다.

린쯔에 의하면 권위주의는 다음의 여섯 가지 특징을 지닌다. 엘리트 집단의 이질성, 국가의 상대적 자율성, 협소한 이데올로기적 동의기반, 정치적 활성화요인의 제거, 단일정당 지배구조, 제한적 다원주의가 그것이다.

유기체적 국가관(organic statist approach)은 개인보다는 개인이 속해 있는 정치적 공동체의 '전체성'을 강조한다. 국가는 유기체적 전체의 안정적 발전에 최종적 책임의 담지자로서 공동체의 공공복지와 도덕적 성취를 위해 권위주의적 경제발전을 주도한다. 따라서 국가가 노동계급에 대한 정치적 억압을 강화하고 그 결과로 국가자본 연합에 의한 자본축적체제(regime of accumulation)와 규제양식(mode of regulation)을 배태해 내는 정당성은 그와 같은 공공선과 도덕적 의무개념이라는 규범적 명제로부터 기인된다. 동시에 그러한 유기체적 국가관으로부터 성장되는 강력하고 개입주의적인 국가태동의 물적 기반은 국가의 상대적 자율성이다.

유기체적 국가관은 스테판에게 있어서 조합주의적 노동억압의 지침이자 이론적 원리이다. 유기체적 국가관을 수용하면서 한국에 있어서의 배제적 노동억압 현상을 '시장기제적 억압'(repression by market mechanism)으로 규정하는 경우도 있다. 이 경우 '시장기제적 억압'은 "노동계급의 조직화를 꾸준히 저지하면서 억압의 단위를 개별기업 내지 개별노동자로 설정하는 억압방식"을 의미한다.

그런데 시장기제에 대한 인식은 정확하게 이루어질 필요가 있다. 시장기제는 자본의 노동지배를 보다 철저하게 하기 위해 다음의 세 가지 조건을 필요로 한다.

첫째, 노동자들은 임금 이외의 다른 생계수단이 전무하고, 둘째 노동과정의 파편화, 기계화, 계획과 실행의 체계적 분리와 노동자 자신들의 기계에의 편입으로 자본의 강압적 통제에 속수무책이 되고, 셋째 작업시간 연장, 노동강화 및 자동화가 자본의 경쟁으로 끊임없이 일어나 이러한 생산 변혁의 영속성이 노동저항의 토대형성을 어렵게 한다.

권위주의 국가의 시장기제적 억압은 위와 같은 시장원리의 자율적 작용을 위한 조건들이 국가에 의해서 여하히 규정되고 운용됨으로써 배제적 노동억압화되었는가가 밝혀졌을 때에만 조합주의적 노동억압에 대한 대치로서 그리고 한국사회에 적용되는 유형으로서 설득력을 갖는다고 본다.

조합결성 억제의 경우를 예로 들어 보자. 멕시코와 같은 포섭적 조합주의는 지배정당과 노동조합간의 연계를 강화시키거나 노동계급 억압을 위한 유인수단을 보강함으로써 급진적 노동계급의 조합결성을 억제시킬 것이다.

브라질 같은 배제적 조합주의는 국가에 의해 공인된 노조는 조직적 상호연계를 차단하고 노조활동은 행정감독으로 통제하며 국가가 단체교섭을 중재하는 등의 법적 기제 강화로 노조의 정치세력화를 억제시킬 것이다.

그렇다면 시장기제적 노동억압에 의한 조합결성 억제방식은 무엇이어야 하는가? 국가의 노동통제와 시장원리간에 '선택적 친화력'을 강조하는 것이 시장기제적 노동억압방식이므로 노동조합의 교섭력을 무력화시켜 버림으로써 개별노동자들이 집단에 의한 요구관철보다는 개인에 의한 요구관철 욕구로 전환케 만드는 것이 이 방식의 요체라고 본다.

이 경우 시장자율원리에 맡기지 않고 국가가 강압적으로 교섭력 약화기제를 쓰기 때문에 노동억압이 되는 것이다. 그런데 산별교섭에서 기업별교섭으로 체제 전환시켰다 하여 이것이 곧 시장기제적 억압의 특징이 될 수는 없다.

1987년 이후 대기업노조들은 기업별노조 체제하에서 그들의 교섭력을 엄청나게 신장시켰으며, 그 결과 과거 성별·학력별 임금격차구조를 기업규모간 격차구조로 임금구조를 변화시켰다. 대기업노조들은 정보·조직·교섭능력면에서 산별노조의 지원을 받을 필요가 없을 만큼 독자적인 능력을 키워왔다. 기업별교섭체제가 노조의 약화 또는 무력화를 가져왔다면 그것은 중소기업의 경우이다.

권위주의국가의 노동통제론은 한국에 있어서 국가와 노동통제가 남미와 같은 조합주의적 노동통제 방식을 취하지 않았을 뿐만 아니라 한국의 노동통제를 조합주의적 통제로 분석하는 것은 일정한 한계가 있음을 동의하면서도 그 대안으로서 적절한 분석틀을 제시하고 있다고는 볼 수 없다.

(3) 생산정치론

생산정치는 '생산현장에서의 사회적 관계의 생산과 재생산을 둘러싼 다툼'을 의미한다.

생산의 정치는 생산장치에 의해 규정되며 생산장치는 국가, 노동력재생산, 시장력에 의해 형성된다. 즉 생산의 정치는 국가의 성격, 자본의 구조나 이데올로기, 노조의 규모와 전략, 노동조합 내부의 연대성과 조합원의 소속감과 참여정도 등에 의해서 나라와 시대에 따라 다양하게 나타난다고 볼 수 있다.

여기서 정치에 대한 개념규정을 정확히 해둘 필요가 있다. 뷰로웨이가 말하는 정치는 단순히 투쟁을 의미하지는 않는다. 그것은 생산수단(means of production)의 통제력을 둘러싼 권력의 행사를 의미한다. 뷰로웨이가 말하는 정치의 개념을 이해하기 위해서는 정치 하면 국가정치만을 염두에 두는 고정관념에서 벗어날 필요가 있다.[2)]

정치를 '구조화된 지배관계를 둘러싼 혹은 그러한 관계내에서의 다툼'으로 정의하면 이때 투쟁의 목적은 그러한 지배관계의 양적 혹은 질적 변화이다.

뷰로웨이에게 있어서 장치(apparatuses)란 생산의 정치를 이해하는 데 유용한 개념이다. 장치는 정치와 어떻게 구별되는가? 장치는 특정 관계의 생산을 보장한다. 예컨대, 국가장치(the apparatuses of the state)는 생산의 관계(relations of production)를 보장하고, 공장장치(factory apparatuses)는 생산내 관계(relations in production)를 보장한다.

그러나 공장장치가 단지 임금과 여타 부대급부를 둘러싼 다툼만을 담보한다고 보지는 않는다. 노동과정을 둘러싼 다툼을 규정하는 것이 생산장치의 중요영역이기 때문이다.

우리는 여기서 한 가지 개념상의 혼란에 빠진다. 뷰로웨이는 생산의 정치

2) 정치는 곧 국가정치(state politics)이며, 국가목표에 따라 국가정치가 다양하게 나타난다는 주장을 펴는 대표적 논저로는 Stephens, John, *The Transition from Capitalism to Socialism*, London, 1979가 있다.

(politics of production)를 말하고 있는 것인가 아니면 생산내 정치(politics in production)를 말하고 있는가 하는 점이다. 후자라고 주장하는 견해도 있다. 이 견해는 뷰로웨이의 생산정치 개념을 생산내 정치 혹은 공장정치(factory politics) 개념으로 파악하고, 국가·자본·노동에 의해서 만들어지는 생산·교환·분배에 관한 게임의 규칙인 생산의 정치와 구별하고 있다. 그러니까 뷰로웨이가 말하는 생산의 정치는 생산조직내에서 이루어지는 미시적인 수준에서의 생산정치이므로 거시적인 수준에서의 생산정치와 다르다는 뜻이다.

이러한 개념상의 혼란은 뷰로웨이의 다음과 같은 두 가지 점에서의 불분명성 때문에 야기된 것이다.

첫째, 뷰로웨이는 기존의 노동과정론자들이 생산의 경제적 측면(economic moment of production)만을 보고 생산의 정치적·이데올로기적 측면(political and ideological moment of production)을 간과해 버린 결과 파생된 오류를 파헤치는 작업에 몰두한 나머지 각 나라의 자본주의 역동성이 어떻게 그리고 어떤 조건하에서 국가정치(state politics)와 생산정치(production politics)의 분리 또는 결합을 가져오는가를 밝히지 못했다.

뷰로웨이는 그의 책, *The Politics of Production*(pp.241-45)에서 이 문제를 다루고 있기는 하다. 잠비아와 로데지아 경우의 분석을 통해 식민시대에는 원시적 축적체제가 생산정치와 국가정치의 차단을 규정하고, 그 결과 국가정치와 생산정치가 분리되나 뒤늦게 발전전략을 채택한 나라에서는 자본축적의 팽창이 양정치의 상호침투를 가져오고 그 결과로 생산정치가 국가정치로 전환된다고 주장하고 있다.

그에 의하면 생산정치는 어떤 조건하에서는 미시적 수준에 머무는 공장정치가 되고 어떤 조건하에서는 생산정치가 곧 국가정치가 된다. 그러나 대부분의 경우 생산정치는 이 양극단의 중간 어디쯤 위치하게 된다고 봐야 할 것이다. 즉 개념상으로 생산정치와 국가정치는 공유하는 영역과 분리되는 영역을 갖게 된다.

따라서 개념상으로 뷰로웨이의 생산정치는 미시적 수준에서 이루어지는 생산내 정치와 등치되는 것은 아니다. 다만 뷰로웨이의 개념화 작업이 이를 충분하게 설명하고 있지 못할 뿐이다.

둘째, 분석상의 불분명성이다. 뷰로웨이의 분석방법론을 구체적으로 보자. <표 1>은 뷰로웨이식 생산장치와 국가장치의 접목으로 결과된 도식화이다.

<표 1> 국가장치와 생산장치 접목의 도식화

		국가장치와 공장장치의 제도적 접목여부	
		분 리	접 목
공장통제체제에 대한 국가개입	직 접	헤게모니형	관료적 전제주의형
	간 접	시장전제주의형	집단적 자주관리형

이 도식화는 헝가리에 있는 레드스타(Red Star)라는 공장과 미국에 소재한 다국적기업의 엔진부분 공장인 얼라이드(Allied)의 사례연구로부터 추론된 추상화의 결과이다.

뷰로웨이는 먼저 헤게모니형과 관료적 전제주의형의 차이를 설명하기 위하여 전자의 사례로 영국의 제이(Jay) 공장을, 후자의 사례로 미국의 얼라이드 공장을 비교분석하였다.

노동과정, 보상체계(the system of remuneration), 생산량산출 및 평가방식(making our), 도급제(rate fixing), 내부노동시장, 단체교섭체계를 비교분석하였다. 분석결과 헤게모니형과 관료적 전제주의형을 구분짓는 설명변수는 노동과정과 보상체계 등의 변수가 아니라 국가개입의 형태와 내용이라는 사실을 밝혀냈다.

뷰로웨이는 국가개입 변수를 두 가지 차원의 변수로 환치하여 거시적 수준에서 분석한다. 하나는 생산과 관련하여 노사관계에서의 노동조합과 기업의 역할을 규정하는 노동관계입법(Direct state regulation of factory regime)이고 다른 하나는 노동력 재창출을 위한 국가지원, 즉 복지정책(state support for the reproduction of labor power)이다.

노동입법적 국가개입과 복지정책 정도를 각각 상하를 구분하여 2×2 테이블을 만든 후 높은 개입과 높은 복지 경우는 스웨덴, 높은 개입과 낮은 복지는 미국, 낮은 개입과 높은 복지는 영국, 낮은 개입과 낮은 복지는 일본을 대표적인 사례로 분석하였다.

뷰로웨이에 있어서 비교분석의 궁극적 목적은 생산양식의 변화에 따른 노동통제체제의 변화를 유형화로 설명하는 것이다. 즉 자본주의가 초기자본주의로부터 선진자본주의로 발전함에 따라 전제체제에서 헤게모니체제로 다시 헤게모니적 전제체제(hegemonic despotism)로 변화하고 있다고 주장한다. 이러한 변화는 선진자본주의 체제에 국한하고 있음을 물론이다.

뷰로웨이의 이와 같은 3단계 분석방법론이 갖는 불명확성은 무엇인가? 뷰로웨이 분석의 최종목표는 전제체제(despotic regime)－헤게모니체제－헤게모니적 전제체제로의 변화를 자본주의 발전의 역동성에 의해 설명하는 데 있다. 이 경우 분석단위는 작업장 수준의 공장체제(factory regime)이다.

공장체제는 노동과정의 정치적 효과와 생산의 정치적 기구로 구성되어 있으므로 이 요소들의 체계와 그 변화를 비교분석한 후 뷰로웨이는 그의 분석수준을 국가단위로 전화하고 있다.

뷰로웨이는 국가단위의 분석수준에서 노동입법과 사회보장제도를 통한 국가개입 유무 또는 정도를 비교분석하여 한 사회에서의 자본축적과정과 생산의 국면이 여하히 국가정치와 연류되어 있는지를 밝히려 하였다.

그러나 뷰로웨이 스스로가 노동과정과 국가정치를 분리하는 경향을 극복하고자 시도한 양자를 모두 생산의 측면에서 파악하려는 노력은 결국 미시적 정치 경제주의적 입장에 머무르고 말았다.

한 사회에서의 자본축적 과정과 생산의 국면이 어떻게 국가정치와 연류되어 있는가를 밝히려면 노동과정과 국가정치를 모두 생산의 측면에서 분석하되 동시에 그 사회에서의 공장체제가 사회내의 계급갈등과 뿜어내는 상호작용을 분석하지 않으면 안된다.

뷰로웨이가 분석을 통해 밝혀낸 공장체제는 미시적 정치 경제주의적 입장의 산물이며 노동과정과 국가정치를 모두 생산의 측면에서 보되 사회전반의 계급갈등에 대한 거시적 분석차원에서 밝혀낸 현상은 아니다.

뷰로웨이 이론이 한국의 현실과 잘 맞지 않는 이유를 두 가지로 요약할 수 있다. 첫째, 강제(coercion)의 성격규정 차이다. 뷰로웨이 이론이 적용되는 서구사회에서는 전제체제하의 강제는 시장기구의 경제적 회초리(the economic whip of the market)였으나 한국에서는 식민지적 유산과 국가의 병영적 노동통제였다. 즉 한국에서는 국가가 처음부터 생산정치의 형식과 내용을 구체적으로 간섭하였다. 둘째, 서구에서는 전제체제에서 헤게모니체제로의 이행이 노동자의 낮은 구매력으로 인한 저소비·과잉생산의 위기를 극복하려는 의도의 결과였으나, 한국에서는 사회주의세력의 등장, 산업구조개편, 기술종속, 신보호무역주의 등 변수들에 의한 저임금/장시간노동기저의 축적체제 위기를 극복하려는 의도의 결과였다.

지금까지 한국에 있어서 노동통제를 분석하기 위한 이론틀로서 산업화, 노동통제, 노동저항의 상호작용론, 권위주의국가의 노동통제론, 생산정치론 등 세 가지를 간략하게 짚어 보았다.

상호작용론은 산업화전략에 의한 발전국가의 성격규정과 노동통제와 저항의 상호작용을, 권위주의국가의 노동통제론은 조합주의적 노동통제 메커니즘과 그에 대한 비판적 대안을, 생산정치론은 노동과정과 국가정치의 접목을 통한 분석틀을 제시하고 있다. 지금까지 이상 세 가지 분석틀을 비판적으로 검토하여 보았다.

다음 절에서는 이상의 각 이론틀이 갖고 있는 유용성을 감안하면서 개별자본의 노동통제와 국가의 노동통제를 상호연관시켜 80년대 후반을 기점으로 통제의 변화를 분석하기로 한다.

2. 국가의 노동통제 변화분석

본절에서는 국가의 노동통제 변화를 분석한다. 그러나 국가의 노동통제는 노동과정내에서의 개별자본의 노동통제와 연관되어 있으므로 국가의 노동통제에 관한 논의가 설명력을 지니기 위해서는 개별자본의 노동통제에 관한 논의 수반이 필요하게 된다.

따라서 국가의 노동통제 변화에 관한 분석을 구체적으로 들어가기 전에 국가의 노동통제와 개별자본의 노동통제간의 위상관계를 설명할 필요가 있다.

(1) 국가의 노동통제와 개별자본의 노동통제

자본주의체제하에서 국가는 개별자본이 아닌 총자본의 이익을 보장하고 동시에 자본의 단기적인 이익보다는 장기적인 이익을 보장한다.

그렇다면 국가의 노동통제와 개별자본의 노동통제는 별개의 것인가? 그렇지 않다. 국가의 노동통제는 개별자본의 노동통제가 당해자본의 이익을 관철시킬 수 있도록 기본틀을 제공하여 주고 개별자본이 노동을 통제하는 과정에서 발생되는 문제들을 조정하고 보완하여 준다.

이와 같은 국가의 노동통제와 개별자본의 노동통제간 연결구조는 서구자본주의 국가 경우와 한국 사이에 연결강도와 방식에 있어서 일정한 차이를 보여 왔다.

잘 발달된 서구 시민사회에서는 노동자들이 생산·교환·분배의 영역에서 정치제도를 이용하여 집단적인 요구를 관철시켜 왔으며 상대적인 자율성을 지닌 국가는 자본가계급의 이익을 보장하는 메커니즘이 구조적이고 간접적인 방식이 될 수밖에 없었다.

그러나 국가에 의해서 주도된 계획경제를 통한 자원의 동원과 분배를 전형으로 삼았던 한국에서는 평상시에는 배후에서 작용하고 비상시에는 전면에 표출되는 국가권력의 직접적 행사가 기본골격을 이루는 기초 위에서 노동법과 이데올로기적 공세, 그리고 노동행정을 축으로 하는 통제방식을 취해 왔다.

이제 국가의 노동통제와 개별자본의 노동통제간의 위상관계를 보다 체계화하여 보기로 하자. 양자를 연결하는 기본구도는 자본주의 국가의 노동통제 목표이다. 자본주의국가는 다음 두 가지를 노동통제의 기본목표로 한다. 첫째, 자본주의적 생산관계의 생산과 재생산을 보증하는 것, 둘째 자본주의적 계급관계의 재생산 즉 사회적 재생산을 연속적으로 보증할 뿐만 아니라 그 효율성을 극대화하기 위한 '축적체계'와 '규제양식'이 지배적 분파(예컨대 독점자본)에 의해서 유지·강화되도록 하는 것이다.

국가는 이와 같은 기능을 수행하는 과정에서 다음 세 가지를 규정한다. 첫째, 국가의 노동과정에 대한 규정성이다. 규정을 위한 대표적인 영역이 노동시간과 노동강화이다. 전자는 절대적 잉여가치 실현을 위한 조건이고 후자는 상대적 잉여가치 실현을 위한 조건이다. 국가가 이 조건들을 규정한다. 통제수단은 법률적 형태(노동법)와 행정규제이다.

예컨대, 근로기준법 42조에서 노동시간을 1일 8시간, 1주일에 44시간으로 정하고 다만 당사자간의 합의에 의하면 1주일에 12시간 한도로 연장근로할 수 있도록 해놓고 있을 뿐만 아니라 특별한 사정이 있는 경우에는 노동부장관의 인가와 본인의 동의를 얻어 12시간 이상을 연장근로할 수 있게 하고 있다. 국가는 노동강도를 강화시키기 위한 구체적인 법률조치를 직접적으로 하기보다는 개별자본이 잉여가치 실현을 목적으로 자행하는 통제에 대항하는 노동자계급의 합법적 공간을 제한함으로써 개별자본의 노동강화를 제도적으로 보장해 준다.

둘째, 국가의 노동력 재생산에 대한 규정성이다. 국가가 노동력 재생산을 자본의 가치증식에 적합하도록 규정하는 영역과 방식은 다양하다. 우선 노동력의 상품화(commodification)를 보장한다. 자본주의 국가는 기본적으로 생산수단의 비소유자(예, 노동자계급)를 상품제관계로 통합하는 수단의 총화이다. 이를 위해 사유재산제도를 유지·확충하여 왔으며 노동자계급을 생산수단과 생활수단으로부터 분리·유지하여 왔다.

노동자계급의 정치적 권력의 향상에 따른 복지국가의 출현으로 노동력의 탈상품화(decommodification)가 진행되는 과정에서는 국가가 교육제도, 직업훈련제도, 사회보장제도를 통해 노동자계급의 현상적 재생산 및 세대적 재생산을 보완한다.

셋째, 국가의 노동시장에 대한 규정성이다. 노동시장에 대한 규정은 주로 고용정책과 임금정책에 의해서 이루어진다. 자본주의국가는 고용정책의 근간을 노동시장에서의 노동력 수급의 원활한 작용화에 둔다. 한편으로는 채용에 있어서 차별금지정책, 법에 의한 해고제한, 비생산적 고용(국가부문에의 고용)을 시행하여 노동시장에서의 노동력수요의 크기에 영향을 미치고,

다른 한편으로는 산업예비군 창출을 위한 정책(예, 저곡가정책에 의한 탈농화현상)을 실시함으로써 노동력공급에 영향을 미친다.

국가는 임금정책을 통해 임금수단과 임금구조에 영향을 미친다. 최저임금제 실시, 임금인상 가이드라인 정책 등은 개별자본의 임금수준에 직접적인 영향을 미친다. 성별·학력별 임금격차가 심하였으나 90년대에는 대규모 기업체에서 노동운동의 세력화와 기술인력 부족 등 노동시장적 요인으로 임금인상이 확대되어 기업규모간 임금격차가 발생하고 있다. 이런 경우 국가는 임금격차를 줄이는 임금정책에 역점을 둔다. 그리고 노동운동을 통제하는 노동법의 시행을 통해 국가는 노동조합들의 단체교섭력에 영향을 미치고 그 결과 임금수준에 영향을 미친다.

(2) 국가의 노동통제 변화분석

1987년 6·29민주화 선언에 이은 6공화국 정부의 수립은 그 이전 오랫동안에 걸친 정통성 시비를 상당정도 희석시키면서 불만족스럽기는 하나 정치적 민주주의의 공간을 넓혀 놓았다.

정치적 민주주의의 공간을 넓힌 이상 국가는 시민사회에 대한 자신의 영향력이 합리성을 갖거나 아니면 적어도 합리성을 갖춘 것으로 보이도록 하지 않으면 안되었다. 더군다나 선거정치의 폭이 대폭 증대된 상황에서 자본주의의 발전결과 양적 성장을 본 중간계급이 선거 대세를 가름하는 중심세력으로 등장한 이상 국가는 민주적 정치체제의 이미지를 끊임없이 쇄신시키지 않으면 안 된다.

그 결과 국가는 대노동자계급 정책에 있어서 요구의 제약, 절차적 제약, 자원의 제약 및 사회보장제도의 공급에 대한 종래의 강제(coercion)를 어느 정도 희석시키면서 동의(consent)를 수반하는 형태의 통제방식을 사용하지 않으면 안되게 되었다.

그리하여 국가는 87년 이후 일련의 노동관계법을 개정하고, 노사관계에 대한 중립적 태도를 표방하며 노사분규에 대한 개입을 자제하는 등 노동통제 방식에 있어서 과거 사반세기 동안의 통제방식으로부터 궤도수정하는 듯한 입장을 취하였다. 이러한 현상을 두고 일부에서는 '의사개량화 정책' 일 뿐 강압적 노동통제는 본질로서 그대로 존속되고 있다고 주장한다.[3] 그러나 노동통제방식이 일방적인 강압에서 일정한 완화로 전환되고 그러한 완화를 통하여 법적·제도적 테두리내에 있는 노동운동세력과 그 테두리를 벗어난 운동세력을 분리시킴으로써 전자를 인정하고 후자를 탄압하는 전략을 채택하고 있기 때문에, 본절에서는 80년대 후반을 기점으로 그 이전의 노동통제 방식을 약술하고 80년대 후반 이후의 통제방식을 비교검토하는 형태로 한국에서의 국가의 노동통제 변화를 분석하고자 한다.

1) 80년대 중반 이전 시기의 국가노동통제

자본주의 국가의 노동통제는 그 기본목표를 어떻게 하면 자본주의적 생산관계의 생산·재생산을 원활히 할 것인가, 자본의 잉여가치 추출을 원활히 하기 위한 조건을 확보하기 위해서 어떻게 하면 노동의 실질적 포섭을 담보해 낼 것인가, 그럼으로써 노동자계급의 정치투쟁화를 최소화시킬 수 있을 것인가에 둔다.

이러한 기본목표를 달성하기 위해서는 한 국가의 노동통제는 일정한 체제, 예컨대 뷰로웨이식 노동통제체제(labor regime)를 형성함으로써 통제효율의 극대화를 달성할 수 있다. 그러나 80년대 중반 이전의 우리 나라 노동통제는 형식에 있어서 무체계적이고 내용에 있어서 임기응변식 또는 상황반사적이었다고 해야 옳을 것이다. 그럼에도 불구하고 몇 가지 기준을 설정하고 그 기준에 비추어 볼 때 통제의 목표와 그 목표달성을 위해서 나름대로의 틀과 골격을 형성했지 않았는가 보여진다.

80년대 중반 이전의 국가에 의한 노동통제의 틀과 골격을 유형화하기 위해서 분석수준을 3단계화하면, 첫째 단계는 노동통제의 법적, 경제적, 이데올로기적 장치이고, 둘째 단계는 코헨과 로저스(Cohen과 Rogers, 1983)가 제시한 요구의 제약, 절차적 제약, 그리고 자원의 제약이며, 셋째 단계는 조

3) 요구의 제약(demand constraint)은 국가가 노동조합의 요구를 일정하게 제약함이고, 절차적 제약(procedural constraint)은 국가가 노동조합에 의한 요구의 성취에 필요한 집단적인 절차와 방법상의 제약이며, 자원의 제약(resoruce constraint)은 노동조합이 활동목적을 위해서 동원할 수 있는 자원의 동원을 제약함을 일컫는다.

합주의적 분석방식인 유인과 강제의 정도이다.

위에서도 밝혔듯이 우리나라 국가의 노동통제가 60년대초부터 80년대 중반까지의 기간 동안 어떤 틀과 골격을 일관성있게 유지하여 왔다고 보기는 어렵다. 따라서 여기서의 분석은 추상수준을 높여 보고자 한다. 그 이유는 월러스타인이 세계체제 분석에서 그러했던 것처럼 고공비행을 하면 할수록 보고자하는 지형은 자세하지 않지만 그 윤곽은 보다 완벽하게 잡아낼 수 있다고 보기 때문이다.

먼저 노동법 분석을 통해서 요구·절차·자원을 어떻게 제약하고 어떤 강압기제를 사용하였는가를 알아보자. 여기서 중요한 것은 산업화 초기단계에서 자본의 잉여가치 추출극대화를 위해 어떤 법적 장치를 가지고 산업화 1세대 노동자들을 포섭해 내었는가를 밝히는 일일 것이다.

첫째, 국가부문과 외자부문에 있어서 노동조합 설립과 활동에 대한 규제조치 강화이다. 공무원 노동3권 박탈, 국가기관·국공영기업체·방위산업체·공익사업체에 단체행동권 제한, 외자기업에서의 노동조합 조직 및 노동쟁의 제한(70년 특별조치법) 등으로 국가부문과 외국자본에 직접 도전하는 투쟁 가능성을 차단하였다. 이러한 차단을 1980년 '제3자 개입금지'에 의해 노동관련 세력의 연대가능성을 배제시킴으로써 보다 견고하게 통제기제로서 기능하게 되었다.

둘째, 노동조합 설립요건, 단체교섭, 쟁의행위 금지, 노동쟁의 조정, 조합의 내부운영 등에 대한 국가개입이다. 노동조합을 설립하기 위해서는 소정의 서류를 구비하여 행정관청에 설립신고를 하도록 규정하고(13조), 노동조합법 시행령은 서류의 구비여부뿐만 아니라 노동조합의 결격요건(3조 단서)의 해당 여부까지도 심사하여 신고증을 교부할 것인지 여부를 결정하도록 규정하였다.

예컨대 노동자들이 창립대회를 거쳐 설립신고를 하면 개별자본가는 창립조합원 일부를 해고하고 국가는 해고된 자를 해당기업의 노동자가 아니라고 보므로 해고된 자의 가입을 허용한 것은 결격요건에 해당된다 하여 설립신고를 반려하게 되었다. 이로써 노동조합 설립에 대한 국가개입이 노동조합 조직을 이유로 개별자본이 노동자를 해고하도록 조장하는 결과로 연결되었다.

뿐만 아니라 기업별 단위노동조합은 종업원 30인 이상 또는 전체종업원 5분의 1 이상의 찬성을 얻어야 설립되도록 하였다. 이로써 노동조합 결성의 자유를 제한하였다. 또한 같은 기업내에 제2노조의 탄생을 불가능하도록 규정하였다. 그 결과, '민주노조' 결성움직임이 있는 기업에서 회사측이 '어용노조'를 먼저 설립한 후 노동자들의 자주적인 노조설립을 방해하도록 방기하였다.

단체교섭에 있어서는, 1963년 산별체제에서 1973년 기업별체제로 다시 1980년 연합체노동조합에의 교섭위임 억제체제로 교섭방식을 강제하였다. 이처럼 노동조합 쪽의 교섭위임은 제한하면서 자본측의 교섭위임에는 아무런 제한이 없기 때문에 단체교섭에 있어서 중요한 본질인 노사간 형평의 원리를 깨고 교섭력에 있어서 단연 자본측이 유리하도록 만들었다.

쟁의행위의 금지·제한조치는 1980년 법개정을 통하여 더욱 강화시켰다. 쟁의행위의 주체에 관하여 그 이전에는 노동쟁의조정법 또는 공무원법으로 단순한 노무에 종사하는 자가 아닌 공무원에 한하여 쟁의행위를 금지하였을 뿐인데 이를 확대하였다. 그 결과 공무원은 사실상 노무에 종사하는 자로서 노동조합을 결성하도록 허용된 경우에도 쟁의행위를 할 수 없게 되고, 국가·지방자치단체에 종사하는 자로서 공무원의 신분을 가지지 않는 근로자도 쟁의행위를 할 수 없게 되었으며, 국공영기업체는 그것이 국민생활 및 국민경제에 미치는 영향 여하에 관계없이 쟁의행위가 금지되었으며, 방위산업체는 그것이 사기업이며 또 국방에 미치는 중요성의 정도에 관계없이 쟁의행위가 금지되게끔 되었다.

또한 노동쟁의조정법은 노동쟁의가 알선·조정·중재를 받는 동안 쟁의행위를 노동쟁의 발생신고 후 공익사업은 40일, 일반사업은 30일간, 그리고 중재에 회부된 후 다시 20일간, 통산 60일 또는 50일간 금지하였다. 냉각기간제도의 원산지인 미국에서는 쟁위행위가 일단 발생하여 국민생활의 안전에 미치는 영향이 중대하여 긴급사태로 선포한 경우에만 쟁의행위를 80일간 중단시킬 뿐, 우리나라와 같은 일반적·사전적 냉각기간제도를 채택하고 있지 않다.

합법적인 쟁의행위가 발생되는 것이 더욱 어렵게 된 것은 1980년 개정 이전에는 강제 중재를 공익사업에만 적용시켰으나 이를 일반사업에까지 확장시킨 것이다. 따라서 어떤 경우에도 알선이나 조정에 의해서 해결되지 않는 노동쟁의는 쟁의 당사자의 의사와 무관하게 중재에 회부되고 노동위원회는 중재재정을 발동하게끔 된 것이다. 우리나라에서 파업이 발생하였다 하면 대부분이 불법파업인 데는 실제로 이와 같은 까다로운 법절차를 거친 합법적인 파업이 발생되기가 거의 불가능하기 때문이다. 결국 국가개입이 파업의 불법성을 양산해 내고 만 모순을 낳고 말았다.

노동조합의 내부운영에 대한 국가의 법적 개입 또한 노동조합의 리더십을 크게 약화시켰다. 예컨대, 1980년 개정 노동조합법은 금고 이상의 형을 받고 2년이 경과되지 않은 자, 행정관청의 해산명령 또는 임원개선 명령을 받은 후 3년이 경과되지 않은 자, 그리고 당해 사업장에서 1년 이상 근로하지 않은 자는 노동조합임원이 될 수 없도록 하였다(23조 2항). 노동운동을 하다가 구속되었거나 해고되어 딴 직장에 새로 입사한 노동자들이 근무한 지 1년 이내에 그 직장에서 합법적 지도자가 될 수 있는 길이 차단되었다.

셋째, 노사협의제도의 적극 권장이다. 국가가 노사협의제도를 적극 권장하는 정책을 추진한 것과 궤를 같이하여 1970년대 노사협조주의를 근간으로 하는 공장새마을운동 전개 및 산별교섭체제에서 기업별교섭체제로의 전환이 이루어졌다.

5공화국에 의해서 도입된 노사협의제도는 종업원 100명 이상의 사업체와 노동조합이 조직되어 있는 사업체는 원칙적으로 반드시 노사협의회를 설치해야 하고, 종업원 50인 이상의 사업체에는 설치를 권장하고 있다. 노사협의회를 적극 권장하는 궁극적 목적은 노사관계를 대립구도보다는 협력구도에 치중케 하여 빵의 분배문제보다는 빵의 증대문제를 노사가 다루도록 유도하는 데 있었다. 이러한 사실은 노사협의회의 협의사항 가운데 첫번째 항목이 '생산성 향상 및 근로자 복지증진에 관한 사항'으로 되어 있는 것만 봐도 충분히 알 수 있다(노사협의회법, 제20조).

정부의 노사협의제도의 강조는 한편으로는 동일 사업장내에 노동조합과 이중으로 설립되어 기능상 혼란을 가져옴으로써 노사관계 제도화에 저발전을 가져왔으며, 다른 한편으로는, 노사협의회가 실질적인 노조의 기능을 대신하여 노동조합의 설립을 제약함으로써 노동자들의 권익과 이해증대를 저해하는 결과를 낳았다.

이제 노동통제의 경제적 장치에 관해서 논의하여 보자. 우선 대표적인 것이 자본에 의한 장시간 노동의 합법화이다. 이 결과, 우리 나라는 주당 평균노동시간과 산업재해자 수에 있어서 높은 수준을 유지해 왔다. 비농림산업 종사자의 주당 평균 노동시간은 1963~69년 사이에 56.7시간, 70~75년 사이에는 57.8시간; 76~82년 사이에는 59.1시간이었으며, 산업재해자 수는 1965년에 1만 명 미만이던 것이 1977년에 10만 명을 넘어서고 그 이후 계속 증가하여 1983년에는 15만 7천 명에 이르렀다.

두번째 기제는 농민의 임노동자화정책이다. 저농산물가격정책은 농가소득의 하락을 가져오고 이는 다시 이농현상을 가져왔다. 산업화정책과 도시화와 상승작용을 일으켜 탈농화에 의한 저임노동력의 끊임없는 공급이 이루어지고 이는 다시 임금억제와 저임금방치를 위한 물적 토대 역할을 하였던 것이다.

세번째 기제는 임금억제를 위한 정부개입이다. 금융기관 대출규제를 무기로 한 기업에 대한 압박, 행정기관을 통한 임금조정 간섭, 단체교섭에 대한 중재 등을 통해 정부의 임금 가이드라인에 임금인상률을 조율해 왔다.

노동통제의 경제적 장치로서 마지막으로 거론되지 않으면 안되는 것은 기업내에서 노동자들의 종속도 심화이다. 노동력을 파는 방법 이외에 여타 생계수단이 없기 때문에 싫든 좋든간에 공장에서 일하지 않으면 안된다. 거기다 사회보장제도가 발달되어 있지 않기 때문에 저임금에 노동력을 판 노동자들은 한푼이라도 더 받기 위해서는 연장근로를 하지 않을 수가 없다.

끝으로 이데올로기적 노동통제를 논의해 보기로 하자. 남북대치 상태에서 첨예화되어 온 냉전의식과 분단의식에 기반한 국가관을 노동자들에게 일정하게 심어줄 필요를 가진 정부는 북한에 대한 상대적 우위를 점하기 위해서는 경제성장이 최우선시되어야 한다는 성장제일주의를 표방하게 되었다. 산업현장에서 노동자들이 그들의 권익과 이해를 도모하기 위한 노동운동은 지속적인 성장을 위해 필요한 안정을 저해하는 것이므로 이를 노리는 북한을 이롭게 하는 이적행위로 간주되었다. 이러한 성장제일주의와 안보논리가 이데올로기적 노동통제의 근간을 이루었다.

성장제일주의에 접목된 안보논리가 국가에 의해 주도되었다면 충효사상에 기초한 봉건적·가부장적 지배이데올로기는 개별자본에 의하여 강조되었다. 특히 노사분규가 첨예화하는 과정에 있어서는 사회의 모든 대중매체들을 총동원하여 용공시하는 대국민 캠페인을 전개하는 한편, 기업내부적으로 특정 소수분자가 외부세력과의 결탁에 의한 기업을 도산시키기 위한 전략(80년대초 도시산업선교회 관련 사건은 대표적인 사례임)으로 몰아붙여 일반 노동자들과의 차단을 꾀하였다.

생산과정내에서의 노동자의식을 개별화·파편화하여 집단적 지위상승의 욕구를 무화하고 개인적인 수준에서 상향이동의 이데올로기를 주입하고자 하였던 시도들로서 가장 대표적인 사례가 공장새마을운동과 노사협의제의 적극적인 추진이다. '공장을 내집같이'와 같은 슬로건을 내걸고 노사혼연일체의식을 주입시키며 노사가 협조하여 빵의 분배문제는 우선 빵을 증대시킨 후에 따지자는 노사협조주의를 강력히 추진하였다.

지금까지 80년대 중반 이전 시기에 있어서 국가의 노동통제를 법적, 강제적, 이데올로기적 측면에서 짚어보았다. 여기서 간과돼서는 안될 사항이 있다. 70년대 유신체제 이후 중화학공업 육성정책에 따라 생산설비의 거대화로 고정비가 커지게 되고 가동률이 약간만 낮아져도 평균비용이 급격히 증대되는 상황에서 수천 명의 노동력이 거대공장에 밀집하게 되고 이들 노동자들의 집단적 세력결집 가능성은 국가는 물론 개별자본의 입장에서 보면 커다란 위협이 아닐 수 없었다. 그럼에도 불구하고 실제로 나타난 노동자들의 집단적 세력화는 극히 미미한 수준에 불과하였는데, 이러한 현상은 국가의 노동통제에 기인된 바 크다.

세계운동사를 보더라도 독점자본주의 단계에서 노동문제에 대한 국가의 개입이 강화되었음은 주지의 사실이다. 왜냐하면 독점이윤 획득을 위한 안정적인 시장조달과 원료공급 때문이기도 하거니와 보호관세에 의한 국내시장 보호와 해외시장 확보의 필요성 때문이다. 이에 대항하는 노동운동은 미숙련노동자에 의한 산업별조직(예, 미국 CIO) 확대로 당시 고양된 사회주의

운동과 결합하여 매우 활발한 정치투쟁을 전개하였던 것이다. 이들 노동자 세력은 산별체제에 의한 단체교섭력 증대로 해고방지책을 확보하였기 때문에 노동시장의 작용에 의한 실업위협만으로는 노동통제가 불가능하였던 것이다. 그러나 우리나라에서는 이런 현상은 벌어지지 않았다. 산별체제가 채 그 뿌리가 내리기도 전에 기업별체제로 국가에 의해 강제로 전환되었을 뿐만 아니라 노동조합 자체 설립마저 어려운 상황에서 파업기금 확보는 상상도 못하는 처지에서 단체교섭력 증대는 전혀 기대할 수 없었기 때문이다.

오히려 국가는 노동조합을 노동력통제의 자원으로 삼으려 하였다. 그러니까 기존의 노동조합을 통제자원으로 하여 신노동조합 설립을 막는 전략을 펴나갔던 것이다. 이러한 풍토에서 굳이 노동자를 기업공동체에 통합시키기 위한 물질적 유인제공을 위한 비용을 투자할 이유가 없었으며 그 결과는 복지의 저발전이었다. 대신 기업주도의 노사협조운동, 예컨대 집단심리작용을 이용한 품질관리운동, 공장새마을 분임조활동 등과 기업 충성심을 불어넣는 기업내 교육을 전개하였다.

2) 80년대 중반 이후 시기의 국가노동통제: 현실과 전망

80년대 중반 이후 출범한 제6공화국의 노동통제정책은 그 이전과 비교하여 어떤 변화를 가져왔는가? 첫째, 법적 통제면에서 일정한 제약감소가 이루어졌고, 둘째, 경제적 측면에서의 통제는 이전의 저임금/장시간노동에 기저를 둔 축적체계가 더이상 효율성을 갖지 못하게 되고 대안적인 경제적 장치, 예컨대 고임금노동자들의 고생산성 체계와 같은 장치가 확보되지 못하는 과도기적 단계에서 별반 효과를 거두지 못하게 되고, 셋째, 이데올로기적 측면에서의 통제는 과거와 같은 반공·봉건적·가부장적 이데올로기가 퇴조하면서 새로운 대안 없이 경제적 노동조합주의, 즉 노동운동을 노동조합주의의 틀내로 묶어내기 위한 이념적 공세 이외 별반 뚜렷한 체계 없이 중산층 성장에 의한 급진노동운동의 국민대중에 의한 거부반응에 의존하는 특징을 보였다.

그러나 80년대 후반 이후 노동통제정책이 완화되었다고 봐서는 안될 것이다. 오히려, 그 이전의 권위주의적 통제벨트가 느슨하게 완화되었다고 보

기보다는 국가가 떠맡은 노동통제가 자본, 특히 대자본에게 돌아감으로써 자본에 의한 노동통제가 강화되었다고 봐야 한다. 법적 통제면에서 과거의 통제영역을 그대로 유지하고 있는 대표적인 사례를 보면 다음과 같다.

첫째, 복수노조금지 조항이다. 87년 개정 노동조합법에서 기존의 '정상적인 활동을 방해할 목적으로'라는 조항에 '조직대상을 같이 하거나'라는 조항을 추가함으로써 이 조항은 사실상 강화된 측면이 있다. 복수노조금지 조항은 제3자개입금지 조항과 함께 '기업별 조직·기업별 교섭' 관행을 유지하는 핵심적인 조항이라고 볼 수 있다. 왜냐하면 이 조항이 폐지되면 재야 노동단체의 노조조직 및 교섭영향력이 행사될 수 있기 때문이다.

그런데 복수노조 허용문제와 노동통제 효율성과의 관계적 특성을 고려해 볼 때 여기서 생각해 볼 점이 한 가지 있다. 그것은 향후 복수노조를 허용하는 방향으로 법개정이 이루어질 경우 그것이 곧 통제완화를 의미하지는 않을 수도 있다는 점이다. 왜냐하면 복수노조가 법으로 허용될 경우 유일교섭권이 채택될 수밖에 없는데, 물리력에 바탕을 둔 교섭력 제고가 아닌 설득과 홍정에 의한 교섭력 제고가 노조간 경쟁의 관건이 될 것이므로 이는 곧 기업의 통제목표, 즉 노동운동의 기업주의 체제내화 달성의 계기가 될 것이기 때문이다. 복수노조체제가 노사관계 불안정을 가져올 수 있다는 우려는 고임금·산업구조고도화 단계에서는 하나의 기우에 불과할 수도 있다.

둘째, 공무원과 교원노조 금지제도이다. 공무원과 교원의 경우 임금과 근로조건이 대기업 노동자들에 비해 높지 않으나 신분보장은 높다. 이런 요인은 노동조합이 허용될 경우 노조가입률이 매우 높게 될 것이고 공공부문의 특성인 높은 정치적 성향과 상승효과를 일으켜 총자본의 지배구조에 가장 큰 위협세력으로 발전될 공산이 클 것으로 국가는 인식할 것이므로 6공화국뿐만 아니라 그 이후에도 이 부문의 노동조합 결성이 허용될 가능성은 매우 적다.

셋째, 노동조합의 정치활동금지 제도이다. 과거와 마찬가지로 노동조합법 12조에 '특정정당 지지, 특정 정당인 당선시키기 위한 행위, 조합원의 정치자금 징수, 노동조합기금의 정치자금으로서의 유용' 등을 노동조합이 하지 못하도록 금지하고 있다.

이 조항은 권위주의적 통제차원에서 6공화국까지는 그대로 유지·존속되어 왔으나 정치민주화와 노동조합 단체의 로비활동, 차기 행정부에서의 정당정치구도에 따라 제한적 또는 전면적인 정치활동 허용 가능성도 높을 것으로 예상된다.

넷째, 노동조합 재정에 관한 법적 제한 규정이다. 과거와 마찬가지로 노동조합이 그 경비를 기업에 의존하거나 기업이 노조의 경비를 원조하는 것을 금지하고 있다. 동시에 노동조합법 24조에 의거, 조합비는 매월 조합원 임금의 2%를 넘지 않는 범위 안에서 책정하도록 규정하고 있다.

한국노동운동 역사상 노동조합의 쟁의기금 확보가 마련되어 본 적이 없는 상황하에서 조합비가 상한선 2%에 묶여 있다는 것은 코헨이 지적하듯이 자원의 제약이므로 조합비 상한선 철폐주장이 노동조합 연합단체에 의해 꾸준히 제기되어 왔다. 차기 정부가 들어서면 조합비 상한선은 철폐될 공산이 매우 크다.

그러나 이러한 상한선 철폐가 반드시 노동조합에 유리하다고 볼 수만은 없다. 조합원들은 그들의 임금에서 조합비가 매월 많이 공제되면 될수록 노동조합이 그들의 이익을 위해 얼마나 공헌했는가를 감시하고 싶어하며 그 평가가 조합원투표로 연결될 것이므로 조합비 상한선 철폐에 따른 조합비 상향조정은 곧 노동조합의 실리적 경제조합주의 운동화로의 수렴을 의미할 수도 있다. 더구나 복수노조 체제하에서는 이런 현상이 보다 빨리 나타날 것이다.

노동조합의 생명은 민주적인 결정과 운영에 있다. 노동조합법은 노동조합의 회계감사원으로 하여금 적어도 6개월에 한번씩 노동조합의 모든 재원 및 용도, 주요한 기부자의 성명 및 현재의 경리상황에 대한 회계감사를 실시케 하고 그 내용과 감사결과를 전체조합원에게 공개하여야 하며(노조법 25조 1항), 회계연도마다 결산결과와 운영상황을 공표하여야 하며 조합원이 요구하는 경우에는 이를 공개하여야 한다(노조법 29조). 조합비 상한선 철폐는 곧 노동조합 재정의 민주적·효율적 운영에 대한 조합원들의 감시기능을 높여주고 그 결과는 노동운동의 정치주의보다는 경제조합주의를 유발케 될 것이다.

또한, 현행 노조전임자의 급여문제에 있어서 기업측이 노조전임자의 급여를 부담하고 있는데 노동조합이 부담하지 않으면 안될 현실적 근거가 될 것으로 예견된다.

다섯째, 노동쟁의 억제정책이다. 87년 개정 노동쟁의조정법은 냉각기간을 공익사업은 과거 40일에서 15일로, 일반사업은 30일에서 10일로 단축하고, 중재에 회부된 후 공익·일반 모두 과거 20일에서 15일로 단축되어 쟁의행위가 금지되도록 하였다. 이로써 과거 60일 또는 50일간 금지되었던 쟁의행위가 30일 또는 25일로 단축된 셈이나 공익·일반을 불문하고 긴급조정에 회부된 경우에는 20일 동안 쟁의행위에 돌입할 수 없게 되어 있기 때문에 개정된 법상으로도 적법 절차에 의한 쟁의행위는 사실상 어렵다.

그러나 노동조합은 교섭재개시에 노동쟁의 발생신고를 행정관청과 노동위원회에 미리 신고하여 교섭이 결렬되면 곧 바로 쟁의행위에 돌입할 수 있도록 시간을 버는 방법을 택하는 전략을 씀으로써 법과 시행 사이의 불일치라는 문제를 제기한 측면도 있었다. 따라서 향후 과제는 냉각기간의 현실화도 문제가 될 뿐더러 냉각기간 설치의 본래 취지인 알선·조정에 의한 분쟁해결 모색을 살릴 수 있는 방안이 기업과 노동조합 공동노력에 의해서 도출될 수 있도록 국가가 추진하는 측면도 있을 것으로 전망된다. 왜냐하면 국가는 자본주의체제하에서 자본의 가치증식 추진자도 되지만 대국민 정당성 추출기능도 수행해야 하기 때문이다.

또한 쟁의조정법 12조 3항은 사업장 이외 장소에서 쟁의행위를 할 수 없도록 금지하고 있는데 이 금지조항 때문에 오히려 생산시설 점거농성을 하도록 하는 등의 부작용을 법이 조장한 측면도 있어서 관련법의 합리적인 개정 필요도 제기되어 왔었다.

이 규정을 두게 된 역사적 상황은, 예컨대 79년 YH신민당사 농성사건을 고려하면 사업장 이외의 다른 장소를 점거하여 시위·농성이 이루어졌을 경우의 폐해도 상정해 볼 수 있으나 기술집약·자본집약 산업화가 진행되면서 사업장내 쟁의행위가 오히려 그 폐해를 매우 심각하게 하여 국가·자본 입장에서는 자승자박의 결과를 초래한 측면이 없지 않다.

법리적 차원에서 보아도, 근무시간 외에 노동자들이 다른 장소를 점거한 경우에는 쟁의행위 자체가 존재하지 않은 것이며, 근무시간중에 파업을 하면서 다른 장소를 점거한 경우에는 파업이 일어난 장소가 해당 사업장이기 때문에 사업장 이외 장소에서의 쟁의행위의 금지의 법적 정당성이 문제시된다. 따라서 향후 쟁의조정법 12조 3항의 개정작업이 예상된다.

국가의 노동쟁의 억제정책의 또 다른 대표적인 수단으로 '무노동 무임금' 정책이 87년 9월 이후 강력하게 시행되어 왔다. 노동쟁의로 인해 노동자가 작업을 거부하거나 파업·농성 등을 할 때와 사업주가 이에 대항하여 직장 폐쇄를 하여 작업을 하지 못할 경우에는 그 기간 동안 노동자의 임금청구권과 사업주의 임금지급 의무가 없어지게 되는 이 제도는 노동조합이 파업기금이 확보되어 있지 않다는 현실 때문에 강력한 통제수단시되었으나 그 원리상의 정당성(원리상, 무노동무임금은 자본주의체제하에서 정당함)으로 해서 앞으로도 계속 추진될 것으로 예상된다.

지금까지 80년대 후반 이후 국가의 노동통제정책이 그 이전의 통제정책들과 공유하는 영역을 법적 측면에서 대표적인 사례들을 몇 가지 열거해 보고 곁들여서 향후 전망까지 언급하였다.

한편, 80년대 후반 이후 노동통제정책이 법적 통제면에서 일정한 제약 감소가 이루어졌다 함은 노동쟁의조정법상 냉각기간이 상대적으로 짧아졌다는 단순한 수치상의 이완만을 두고 하는 말이 아님을 밝혀둘 필요가 있다.

우선 노동조합조직을 보자. 과거에는 기업별 단위노동조합은 종업원 30인 이상 또는 전체종업원 5분의 1 이상의 찬성을 얻어야 설립되도록 하였다. 그러나 87년 법개정시 이 조항이 삭제됨으로써 이론상으로는 2명 이상이며 기업별 단위노동조합이 설립가능하도록 되었다. 또한 과거에는 행정관청이 노조설립에 필요한 구비서류의 심사권이 주어져서 신고증 교부를 지연시키거나 거부할 수 있는 권한이 있었으나 87년 법개정으로 설립에 필요한 구비서류만 갖추면 3일 이내에 신고증을 교부하도록 개정되었다.

또한 노동조합법 39조 2항을 개정하여 해당사업장 노동자의 3분의 2이상이 이미 노조에 가입하고 있는 경우에는 유니언 협정을 인정하여 해당사업장 노동자들을 강제로 조합원으로 만들 수 있도록 하였다.

그러나 노동조합 설립 및 존속과 관련하여 87년 법개정시 노동조합법 3

조 단서 4호를 개정하여 노사간 대립을 첨예화시켰다. 노조법 3조 단서 4호는 '해고의 효력을 다투고 있는 자를 근로자가 아닌 자로 해석하여서는 아니된다'고 규정하고 있다.

이런 개정의 배경을 잠깐 보자. 기업측은 '근로자가 아닌 자는 노조에 가입할 수 없다'는 노조법 3조 단서 4호를, 자진퇴직자 및 해고된 자가 바로 여기에 해당된다고 보고, 퇴직 또는 해고와 동시에 당연히 조합원 자격을 상실하는 것으로 해석하여 왔다. 그 결과 기업은 노동조합의 설립을 저지하거나 특정 조합원을 노동조합 활동에서 격리시킬 목적으로 부당해고를 해버리는 사례가 많았다.

이러한 폐단을 시정하겠다는 의도로 국가는 87년 개정시에 해고의 효력을 다투는 자는 근로자가 아닌 자로 해석해서는 안된다는 단서조항을 두었다. 즉, 해고된 '근로자'가 부당노동행위 구제신청을 하거나(노조법 40조), 부당해고 구제신청을 하거나(근로기준법 27조의 3: 1989. 3. 29 신설) 또는 해고무효소송을 제기하면 판정 또는 판결이 확정될 때까지 당분간 조합원 자격이 유지된다는 것이다.

그러나 해고노동자들이 상당한 기간내에 그 해고가 부당노동행위이거나 무효라고 주장하는 소송을 제기하여 그 효력을 다투고, 그들이 '근로자'의 신분이나 노동조합원이 신분 등을 계속 보유함을 주장하면서, 해당 사업장에서 쟁의행위에 참가하고, 대법원(대법 1990. 11. 27 선고 89도 1579)이 이를 제3자개입금지 위반이 아니라고 판결을 내렸을 뿐만 아니라 여타 판례들이 해고의 효력을 다투는 '근로자'는 조합원 지위를 인정해야 한다고 판지를 제시하자, 사용자단체와 국가는 이 조항이 노사분규의 불씨가 되고 있다고 판단하고 관련 단서조항 삭제를 주장한 바 있다.

노동통제란 이처럼 처음부터 체계적으로 계획되어 실행된다기보다는 의도되지 않은 결과로 해서 수정·보완되는 것이며 통제결과에 대한 예측이 불명확할수록 통제수단은 직접적이고 강압적인 성향을 지닌다.

80년대 후반 이후 국가의 노동통제정책에 있어서 경제적인 측면을 보면 우선 임금소득정책을 들 수가 있다. 저임금·장시간 노동 및 탈농정책에 의한 산업예비군 창출 그리고 임금가이드라인 정책은 후퇴되고 대신 최저임금제 실시가 추진되었다.

최저임금제도는 국가가 임금의 최저한도를 법으로 정하여 이에 미달하는 임금지급을 금지함으로써 저임금노동자의 최저한의 생활수준을 보장하려는 제도이다. 한마디로 노동력재생산의 최소한의 보장인 최저임금제도를 국가가 관장하겠다는 정책인데 저임금노동자들이 집중되어 있는 상용고 10인 이하의 사업장이 실시대상에 제외되어 있고 최저임금수준 또한 아직 국가가 산출해낸 실태 생계비에도 못 미치고 있어서 많은 문제점을 내포하고 있다. 그러나 가산임금, 가족수당, 통근수당, 상여금 등이 포함되지 않은 임금이 최저임금수준 이상이어야 하는 등의 측면도 있다는 점을 고려할 때 향후 점진적인 개선이 이루어질 것으로 전망된다.

한편 근로기준정책의 면에서는 임금채권 최우선 변제제도가 신설되고(근로기준법 30조 2항), 변형근로시간 운영제도 폐지되었으며(42조 2항), 근로기준법의 적용대상이 전면적용대상은 상시 15인 이상의 사업장에서 10인 이상의 사업장으로 확대되었다가(87년말 시행령 개정), 89년 3월 근로기준법의 개정에서는 상시 5인 이상으로 확대되었으며 일부 조항은 4인 이하의 사업장에도 적용되도록 하는 등 상당한 진전이 있었다. 그리고 주당 법정노동시간도 89년 3월의 근로기준법 개정에서 상용고 300인 이상의 기업은 90년 10월 1일부터 44시간으로 단축하도록 하여 시행되고 있고, 그 경과조치로서 89년 3월 29일부터 상용고 5인 이상의 기업은 주당 법정노동시간을 46시간으로 단축하였다.

한편 사회보장정책으로서 추진되고 있는 국민주 보급, 종업원지주제 , 주택조합 및 주택마련 지원제도, 사내 복지기금제도, 기숙사 등 복지시설의 확충, 노동조합의 장학사업 등 자주복지활동의 지원 등이 추진되고 있지만, 이른바 '근로자 중산층화 정책'이라는 이름 아래 추진되고 있는 제정책들이 적어도 당장은 노동자들에게 실질적인 혜택으로 돌아가기에는 미흡한 실정이며, 특히 국민주나 종업원지주제, 그리고 주택조합 등은 생산직 노동자들보다는 화이트칼라층에게 유리한 측면이 있는 등 개선되어야 할 여지가 많다.

노동통제의 경제적 장치로서 92년 새롭게 등장한 것이 '총액임금제'이다.

이 제도가 도입된 배경으로서는 87년 이후 급성장한 노동자들의 운동역량과 노동시장의 구조적 변동결과로 기존의 성별·학력별 임금격차가 기업의 규모별 임금격차로 변화되어, 기업간 임금격차 해소책으로서 고임금층은 임금을 억제하고 저임금층은 임금인상폭을 노사간 자율교섭에 맡겨 총체적으로는 과도한 임금인상 추세를 차단시켜보겠다는 것을 들 수가 있다.

원리상 '총액임금제'는 임금을 총액기준으로 관리하겠다는 것인데 이것이 임금억제정책으로 받아들여짐으로써 92년 임금교섭시에 노동계의 강력한 반발에 부딪혔다.

87년 이후 정부의 한자리수 임금억제정책을 기업이 겉으로는 수용하면서 실질적으로는 노동조합의 임금인상 요구를 받아들이는 과정에서 각종 수당을 신설하여 노동자들의 욕구를 보전하여 주다보니까 우리나라 임금체계가 아주 복잡하여졌다. 따라서 임금관리대장을 만들어 모든 노동자들의 매월 받는 임금내역을 소상히 밝혀 임금체계를 간소화시킬 필요는 있으며 변동상여금제도를 성과배분 방식으로 활성화시켜 공정배분을 실현시켜야 한다는 측면에서 총액임금제는 추진되어야 한다. 그러나 임금억제 수단이 아닌 임금관리 수단으로 제도 정착되어야 하지 단순히 임금인상통제 수단에만 머무를 경우 노동자들의 강력한 저항이 예상된다.

마지막으로 80년대 후반 이후 노동통제의 이데올로기적 장치를 보면, 기존의 반공·봉건적·가부장적 장치는 쇠퇴하고 대신 어떤 뚜렷한 대안은 등장하지 않았다. 이는 경제성장 결과 대두된 중산층의 급성장으로 급진노동운동 세력에 대한 국민대중적 지지기반 약화에 기인된 바 크다.

그러나 다음과 같은 방식들은 나름대로 역할을 수행해 내고 있다고 본다. 쟁의가 빈발하는 임금교섭기(매년 4~6월)에 나오는 '경제위기설', 노동생산성 상승률과 임금인상률의 경쟁국과의 비교에서 한국이 임금인상률이 가장 높게 나타나는 비교표의 제시, 물가와 수출부진의 주범이 과도한 임금인상이라는 논리, 노사분규 주범은 일부 체제변혁을 노리는 급진세력이라는 주장 등은 80년대 후반 이후 언론매체를 통해 지속적으로 홍보되어 사회적 실재(socially constructed reality) 기능을 해 왔다.

노사협의제도는 1973년 노동법개정에 의해 신설된 이래 꾸준히 조직적 확대와 내용적 보완이 이루어져 왔다. 88년 법개정시 노사협의회 설치대상을 농업, 금융업, 신문발행업 등을 제외한 전업종 적용규모 50명 이상의 사업장으로 확대하고 노사협의회를 고충처리를 위한 제도적 보완기능으로 강화시켰다.

기능면에서는 노사간 협의체에 지나지 않은 기구이나 기업의 대표자 또는 그 대표자가 위촉하는 자가 반드시 참가하고 노동조합이 있는 경우 노조대표 또는 그가 위촉하는 자가 참가하게 되어 있어서 기업내 명실상부한 노사협의 기구로 법제화되어 있다. 협의사항은 첫째가 생산성향상과 근로자복지증진, 둘째가 근로자 교육훈련, 셋째가 노사분규 예방, 넷째가 근로자의 고충처리로 되어 있어서 노사공동운명체 의식을 체득시키기 위한 기업내 가장 강력한 이데올로기적 장치라 할 수 있다.

그럼에도 불구하고 지금까지 노사협의제도는 단체교섭제도와의 기능적 관계에 있어서 전혀 위상정립이 안되어 있어서 이데올로기적 장치로서뿐만 아니라 제도적 장치로서도 제기능을 발휘하지 못하고 있다. 예컨대, 단체교섭과 노사협의가 어떤 기업에서는 분리되어 있으되 단체교섭에서 다루어져야 할 임금교섭이 노사협의회를 통해 이루어지는가 하면, 노사협의회에서 다루어져야 할 복지문제가 노사간 교섭시 첨예한 쟁점사항으로 등장하기도 하였다.

노사협의제도가 뿌리를 내려 이데올로기적 장치가 아닌 원래 기능을 하기 위해서는 노사간의 이해조정을 위한 명실상부한 협의기구가 되어야 한다. 그러기 위해서는 노사간 대등·협력관계가 상호신뢰를 바탕으로 먼저 이루어지지 않으면 안된다.

지금까지 80년대 후반 국가의 노동통제정책을 법적·경제적, 이데올로기적 측면에서 개괄하고 향후 변화추세도 관련 주제와 연관시켜 언급해 보았다.

80년대 이래 노동환경 변화는 급속도로 진전되고 있다. 경제의 국제화·민주화가 진행되는 가운데 생산방식 또한 포드주의적 대량생산체제에서 다품종 소량생산체제·유연적 생산체제로 전환되어 가고 있다. 생산구조와 소비구조의 다양화와 고도기술 혁신에 따른 정보화가 이루어지면서 기업조직 또한 다양하고 신축성있게 혁신되어 가고 있다. 여기에 ILO가입이 달성되어 노동자들의 권익신장을 위한 환경변화가 이루어지고 있다.

이러한 상황에서 국가의 노동통제정책은 단기적·장기전 전망을 해볼 수 있다. 단기적으로 두 가지가 예상된다. 첫째, 노동의 탈상품화(decommodification)가 최저임금, 고용보험, 주택복지, 의료보험제도 등 사회보장제도의 확충으로 전개될 것으로 보이며 그 방식은 노동의 실질적 포섭을 위한 효율성 제고 방향으로 이루어질 것이다. 효율성이 제고되었는지의 지표는 노동생산성 향상과 기업내 장기근속에 따른 기술축적 등이 될 것이다.

둘째, 노동관계법의 개정이다. 1953년 최초로 노동관계법이 제정된 이래 정권이 바뀔 때마다 수시로 법개정을 해오면서 그때그때 형편에 따라 수정·보완을 해왔다. 그러나 대체적인 추세는 근로기준법을 중심으로 한 개별적 노동관계법에 있어서는 노동자들의 보호면에서 점진적인 개선이 이루어져 왔으나 노동조합법·노동쟁의조정법을 중심으로 한 집단적 노동관계법은 노동조합의 활동과 노사자치주의를 제한하는 방향으로 개정을 거듭해 왔다고 볼 수 있다.

이제 국가의 노사관계에 대한 개입이 현실적으로 어렵게 되는 상황에서 개별적 노동관계법은 노동자들의 사회보장적 차원에서, 집단적 노동관계법은 노사자치주의 원칙의 수용차원에서 구체적인 법개정이 이루어지지 않으면 안될 때가 됐다. 국가는 법과 시행이 불일치되는 그 동안의 나쁜 관행을 타파하는 데 행정력을 집중시켜 최선을 다하면 될 것이다.

최근 개진되고 있는 자본측의 개정요구는 80년대 후반에 노동자들의 향상된 운동역량 결과 일부 회복된 집단적 노동관계법을 그 이전의 상태로 되돌려놓고 보자는 면이 보이고 있으나 노동계의 반발도 크기 때문에 실제에 있어서는 각각의 요구안을 맞교환하는 방식의 타협이 이루어지지 않을까 전망된다.(<표 2 참조>)

국가에 의한 노동통제에 대한 장기적 전망은 이렇다.

90년대 들어 한국의 노동은 새로운 국면에 접어들었다. 국가는 '87년 이후 축적체계상의 위기국면에 대한 대응으로서 자본의 독점적 지배 완화, 기술혁명에 의한 산업의 경쟁력 확보, 국내노동기준 향상조정으로 국제무역에서의 불이익 예방 등 새로운 돌파구를 찾고 있다. 그러나 축적체계를 보장

<표 2> '92. 6 현재 노사양측의 주요 노동법개정 요구안

	경 총	노 총
근로기준법	·변형근로시간제 도입 ·연장근로는 노사협정을 통해 가능토록 명시 ·연차유급휴가 상한선 20일로 명시 ·생리휴가폐지, 산전·후 휴가 12주로 확대 ·시간제근로자 일부법규정 적용 제외 ·퇴직예고제 도입	·통상임금범위확대 ·정리해고 규제조항 신설 ·폐업 및 정리해고시 수당신설 ·해고예고기간 90일로 연장
노조법	·해고효력 다투는 자에 대한 단서조항 삭제 ·교섭권자에게 단체협약체결권 명시 ·경영·인사권은 교섭대상에서 제외	6급이하 공무원 및 교원의 노동기본권 보장 ·제3자개입금지 조항 보완 산별체제 전환
노동쟁의조정법	·무노동 무임금 원칙 명시 ·동조파업금지 ·부당노동행위, 직장폐쇄가능 ·냉각기간 연장 ·노동위원회의 직권중재 인정	공익사업범위 축소 쟁의행위제한·금지조항 삭제 냉각기간 단축 직권중재 폐지

하는 규제양식은 노동자들을 시장의 생존경쟁 논리에 내모는 시장기제적 억압전략과 같은 일방적인 노동통제 방식을 더이상 펼 수 없게 되었다.

자본은 고임금, 기술혁신 시대를 맞아 제품의 국제경쟁력 확보는 물론 ILO가입 등 국제노동환경 변화로 노동의 실질적 포섭을 위한 전략을 보다 강화할 것으로 예상된다. 노동자들의 경영권력 탈환시도에 대한 대응으로서 온정주의적 복지혜택과 노동조합과의 대등·협력관계 구축을 추구하는 한편, 노동자들에게 직무자율과 책임을 부여하는 전략을 의미한다. 독점자본은 국가가 축적체계 위기 때문에 임금억제책을 쓰자 임금(cash nexus) 대신 복지제공으로 노동자들의 경영권 욕구를 희석시키는 형식화된 산업민주주의를 개발·추진할 공산도 커졌다.

국가는 자본주의체제 재생산 추진자로서의 역할을 성실히 수행하면서 다른 한편으로는 자본의 편만은 아닌 국민 전체의 이익대변자임을 증명해야 하기 때문에 노동의 입장에서 보면 권익신장을 위한 보다 유리한 여건이 전개될 수 있다고도 볼 수 있겠으나 노동의 계급적 성향은 날로 희석되어 갈 것이므로 노동조합과 노동운동세력은 보다 큰 위기를 맞게 된다.

90년 이후 노동이 더욱 어려운 국면을 맞게 되리라고 보는 또 다른 증거는 새로운 이데올로기적 장치의 등장이다. 사실, 노조대표가 경영참가의 결과로 자본주의적 질서에 보다 편입될 여지는 크며, 경영참가는 노동자들로 하여금 경영에 영향력을 행사하고 있다는 허위적인 인상을 줄 수도 있다.

무엇보다도 노동자계급의 형성을 어렵게 만드는 결정적인 요인은 노동시장구조가 전체 노동자계급 형성보다는 노동자들의 기술숙련 정도에 따른 분파의식 형성을 조장시키는 방향으로 구조화되어 있다는 데 있다. 예를 들면 포항제철의 노조무력화는 기업내 중추세력인 조장·반장급들의 친자본성향으로의 전환에 기인된 바 크다.

단적으로 말해서 자본의 노동에 대한 실질적 포섭전략은 포드주의적 효율성과 엄격한 통제방식에 네오포드주의적(자율과 책임 부여) 통제, 그리고 온정주의가 융합된 방식으로 전개될 것이다. R & D의 확충에 따른 자동화의 진전으로 프로그래머, 컴퓨터 콘트롤러 등 숙련공에 대한 철저한 감시 및 물질적 혜택 부여가 강조됨으로써 숙련노동자들의 계급적 연대가능성은 거의 희박해질 것이다. 그러나 자본과 노동관게는 대립과 협력구도를 반복해 가면서 노동자들의 법적·경제적 권익은 점진적으로 향상되어 갈 것이다.

Ⅷ장의 핵심단어

국가의 상대적 자율성, 배제적 조합주의, 정치적 동원억제전략, 과대성장국가, 시장기제적 억압, 생산정치, 관료적 전제주의형, 공장체제, 병영적 노동통제, 노동력의 탈상품화, 임금인상 가이드라인 정책, 의사개량화 정책, 제3자 개입금지, 노동쟁의 조정법, 노동통제의 경제적 장치, 공장새마을 운동, 노사협조운동, 복수노조금지조항, 조합비, 무노동 무임금, 해고의 효력, 최저 임금제도, 총액임금제.

참고문헌

김종일, 「한국에서의 사회복지 형성과 공장체제의 변화: 1987년 이후를 중심으로」, 『한국사회학』 제25집 여름호, 1991, pp.71-91.

김호기, 「국제분업의 구조적 변동과 동아시아 신흥공업국의 산업화: 한국과 대만의 사례」, 『한국사회학』 제24집 겨울호, , 1990, pp.1-26.

신광영, 「생산의 정치와 80년대 한국의 노동조합」, 『현대 한국의 노동문제』와 『도시정책』 한국사회연구회 논문집 제26집, 문학과지성사, 1990, pp.11-39.

이정택, 「수출지향적 산업화과정에서의 노동통제와 노동운동간의 역학관계」, 『한국사회학』 제21집 겨울호, 1987, pp.123-41.

——, 「한국의 노동과정에서의 노동통제와 노동저항」, 『현상과 인식』 제12권 1호 통권 42호, 1988.

최상집(편), 『한국자본주의와 국가』, 한울 1985.

한상진, 「관료적 권위주의하에서의 민주주의 전망」, 1983.

한국사회학회, 『한국사회 어디로 가고 있나』, pp.10-37.

Alavi, H., "The State in Postcolonial Societies: Pakistan and Bangladesh", *New Left Review* 74, 1972, pp.59-81.

Burawoy, Michael, *The Politics of Production,* London: Verso, 1985.

Cohen, J. and Rogers, J., *On Democracy,* New York: Basic Books, 1983.

Collier, Ruth, "Popular Sector Incorporation and Political Supremacy: Regime Evolution in Brazil and Mexico", in Sylvia Ann Hewlett and Pichard Weinert(eds.), *Brazil and Mexico: Patterns in Late Development,* Philadelphia: ISHI, 1982.

Jessop, Bob, *The Capitalist State,* New York and London: New York University Press, 1982.

Linz, Juan, "An Authoritarian Regime: Spain", In Erik Allardt and Yrjo Littunen(eds.), *Cleavages, Ideologie and Party Systems,* Helsinkki, 1964.

Poulantzas, N., *Staatstheorie, Politische Ueberbau, Ideologie, Sozialistische Demokratie,* Berlin: Argument, 1978.

Skocpol, Theda, "Bringing the State Beck In: Strategies of Analysis in current Research.", in Peter Evans, D. Rueschemeyer, and T. Skocpol(eds.), *Bringing The State Back In,* Cambridge: Cambridge University Press, 1985.

IX. 노동자 의식의 유형과 변화

1. 노동자 의식의 정의 및 유형

왜 많은 수의 노동자들이 지하철 속에서 《노동자신문》에 실린 동료 노동자들의 투쟁에 관한 기사보다 《일간스포츠》를 비롯한 스포츠신문 속의 성인만화나 연예인들의 사생활에 관한 기사를 더 즐겨 읽는가? 왜 많은 노동자들이 '파업전야'나 '구로아리랑' 같은 노동자들의 문제를 다룬 영화보다 '사랑이 뭐길래' 같은 연속극이나 '물위를 걷는 여자' 같은 영화를 더 즐겨 보는가? 왜 어떤 노동자들은 해고의 위험을 무릅쓰고 노동조합을 결성하여 노동자의 권리를 확보하고 노동자의 이익을 신장하기 위하여 투쟁하는가? 왜 어떤 노동자들은 '노동해방'의 이념을 위해 자신의 청춘을 불사르고 감옥에 들어가는 것도 마다 않는가? 우리는 위와 같은 생활 속에서의 보기들을 아래와 같은 사회학적 질문으로 바꾸어 볼 수 있다. 왜 산업사회 속의 사회적 관계에서 동일한 집합적 이익을 공유하는 노동자계급의 구성원들이 자신들의 객관적인 상황을 인식하지 못하고 지배계급의 이데올로기적 통제기구의 하나인 대중문화의 늪 속으로 빠져들어 가는가? 노동자들은 어떤 과정을 거쳐 자신들이 처한 사회적 관계를 객관적으로 인지하여 노동자집단이 공유하는 집합적 이익의 존재를 인식하게 되는가? 노동자들을 허위의식 속에 가두는 사회적 메커니즘은 무엇인가? 노동자들은 어떤 과정을 거쳐서 계급의식을 획득하게 되는가? 우리는 이번 장에서 바로 이러한 문제들을 다루게 될 것이다.

노동자 의식의 연구는 어떠한 의의를 가지는가? 첫째, 노동자들의 의식에 관한 연구는 산업사회의 중심 갈등의 표현인 노동운동을 이해하기 위해서 필요하다. 산업화는 계급구조의 변동을 불러일으켜 노동자계급과 자본가계급 사이의 계급갈등 형성의 객관적인 조건이 마련되는데, 과연 이러한 구조적 변동에 기반하여 노동자들이 어떤 방식으로 자신들이 속하고 있는 사회적 관계에 대한 인식을 형성하여 가는가라는 문제가 제기된다. 사회구조적으로 동일한 집단적 이해관계를 공유하는 객관적 존재로서의 노동자계급이 자신이 위치하고 있는 객관적 계급관계를 자신들의 '살아 있는 경험에 기초하여 주관적으로 인식하는 과정이 바로 계급의식의 형성과정이다'(이수인, 1990:28-84). 노동자 의식을 연구하는 주된 목표는 객관적 존재로서의 노동자계급이 어떻게 스스로의 존재상황을 인식하여 스스로의 권리와 이익을 신장하려는 행동에 나서는가를 해명하는 데 있다. 노동자 의식의 연구는 노동자들의 행동을 이해하기 위한 중요한 작업 가운데 하나인 것이다. '민족의식 없이는 민족이 존재할 수 없다'는 말이 있듯이 '계급의식 없이는 계급이 존재할 수 없다'. 노동자들의 의식적 자각, 다시 말해 계급의식의 획득과정 없이 노동운동은 존재할 수 없다. 따라서 노동자 계급의식은 노동운동의 기초를 구성하는 것이다. 계급의식은 다름 아니라 생산을 둘러싼 사회적 관계에 대한 갈등의식이기 때문이다. 이러한 계급의식을 매개로 하여 노동자계급은 행동의 주체로 형성되어 가는 것이다.

사회구조와 사회적 행위자 사이의 관계에 대한 이론적 질문이 노동자 의식 연구의 두번째 의의이다. 사회구조를 강조하는 사람들은 사회적 행위자의 의미구성 능력과 주체적 행동가능성을 무시하는 경향이 있고, 사회적 행위자를 강조하는 사람들은 객관적 실재로서의 사회구조를 경시하는 경향이 있다. 계급투쟁은 자본주의적 계급관계라는 사회구조적 조건 아래에서 발생하지만 그것이 발전되는 것은 계급의식의 형성이라는 주체적 과정을 통해서이다. 계급관계는 필연적으로 인간 행위자를 포함한다. 우리가 사회구조와 사회적 행위자 사이의 변증법을 이야기할 때, 계급관계라는 사회구조적 틀 속에서 실천을 통해 하나의 의미체계를 만들고 그것에 입각해 실천하고 실천 속에서 의미체계를 수정해 가는 사회적 행동의 주체가 바로 노동자계급이다. 이때 사회구조는 사회적 행위자의 행동을 제약하고 구속하고 범위를 설정하지만, 사회적 행위자는 실천을 통해 사회구조를 변화시킨다. 그러기에 사회구조도, 사회적 행위자도 정태적으로 한 상태에 머물러 있지 않고 항상 동태적으로 변화한다: 사회구조는 행위자의 매개를 통해 유지되고 변화한다. 사회적 행위자는 사회적으로 구조화된 자원, 권력, 구속, 기회의 맥락 속에서 사회적으로 구조화된 이익을 달성하기 위해 투쟁한다. 그러한 과정에서 행위자는 그들을 구속하는 사회구조적 관계를 변화시키는 것이다(박영신, 1992:237-258).

이 글에서 우리는 노동자 의식을 다음과 같은 뜻으로 사용한다. 노동자 의식이란 일상생활에서 격리된 추상적인 사고영역이 아니라 노동자들의 체험 속에서 형성된 자신들의 삶의 방식, 노동조건, 사회적 불평등, 사회적 관계, 정치권력 등에 대해 갖는 정서, 신념, 사고방식, 개념체계, 표상 등의 복합적 총체를 의미하는 것이다. 그런데 우리는 계급의식이라는 용어에 보다 익숙해져 있는데, 계급의식이라는 개념은 노동자 의식의 특수한 형태라고 할 수 있다. 계급의식은 자본주의적 생산관계 속에서 노동자계급과 자본가계급 사이에 존재하는 적대적인 이해관계에 대한 인식이라고 할 수 있다. 자본가계급은 자신들의 이익을 사회전체의 이익과 동일시하면서 노동자계급을 착취하고 지배하는데, 노동자들의 이러한 사회적 관계에 대한 투명한 인식이 바로 노동자들의 계급의식이라고 할 수 있다. 알랭 투렌(Alain Touraine, 1966: 1984)은 계급의식을 세 가지 구성요소로 구분하여 정의한다. 첫번째 요소는 계급으로서의 정체성을 확립하는 것으로 '주체의식'(identity)이라고 하며, 두번째 요소는 상대계급에 대한 적립적 관계를 인식하는 '적대의식'(opposition)이며, 세번째 요소는 이러한 적대관계를 삶의 전체로 일반화시키는 '총체의식'(totality)이다. 여기에 착취당하는 계급만을 위해서가 아니라 모든 사회구성원을 위한 대안을 제시하는 '대안의식'(alternative)이라는 요소를 덧붙인다(Michael Mann, 1966:13).

우리는 노동자 의식을 연구하기 위해 그것의 유형을 몇 가지로 구분해 볼 수 있다. 실제로 노동현장에서 일하고 있는 많은 노동자들의 의식이 모두 같다고 할 수는 없다. 서로 다른 조건에서 자라고, 서로 다른 지역의 다른 공장에서 일하고 있는 노동자들의 의식을 어떻게 유형화할 수 있을 것인가? 노동자들은 자신이 노동자라는 이유만으로 기계적으로 계급의식을 갖는 것이 아니다. 계급의식은 노동자들이 자신의 살아 있는 체험을 바탕으로 하여 자신이 처하고 있는 사회적 관계의 본질을 인식하여 가는 주체적인 성찰의 과정을 통하여 구성되는 것이다.

그러나 노동자들은 그들의 일상생활 속에서 계급의식의 형성을 저해하는 상이한 사고체계들을 내면화하게 된다. 우리가 뒤에 더욱 자세하게 살펴보겠지만, 우선 몇 가지만 이야기하자면 기존의 질서에의 순응을 강조하는 관습적이고 전통적인 사고체계들과 국가의 다양한 이데올로기적 장치를 통해 전달되는 지배이데올로기는 노동자들이 스스로가 처해 있는 상황을 자신의 입장에서 볼 수 없게 하는 효과를 발휘한다(한국산업사회연구회, 1991). 우리는 어떤 노동자가 노동자의 입장에서 현실을 보는 것이 아니라 지배이데올로기의 관점에서 현실을 해석할 경우 그 노동자는 '허위의식'에 사로잡혀 있다고 말할 수 있을 것이다. 그러므로 현실 속에 존재하는 노동자의 의식 속에는 계급의식적인 요소와 허위의식적인 요소가 복합적으로 혼재하는 것이다. 이탈리아의 공산주의 실천가이자 이론가인 안토니오 그람시(Antonio Gramsci)는 이러한 의식은 '모순된 의식'이라고 부른다. 보기를 들어 우리가 어떤 노동자에게 "요즘 아이들에 대해서 어떻게 생각하세요?"라고 물었을 때 그 노동자는 "우리 어렸을 때보다 요즘 아이들은 너무 호강하면서 사는 거지요"라고 답한다. 그러나 이어서 "댁의 아이들도 대학을 나와서 좋은 직장 갖고 깨끗하고 널직한 아파트에서 살 수 있을 거라고 생각하십니까?"라고 물으면 그 노동자는 "아니 그것은 높은 사람들 자식에게나 가능한 일이지 우리 자식들이야 어디 그렇게 될 수 있겠어요"라고 대답한다. 이 보기에서 보듯이 노동자 의식은 한편으로는 과거보다 잘살게 되었다고 생각하면서도 다른 한편 '그들'과 '자기들' 사이에 존재하는 불평등을 인식하고 있는 것이다. 노사간의 자율적인 갈등 해결방식을 선호하면서도 계약관계보다는 온정주의에 호소하는 노동자들의 의식은 또다른 보기이다(이각범, 1987: 203-204). 그람시의 말을 들어보자:

> 살아 움직이는 인간은 실천을 하는데, 그는 세상을 변화시키는 자신의 활동을 이론적으로 분명히 인식하지 못한다. 그의 이론적 의식은 자신의 활동과 역사적으로 모순될 수도 있다. 우리는 그가 두 개의 이론적 의식(또는 하나의 '모순된

의식')을 가지고 있다고 말할 수 있을 것이다. 하나는 그의 활동 속에 잠재하고 있는 것으로, 현실을 실제로 변형시키는 과정 속에서 그와 함께 노동하는 모든 사람과 그 스스로를 연결시켜 주는 것이다. 또 다른 하나는 피상적으로 드러나는 것이며 쉽게 말하여지는 것으로 과거로부터 무비판적으로 물려받은 의식이다. 그러나 이 두번째 의식이 아무런 효과도 발휘하지 않는 것은 아니다. 그것은 인간을 일정한 사회집단과 연결시키고, 그의 정신적 활동에 영향을 미치며, 그의 의지의 방향에 대해서도 영향을 미친다. 그런데 그 영향력의 정도는 강력한 것이어서 그의 의도가 모순적인 성격을 갖게 되면 그 스스로 아무런 행동도, 결정도, 선택도 할 수 없는 상태가 되어 도덕적으로 정치적으로 무기력한 상태에 빠지게 된다.(Antonio Gramsci, 1978: 184-185)

자 이제 현실적으로 노동자의 의식은 모순적인 요소들이 혼재하고 있다는 것을 인정한 다음 분석적인 목적을 위해 노동자 의식의 유형을 구분하여 보기로 하자. 우리는 잠정적으로 노동자 의식을 5가지로 구분하여 보고자 한다. ① 허위의식, ② 박탈의식, ③ 노동조합의식, ④ 계급의식, ⑤ 혁명의식이 그것이다.

먼저 허위의식이란 앞서도 말하였지만 관습적이고 전통적인 사고방식과 지배이데올로기를 통해 세상을 해석하는 의식이라고 할 수 있다. 이러한 의식 속에는 한편으로는 개인적인 노력을 통한 사회이동의 추구가 자리하고 있으며, 다른 한편으로는 열등감과 무기력감이 자리하고 있다. 허위의식을 가진 노동자는 가난의 원인을 개인의 게으름이나 노력의 부족 탓으로 돌리며 개인적인 노력을 통해서 가난을 극복할 수 있다고 믿는다. 두번째 의식의 유형인 박탈의식의 상태에서 노동자는 개인적인 노력을 통한 사회적 상승이동의 가능성에 의문을 제기하며, 자신이 지금까지 믿어온 세상을 바라보는 방식이 잘못된 것이 아니었는가라고 회의하게 된다. 달리 말하면 박탈의식 상태의 노동자는 지배이데올로기의 해석틀로부터 벗어나기 시작한다. 또 이러한 의식상태의 노동자는 자신이 무언가 빼앗기고 있으며 부당한 대우를 받고 있다는 것을 어렴풋이 느낀다. 노동자 의식의 세번째 유형은 노동조합의식이다. 여기서 노동자들은 자신들의 이익과 사장의 이익이 서로 대립되는 것을 인식하며 자신들의 노동의 정당한 대가를 받기 위해 노동조합의 결성이 필요함을 인식하게 된다. 노동자들은 노동조합을 통하여 임금인상 등의 자신들의 경제적 처지를 개선하기 위한 집합적 행동의 주체가 된다. 노동자 의식의 네번째 유형인 계급의식에서 노동자는 자신들과 자기 회사의 사장 사이의 특수한 갈등적 관계의 장을 보다 일반적인 사회적 갈등의 수준으로 확장시킨다. 노동자들은 집단적인 주체의식을 갖고 자본가계급에 맞서면서 새로운 생산조직의 원리를 제시한다. 마지막으로 혁명적 의식의 유형에 속하는 노동자는 노동자계급과 자본가계급의 대립은 불가피한 것이며 노동자계급은 폭력에 의해서 국가권력을 장악해야 한다고 생각하는 것이다. 혁명의식에서 계급간의 타협은 불가능한 것이다. 우리가 이와 같이 노동자 의식의 유형을 다섯 가지로 구분하였다고 해서 노동자 의식이 첫번째 유형에서 다섯번째 유형으로 자연스럽게 발전한다는 목적론적 가정을 담고 있는 것은 아니다. 이러한 구분은 단지 현실 속에 아말감의 상태로 존재하는 노동자들의 의식의 상태를 분류하고 그것의 변화상황을 인식하기 위한 분석적인 목적을 위하여 제시된 것이다. 우리는 뒤에서 이러한 노동자 의식의 유형의 보기를 노동자들이 직접 쓴 '삶의 이야기'(life stories) 속에서 찾아낼 것이다.

여기서 우리는 노동자 의식을 노동자 행동에 방향을 부여하는 의미체계로 보고 있는데, 각각의 노동자 의식의 유형 안에서 나타나는 노동자 행동을 예측하여 표로 만들어 보면 아래와 같다.

<표 1> 노동자 의식의 유형

유 형	노동자 의식	노동자 행위
1	허위의식	기존질서에의 복종, 적응, 침묵, 개인적 상승이동 추구
2	박탈의식	음주, 우울증, 일탈, 가족내 폭력, 폭발적 반항
3	노동조합의식	노조결성 시도, 노조강화 활동, 임금인상 및 노동조건 개선요구, 노조의 자율성 확보 및 교섭력 강화
4	계급의식	노동운동의 정치세력화, 사회개혁의 추구
5	혁명의식	전위정당의 결성, 혁명적 정치활동

그렇다면 노동자 의식을 어떻게 연구할 것인가? 앞서도 말했지만 다면적

이고 복합적인 노동자 의식에 접근하는 데는 많은 어려움이 있다. 그러나 노동자들이 전체 경제활동에서 차지하는 비율이 커지고 노동자들의 사회참여가 전체 사회에 미치는 효과가 커짐에 따라 노동자들의 의식 변화를 파악할 필요성이 증대된 것도 사실이다. 과연 유럽의 영국, 프랑스, 독일 등 선진 산업사회의 노동자들이 계급의식을 버리고 체제내화되어가면서 의식과 행동에서 '부르주아지화'(embourgeoisement)가 나타나고 있다면 그것을 어떻게 파악할 수 있을 것이며; 우리 나라의 경우 1970년대 이후 노동자계급 의식이 형성되어 가는 과정에 있다고 할 때 또 그것은 어떤 방법으로 연구할 수 있을 것인가?

노동자 의식 연구도 다른 사회학적 조사 연구에서 사용하는 방법과 마찬가지로 양적 방법과 질적 방법으로 나누어 볼 수 있다. 우선 양적 연구방법을 볼 것 같으면, 설문지를 사용하여 한편으로 노동자의 연령, 성별, 산별, 직종, 평균수입, 일하고 있는 공장의 규모 등 응답자 개개인의 인적사항을 독립변수로 하고, 다른 한편으로 일에 대한 만족도, 노동조건, 노동조합활동, 사회적 불평등 등에 대한 응답자의 진술을 종속변수로 하여 두 변수들 사이의 관계를 조사하는 것이다. 이러한 조사방법은 전국의 노동자를 대표할 수 있는 표본집단을 추출하여 표준화된 조사절차를 사용하여 조작적으로 정의된 변수들 사이의 상관관계와 인과관계를 분석함으로써 짧은 시간내에 노동자들의 의식상태를 양적으로 파악할 수 있게 하는 장점을 지니고 있다. 더욱이 최근에는 컴퓨터에 의한 자료처리 기술의 발달 덕분으로 많은 분량의 정보를 숫자화하여 짧은 시간 안에 처리하게 됨으로써 전국적 규모의 조사를 되풀이하여 정보의 신빙성을 높일 수 있게 되었다.

우리나라의 경우에도 1960년대 산업화가 시작된 이후 1970년대에 들어서게 되면 생산성본부, 경영자총협회, 한국노동문제 연구소, 한국기독교 사회문제연구소, 한국노총, 노동연구원, 여성유권자연맹 등 다양한 기관들에서 노동자 의식조사를 실시하게 된다.

설문지를 통해 노동자의 의식을 조사할 때 가장 중요한 문제는 물론 설문지를 어떻게 작성할 것인가라는 문제이다. 노동자에게 무엇을 어떻게 물을 것인가? 과연 지금까지 활용해 온 설문지의 내용들이 노동자들의 경험에 기반한 의식의 실체를 얼마만큼이나 잘 대변하고 있을 것인가? 연구조사의 경우마다 차이가 있지만 대체로 볼 때 설문지 작성은 노동자들의 경험세계를 공유하지 못하는 중산층에 속하는 학자들에 의해 작성된다(정현백, 1991:339). 조사자와 피조사자 사이에는 계급적 차이와 문화적 배경의 차이가 존재하며 이러한 차이는 설문의 작성과 응답 해석의 과정에 일정한 영향을 미칠 수 있다. 조사자와 피조사자가 동일한 언어를 서로 다른 의미로 사용할 수 있는 것이다(김광억, 1986:158). 그러므로 조사자는 자신이 속한 계급적 배경을 넘어서 피조사자의 생활세계에 좀더 접근하여 그들의 관점에서 그들의 세계를 이해할 수 있는 능력을 키워야 한다. 그렇지 못할 경우 설문조사 연구는 연구절차의 과학성만을 중시한 나머지 경험세계의 본질을 탐구하기보다는 기존의 객관화된 연구방법에 경험세계를 끼워 맞추는 결과를 초래할 수도 있다(최재현, 1985:348). 이러한 양적 연구의 문제점을 보완하기 위해 질적 연구방법이 동원될 필요가 있다.

그렇다면 양적 연구방법의 문제점을 보완할 수 있는 질적인 연구방법에는 어떤 것들이 있는가? 노동자들의 의식의 실체에 접근하기 위한 가장 좋은 방법은 노동현장에 들어가서 노동자들과 함께 생활하면서 그들의 살아있는 경험세계를 이해하려고 노력하는 것이다. 이러한 방법은 심층적인 현지조사와 참여관찰을 포함하는 것이다. 노동자 의식을 연구하겠다는 학문적 목적을 위해서 현장에 들어간 것은 아니지만 1960년대말의 산업선교회 소속 목사들의 노동현장 체험이라든가 학생운동권에서의 '공장활동' 같은 것 등이 지식인들로 하여금 노동자들의 세계를 좀더 가까이에서 잘 이해할 수 있도록 해준 것이 사실이다(조승혁, 1981:iii-iv). 그러나 사회학자가 노동현장에 접근하는 데는 여러 가지 어려움이 있다. 실제로 노동과정을 연구하기 위해 현장에 접근하려고 시도해 본 한 연구자의 경험은 이러한 어려움을 잘 말해준다(박승희, 1988). 이러한 상황에서 우리가 차선책으로 쓸 수 있는 것이 노동자들과의 심층면접이다. 면접에서도 무엇을 어떻게 물을 것인가가 문제인데, 전통적인 사회학적 연구방법 가운데 하나인 '전기적 접근'(life history approach)은 조사자의 개입을 최소한으로 하면서 피조사자가 자유롭게 자신의 삶의 이야기를 풀어나가게 한다. 이렇게 수집된 전기적 자료들은 설문조사로는 알 수 없는 조사자가 기대하지 않았던 의식의 심층을 보여주기도 한다. 또 같은 사회적 범주에 속하는 사람들의 삶의 이야기를 일정 수 분석해 보면 일정한 패턴이 반복해서 발견되는데, 이때 우리는 삶의 이야기들 가운데 그러한 패턴을 가장 잘 보여주는 것을 통해 '전형성'(typicalness)을 발견할 수 있다(Daniel Bertaux, 1981; 정수복, 1989가; 1989나). 삶의 이야기는 조사자가 직접 수집하는 것이 바람직하지만 그렇지 못할 경우 이미 나와 있는 노동자들의 체험을 담은 수기와 같은 전기적 자료들을 분석할 수도 있다. 이러한 방법에 더하여 노동자들의 문화활동의 내용들을 분석의 자료로 활용할 수도 있다. 노동자들이 부르는 노래의 가사, 그들이 상연하는 연극의 대사, 그들이 직접 쓴 시나 소설, 수필 등의 문학 작품, 파업시의 구호나 선언문 등이 모두 노동자 의식을 연구하는 데 자료로 사용될 수 있을 것이다. 질적인 조사방법의 문제는 자료의 해석에 있어서 조사자의 편견이 많이 개입될 수 있는 가능성이 있다는 점이다. 따라서 노동자 의식의 연구방법에 있어서도 양적인 방법이 좋으냐, 질적인 방법이 좋으냐라는 양자택일의 문제가 아니라, 두 가지 접근의 장단점을 고려하여 어떻게 하면 노동자 의식을 정확하게 포착해낼 수 있는가가 문제인 것이다.

2. 노동자 의식 형성에 영향을 주는 요인들

앞에서 우리는 노동자들이 기존의 불평등한 사회적 관계 속에 자리하고 있다는 사실이 그들로 하여금 기계적으로 노동자계급 의식을 갖도록 하는 것은 아님을 지적하였다. 노동자 의식은 노동자들의 주체적 해석과정을 거쳐 만들어진 구성적인 것이라고 말하였다. 그렇다면 노동자들이 스스로의 의식을 형성해 나가는 데 영향을 미치는 요인들은 무엇인가? 수많은 요인들이 노동자 의식의 형성에 영향을 미칠 것이지만 여기에서는 중요한 몇몇 요인들만을 지적해 보기로 한다.

먼저 맑스의 고전적인 논의에 따르면 자본주의화는 다수의 농민을 노동자로 만들고 자본가계급은 노동자계급을 동일한 상황 속에 위치지워 동일한 이익을 갖게 한다. 이러한 상태의 계급을 그가 '즉자적계급'(class in itself)이라고 하였다. 그런데 자본주의화는 노동자를 산업도시로 집중시키게 되고 그에 따라 서로 모르던 노동자들도 밀접한 접촉과 의사소통을 통하여 자신들 사이의 경쟁을 극복하고 자본가를 공동의 적으로 하여 단결하게 된다. 소외된 노동의 체험에서 오는 정신적·물질적 고통은 노동자들을 단결하게 하는 공동의 체험이다. 이와 같이 노동자들 사이의 개인적 경쟁을 넘어서서 계급적 이익을 자각하고 자본가계급과의 적대적 관계를 인식한 계급을 맑스가 '대자적 계급'(class for itself)이라고 하였음은 우리 모두 잘 알고 있는 사실이다. 그리고 맑스도 즉자적 계급에서 대자적 계급으로의 전환이 자본주의체제의 모순이 증대함에 따라 기계적으로 일어나는 것이 아님을 인식하고 있었다.

러시아의 노동운동사를 연구한 보넬(Victoria Bonnell, 1983:9-18)은 노동자 의식의 형성에 영향을 주는 요인으로 다섯 가지를 지적한다: 첫째로 노동자들이 일하는 작업장의 환경 그 자체이다; 둘째의 요인은 노동력 인구의 특성이다; 셋째 요인은 노동자들과 정치적 인텔리겐치아들 사이의 상호작용이다; 넷째 요인은 노동자와 기업주 사이의 사회적 계약의 내용과 형식이다; 마지막 요인은 기존의 제도 속에 노동자를 통합시키는 메커니즘들이다. 이러한 다섯 가지 주요 요인들의 상호작용 속에서 노동자들의 의식이 형성되는 것이다.

다른 한편 립셋(S.M. Lipset, 1976:248)은 노동자들의 투표행태를 연구하면서 노동자들이 좌파정당에 표를 던지게 하는 요인으로 세 가지를 지적한다: 첫째로 사람들 사이의 밀접한 접촉을 기반으로 한 의사소통만의 존재이다; 둘째로 기존의 사회구조내에서 개인적인 사회적 상승이동의 기회가 불가능하다는 믿음이다; 셋째로 부자와 가난한 자 사이의 관계를 사물의 자연적 질서로 보게 하고 권력에의 복종을 미덕으로 보는 전통주의적 가치의 극복이다.

노동자 의식에 영향을 미치는 요인들은 지배이데올로기, 대항이데올로기, 투쟁의 경험, 사회이동의 가능성, 상대적 궁핍화의 정도, 노동자계급의 성격, 노동통제의 형태와 정도, 계급 이외의 타준거집단에의 헌신 등이다.

(1) 먼저 지배이데올로기란 기존의 사회적 관계를 유지하기 위해 여러 가지 이데올로기적 장치를 통하여 노동자들에게 전달되는 것으로 우리 사회의 경우 의식의 심층에 존재하는 레드 콤플렉스에 기반한 반공이데올로기, 경제성장이 모든 문제를 해결해 줄 것이라는 성장이데올로기, 노사간의 협조를 일방적으로 강조하는 산업평화 이데올로기 등이 그 구성요소들이다. 이러한 지배이데올로기는 효를 기반으로 한 가족주의와 수직적 질서를 강조하는 유교사상과 적절히 혼합되어 노동자 의식을 허위의식과 모순된 의식의 상태에 머무르게 하는 역할을 한다. (2) 대항이데올로기는 1970년대 이후 민중론에서 시작하여 사회주의적 전망에 이르기까지 진보적 지식인, 학생, 종교인 등 노동운동에 관심을 가진 사람들에 의해 형성되고 사회과학 전문 출판사들에 의해 기층 노동자층으로까지 널리 유포되었다. 대항이데올로기를 통해 지식인과 노동자들 사이의 연대가 주장되기도 하였다. (3) 노동자들의 의식형성에 파업 등 살아 있는 투쟁의 경험이 결정적으로 중요하게 작용함을 반복해서 말할 필요는 없을 것이다. 투쟁의 경험을 통해 전혀 새롭게 세상을 바라보게 되었다는 노동자들의 고백은 투쟁의 과정이 새로운 의식을 탄생시키는 학교의 역할을 하는 것임을 말해주는 것이다. (4) 사회적 이동의 가능성에 대한 믿음은 노동자들로 하여금 집단적인 방식으로 문제를 해결하려고 하기보다는, 개인적인 상승이동의 길을 추구하게 한다. 실제로 그러한 가능성이 얼마만큼 존재하느냐와 관계없이 그러한 믿음 자체가 노동자 의식 형성에 매우 중요한 역할을 하는 것이다. (5) 노동자계급의 성격은 보넬이 말하는 노동력 인구의 성격과 같은 것으로 우리나라의 경우 농촌 출신 제1세대 노동자라는 성격과 광범위한 비공식 부문의 존재 그리고 노동계급 내부의 분화 또는 이질화의 정도 등을 포함하는 것이다. (6) 작업장에서의 노동통제가 노동자 의식의 형성에 중요한 영향을 미친다. 노동조합에 대한 국가와 기업주의 통제는 물론 노동과정, 노동조직의 형태 등도 노동자 의식에 중요한 영향을 미친다. 마지막으로 노동자들은 계급에만 귀속되는 것이 아니라 가족, 회사, 종교, 인종, 지역, 민족 등의 여타 준거집단에도 중복적으로 속하게 되는데 이 가운데서 계급 이외의 다른 주거집단에 자신을 헌신하게 될 경우 노동자 의식의 형성은 부정적으로 영향을

받게 된다.

이제 우리는 앞서 제시한 노동자 의식들의 유형들과 노동자 의식에 영향을 미치는 요인들을 결합하여 노동자 의식의 변화를 설명할 수 있는 기본적인 인식의 수단을 마련한 셈이다. 노동자 계급의식의 형성에 관하여 마지막으로 한가지 문제를 더 제기해 보기로 하자. '노동자들의 해방은 노동자들의 힘으로만 이루어질 수 있다'는 주장과 '모든 사회의 지배이데올로기는 지배계급의 이데올로기이다'라는 주장을 결합할 때 우리는 그렇다면 이데올로기적으로 지배당하고 있는 계급이 어떻게 계급의식을 형성할 수 있는가라는 문제에 부딪히게 된다. 과연 노동자들은 스스로의 힘으로 계급의식의 형성에 도달할 수 있는가? 아니면 외부의 도움이 없이는 노동자들 내부에서의 계급의식 형성은 불가능한 것일까? 먼저 레닌은 노동자들의 자발적 의식은 노동조합의식을 넘어서지 못하므로 직업적 혁명가들로 구성된 전위정당에 의해 노동자들에게 혁명적 계급의식이 전달되어야 한다고 생각하였다(Lénine, 1966(1902):40-41). 노동자들이 혁명적으로 되기 위해서는 전위정당으로부터의 지도를 받아야 한다는 것이다. 노동자들이 가지고 있는 '계급적 충동'(instinct de classe)이 '계급적 입장'(position de class)으로 발전하기 위해서는 당에 의한 교육이 필요하다는 것이다(Althusser, 1976:45). 다른 한편 로자 룩셈부르그는 노동자들의 자발성을 더욱 강조하였다. 로자 룩셈부르그는 레닌과의 논쟁에서 '대중의 자주적이고 직접적인 행동'을 강조하면서 당과 대중을 가로지르는 어떠한 벽도 허용하지 않았다. 노동자 대중은 결코 당의 교육의 대상으로 떨어질 수 없는 자발적 행동의 주체인 것이다(박호성, 1992:239-240). 다른 한편 그람시는 노동자 대중의 자발성을 존중하면서도 헤게모니 장악을 위한 지적·도덕적 개혁에서 당의 지도적 역할을 동시에 강조하였다(칼 보그, 1992:26, 173).

3. 한국사회 노동자 의식의 변화

1960년대 이후의 급속한 산업화에 따라 한국사회의 계급구조도 변화하였다(서관모, 1986). 급속한 변동에 따라 전체 경제활동인구 가운데서 노동자들이 차지하는 비율이 급속하게 증가하였다. 그런데 노동계급의 형성은 단순히 양적인 성장만으로 이루어지는 것은 아니다. 동일한 사회적 관계 속에 위치하면서 공동의 체험을 바탕으로 자본가 집단에 대하여 집단적인 동일체 의식을 형성하고 이러한 대립의식을 기반으로 하여 공동의 행동을 가능하게 하는 조직적 발전이 이루어져야 하는 것이다. 산업화 과정 속에서 노동자들도 의식의 면에서 일정한 변화를 경험하였는데 1970년대부터 이루어진 노동자 의식의 변화에 관한 조사연구들을 비교하여 보면 노동자들의 의식이 점차 자신의 권리를 주장하는 방향으로 변화하고 있음을 알 수 있다. 1970년대 중반에 쓰여진 글과 1980년대 중반에 쓰여진 아래 인용한 두 개의 글을 비교해 보면 이러한 변화를 쉽사리 인식할 수 있다.

> 서구의 공업국가가 가지고 있는 역사적 전통에 비해서 아직 공업화의 초기단계에서 일하는 있는 한국의 공업노동자들은 우선 그 수적인 구성비에서 전체 취업인구의 일부분에 그치며, 하나의 집단으로서 계급의식도 결여하고 있는 것이 특징이다.(심윤종, 1976:176)

> 핵심적 노동자층은 노동자계급내에서 그 비중이 급속히 높아지고 있다. 객관적 계급이해의 인식과 조직성, 규율에서 가장 선진적인 이 층의 성장은 노동자계급 성장의 웅변적인 지표이다. 특히 200만의 대세력으로 성장한 기업부문의 핵심적 노동자층은 민주적 사회운동의 기반세력으로서의 지위를 확실히 해가고 있으며, 이제 이 층의 주도성을 배제한 중요한 사회개혁운동을 상상하기 어렵게 되었다고 보아도 좋을 것이다.(서관모, 1986:173)

앞에서 우리는 노동자 의식의 변화를 연구하기 위하여 노동자 의식을 ① 허위의식, ② 박탈의식, ③ 노동조합의식, ④ 계급의식, ⑤ 혁명의식으로 구분하였다. 이제 이 장을 마무리하면서 이러한 노동자 의식의 유형을 인식도구로 하여 한국노동자 의식의 변화양상을 살펴보기로 하자. 여기서는 노동자들이 쓴 삶의 이야기, 시, 토론, 법정진술 등 질적 자료를 사용하여 노동자 의식유형의 보기를 찾아낼 것이다. 먼저 1960년대 이후 '산업역군', '수출의 역군'으로서 자신의 청춘을 불사른 한국의 농촌 출신 제1세대 노동자들의 일반적인 의식유형이었던 '허위의식'의 보기를 들어보자.

> 저는 제가 몸담고 있는 이 회사에서 열심히 일하며 열심히 사는 숨은 일꾼이 되겠습니다. 직업엔 귀천이 없다고 했습니다. 제게 주어진 책임을 완수하여 제가 맡은 일이 비록 보잘 것 없고 작은 일이라 할지라도 내가 살고, 회사가 살고, 나아가서 우리 나라가 살 수 있는 길이라면 전 어떤 어려움도 참고 일할 수 있습니다.(김옥식, 「나의 생활 수기」, 노동청, 1978:136)

위의 노동자는 자신의 개인적 이익과 회사의 이익 그리고 국가의 이익이 일치된다고 생각하면서 자기에게 주어진 노동자로서의 역할을 충실히 수행하겠다고 말하고 있다. 이런 의식을 가진 노동자들의 묵묵한 헌신이 한국의 산업화에 밑거름이 되었다는 것은 우리 모두가 아는 사실이며, 한국의 경제성장을 연구하는 외국의 학자들도 한국의 온순하고 성실한 노동력을 중요하게 다루고 있다(Luedde-Neurath, 1988:101).

그러나 이러한 의식의 상태가 지속되리라는 보장은 없다. 노동자의 노동체험 자체와 불안정한 생활 그리고 상대적인 불평등의 인식은 노동자들로 하여금 박탈의식을 갖게 한다. 전태일이 분신으로 열악한 노동조건을 고발하고 노동조건의 개선을 요구한 1971년 이채진은 아래와 같이 1970년대의 노동자 의식을 요약한다.

> 산업노동자들이 중단없는 경제성장이라는 최고지상의 국가적 이익을 위해 희생을 감수해야 한다는 주장을 더이상 받아들일지는 의문이다. 오히려 그들은 성공적인 진보의 혜택이 사회정의와 정치적 민주주의의 바탕 위에 널리 공정하게 배분되지 않는다면 성장과 자신들과는 아무런 관계도 없다고 생각할지도 모른다.(Chae-Jin Lee, 1971:29~30)

이채진이 말하는 이러한 의식상태는 우선 박탈의식으로 나타나는데 아래에서 '박탈의식'의 유형을 표현하는 노동자의 이야기를 들어보자.

> 세상을 살아간다는 것은 어쩌면 숙명이 아닐까? 가끔 나는 이런 생각을 해봅니다. 나는 나의 삶에 충실하고 성실함으로 어떤 긍지를 가지고 살아왔다고 생각합니다. 그러나 세상은 내 마음과 거리가 멀 뿐 아니라 진실이라는 것이 없는 것

같았습니다.(현봉옥, 『태양을 바라보며』, 노동청, 1974:101)

위의 노동자는 자신의 성실한 생활이 사회 속에서 정당하게 대우받지 못하는 것을 진실이 없다고 막연하게 표현한 데 비해 아래의 노동자는 좀더 구체적으로 세상에 대한 회의를 표현한다.

2년 동안 먹고 자고, 아침 8시에서 밤 12시까지 어떤 때는 밤 1시까지 일했어요. 철근일을 12시까지 한다는 것은 참 힘들었어요. 매일 12시까지 일했지만 근 2년이 지나도 월급도 별로 없고, 배운 것이라고는 사람사는 이야기와 현실을 배웠을 뿐이지요. …12시까지 일할 때는 기술을 배운다고 생각했는데, 기술을 배우고도 나아진 것이 없으니 뭔가 잘못된 것 같아요.(한국기독교 민중교육연구소, 1983:50-51)

열심히 일한 대가가 아무것도 없다는 생각, 아무것도 나아진 것이 없다는 생각은 세상이 무엇인가 잘못됐다는 생각으로 이어지기 마련이다. 이러한 회의는 노동자들의 수기 곳곳에서 발견된다.

어떻게 한달을 살아야 할지, 그저 막연하기만 하다. 왜 이렇게 항상 돈에 지배를 받지 않으면 안될까? 언제나 돈을 많이 벌어 마음껏 쓸 수 있을까? 아무리 노력해도 돈은 나에게 오지 않으니 이상하다. 도대체 어디에 잘못이 있어서일까?(석정남, 1976:190)

텔레비전에서 과소비 운운하는 것을 보노라면, 나는 이렇게 빠빠지게 일하고도 허덕이며 사는데 한쪽에서는 돈이 남아 주체 못하는 사람들이 있도록 만든 게 과연 누구의 책임이냐는 생각이 들었다.(최경희, 「공장의 평범한 노동자들」, 《한겨레신문》, 1992년 3월 16일:9)

개인적인 노력과 성실한 생활태도로 개인적인 수준에서 사회적 상승이동을 하려는 꿈이 쉽게 달성될 수 없는 것임을 알게 되면 노동자들은 심한 상대적 박탈감을 느끼게 되고 회의와 절망감에 사로잡히는 것이다. 이런 상태에서 같은 처지에 있는 노동자들 사이의 허심탄회한 의사교환은 자신의 문제가 개인적인 것이 아니라 노동자들이 함께 겪고 있는 문제이며 문제의

해결도 집단적인 수준에서만 가능하다는 인식에 도달하게 된다. 이러한 단계의 의식이 '노동조합의식'이다. 이러한 의식 상태의 노동자들 사이에는 경쟁과 시기, 질투심 등이 사라지고 동일한 처지와 체험에 기반한 강한 정서적 유대감이 형성된다. 개인적 경쟁의식이 집합적 연대감으로 바뀌는 것이다.

> 이제 조합원들은 무엇이든지 시키는 대로만 하는 그런 존재는 아니었다. 일은 하더라도 우리도 그들과 대등한 인격체라는 사실을 점차 자각하고 있었던 것이다. 이러는 사이 우리들 사이에는 무언가 새로운 인격적, 사회적 관계가 싹트고 있다는 기분이 들었다. 어느새 우리는 어느 누구도 떼레야 뗄 수 없는 우애와 신뢰로 뭉쳐진 하나의 운명공동체로 발전하고 있었다. 강한 연대감을 서로 나누면서 이와 더불어 체념, 자포자기, 동료에 대한 시기나 질투심, 상사에 대해 눈치보기 등과 같은 우리들이 예전에 갖고 있던 부정적 측면들이 하나씩 사라지기 시작했다. 또한 비록 못살고 어려운 처지에 있지만 일하지 않고 떵떵거리며 사는 무위도식자를 부러워할 것이 하나도 없고 일하는 우리야말로 세상에서 가장 소중한 존재라는 노동자로서의 긍지와 자부심을 아울러 가지는 것이었다.(유동우, 1984:156-157)

> 돈과 권력과 지식으로 우릴 천대하며 부당한 처우를 하는 기업주에 대해 우리는 노동조합이란 모여 단결된 힘으로 대항하는 것이라고 나는 배웠다.(장남수, 1983:29)

이와 같이 '노동조합의식' 상태의 노동자는 이제 일하는 사람으로서 스스로 자부심과 긍지를 갖게 되고 개인적인 수단을 통해 상승이동을 추구하기보다는 집단적 연대감에 기반한 노동조합의 단체행동을 통해 자신들의 처지를 향상시키려 한다. 1970년대 산업선교회의 지원을 받아 활동한 동일방직, 삼원모방, 원풍모방 등의 민주노조운동은 이러한 노동조합의식의 표현이었다.

1980년 제5공화국의 출범과 함께 민주노조운동이 각개격파로 무너지고 난 이후 노동운동은 이제 기업내의 경제투쟁에 활동을 한정하는 데서 벗어나서 사회 전체의 민주화와 개혁에 관심을 두어야 한다는 정치투쟁론이 대두하였다. 그런데 노동운동이 이러한 방향으로 발전하기 위해서는 노동자들이 자본주의사회의 기본모순과 계급갈등의 일반성을 인식하여야 한다. 노동자들이 쓴 몇 편의 시 속에서 계급의식이 어떻게 표현되는가를 살펴보기로 하자. 먼저 노동자와 자본가의 대립의식이 어떻게 나타나는가를 보기로 한다. 노동자와 자본가 사이의 대립의식은 화해불가능한 것임이 아래와 같이 표현된다.

……
자본가가 자본의 막강한 힘을 쥐고 있는 한
우리의 인간다움과 권리를 되찾는다는 것은 불가능해요
우리의 고통은 사회체제의 문제입니다.
자본주의는 노동자의 희생 위에서만 성립됩니다.
사회체제의 전면적인 개조를 위해 싸워야 합니다.(백무산, 1990:84)

……
노동자들의 시야는 공장에서 지역으로
지역에서 전국으로
계급과 계급의 관계를 꿰뚫고 적과 아 동맹세력과 견제세력을
자각하고 확인하고 구분짓고
긴장은 날로 더하고(백무산, 1990:75)

이러한 노동자와 자본가 사이의 갈등의식은 파업을 포함하여 노동자들의 집단적 행동으로 이어진다.

……
우리들은 또다시 전열을 추스리며
수없이 불어난 동지들과
탄탄한 연대 위에서
마땅히 누려야 할 우리들의 푸른 대지를 향해
너는 함마
나는 다이나마이트로
살덩이로 불꽃으로 불도쟈로
갈수록 무겁고 힘찬, 치밀하고 확실한
노동자의 전진을 내어딛는다

우리들의 숙명인
저임금과 장시간노동이 사라질 때까지
억압과 착취와 분단의 장벽이
사라질 때까지(박노해, 1984:152)

백무산과 박노해 두 노동자 시인의 시 속에서 우리는 알랭 투렌이 말하는 계급의식의 세 가지 구성요소인 '주체의식', '적대의식', '총체의식'의 표현을 엿볼 수 있다. 1980년대에 이루어진 노동자 의식에 관한 연구들은 과연 한국의 노동자들이 계급의식의 수준에 도달하였는가를 문제삼고 있는데 1970년대와 1980년초에 이르는 노동운동에 대한 연구를 바탕으로 하여 1982년 최장집은 아래와 같이 노동자 의식의 변화를 요약한다.

> 물론 노동자들이 자본주의나 자본주의 윤리를 의문시한 것은 아니었다. 또 노동자들은 그들의 사회, 경제적 상황을 다른 이데올로기적 상황을 내세우면서 자본주의 체제와 윤리에 연결시켜 생각하지도 않았다. 그들의 관심은 개인적인 수준에서 임금이나 노동조건 같은 구체적이고 눈에 보이는 문제를 넘어서지 못했다. 그러나 노동자들이 국가주도의 산업화를 통해 자본주의적 발전이 계속되는 방식에 대해 부정적인 태도를 계속 증대시켜 왔다는 사실이나 산업정책과 노동정책을 입안하고 노동문제를 다루는 정치체제에 대한 비판적 태도를 고조시켜 왔다는 사실을 의심할 나위가 없다.(최장집, 1990:81)

위의 결론은 1980년 봄 이후 1970년대에 발생한 민주노조운동이 허물어져 가는 상황에서 노동자들의 의식은 우리가 구분한 바에 따르면 박탈의식과 노동조합의식의 수준에 있었으며 아직까지 계급의식의 수준에 이르지 못했음을 보여준다. 그러나 1989년의 한 연구는 "노동자들은 그들의 열악한 객관적 조건에서 유래하는 자생적인 즉자적 적대의식에 더하여 최근 수년간(특히 87~88년간)의 격심한 정치사회적 변동과정에서 빠른 시간동안 급속하게 대자적 사회의식으로 각성되어 가는 과정에 있다"(임영일 등, 1989:212)는 결론을 통하여 1987년 노동자들의 대대적인 파업투쟁 이후 노동자 의식이 계급의식의 수준으로 급속하게 진전되어가고 있음을 보여준다.

노동자 의식유형 가운데 마지막으로 우리는 앞서 본 계급의식과 연속선상에 있지만 의도적이고 조직적인 활동을 통하여 노동자계급의 정치투쟁을 지도하는 전위조직을 만들어 자본주의체제를 유지하는 국가권력을 비합법적 방식으로 장악하여 사회주의 사회를 만들려는 의식을 '혁명의식'이라고 구분하였는데 1980년대 중반 이후 특히 1985년 구로연대투쟁을 거쳐 '뜨거운 여름'이라고 할 수 있는 1987년 7, 8, 9월의 대대적인 파업투쟁 이후 형성된 비합법적 전위조직의 직업 혁명가들은 이러한 의식의 수준에 도달한 것으로 볼 수 있다. 인노련 사건으로 구속된 한 노동자의 법정진술에서 이러한 의식을 볼 수 있다.

> 30여 년에 걸친 남한 사회에서의 급속한 발전이 가져온 사회적 변화는 부르주아지의 성장 강화, 프롤레타리아트의 성장, 소부르주아지의 축소·구성의 다양화로 요약될 수 있을 것이다. 이러한 사회적 변화는 남한의 정치적 영역에서도 커다란 변화를 가져왔다. 그 변화 가운데 가장 근본적인 차원에서의 의미가 있는 것은 프롤레타리아트가 역사 창조의 주체로, 하나의 독립된 정치세력으로 등장하게 되었다는 것이다. 이제 프롤레타리아트는 아무런 정치적 전망도 주지 못하는 부르주아지를 밀쳐내고 남한 사회의 미래에 대한 책임을 떠맡고자 한다. 물론 프롤레타리아가 제시하는 전망은 노동해방과 민족통일이며, …인간의 인간에 대한 착취가 폐지된, 그리하여 인간의 창조적 본성이 완전히 구현되는 사회.(윤철호, 1990:80)

또 다른 전위조직에 속한 노동자는 "노동해방은 노동해방사상으로 다수의 노동자계급이 무장하여 싸울 때만 쟁취할 수 있다"고 말하면서 노동해방의 전위투사는 "모든 생활, 결혼문제, 자식낳는 문제까지도 노동해방 변혁투쟁을 위해 필요하다면 과감하게 포기하고 일어나서 잠잘 때까지의 모든 업무를 오직 노동해방변혁의 승리를 위해 일관되고 안정적으로 조직하는 사람들"(김미영, 1990:287)이라고 정의한다. 이러한 의식 수준을 우리는 '혁명의식'이라고 부르는 것이다.

1960년대 이후 급속한 산업화 속에서 한국의 노동자들은 과연 어떠한 의식의 변화를 겪어왔는가를 알기 위해 우리는 이미 이루어진 여러 가지 설문조사 결과들을 활용하여 정리한 연구들을 참고할 수 있을 것이다(배규한, 1986:251-277;심윤종 등, 1991:365-381). 이 글에서는 다만 질적 자료들을 동원하여 노동자 의식의 유형을 구체적으로 보여주는 작업을 하였을 뿐이다.

또 중요한 문제는 노동자 의식의 변화양상을 이 글의 2절에서 제시한 노동자 의식형성에 영향을 주는 요인들을 통해 설명하고 이해하는 일이다.

1960년대에서 1990년대에 이르면서 한국의 노동자들의 의식은 대체로 허위의식과 박탈의식의 단계에서 노동조합의식의 단계에 도달했으며 일부 선진적 노동자들의 의식은 계급의식과 혁명의식의 단계를 보여주기도 하였다. 1990년대 접어들어 현실사회주의 국가들의 붕괴에 뒤따른 사회주의적 전망의 동요와 노동운동 위기론 등이 논의되는 가운데 과연 한국 노동자들의 의식이 어떤 방향으로 변화를 겪고 있는가는 향후 한국 노동운동의 방향을 이해하는 데 중요한 지표가 될 것이다.

IX장의 핵심단어

계급의식, 노동자 의식, 총체의식, 모순된 의식, 박탈의식, 전기적 접근, 즉자적 계급, 지배이데올로기, 계급적 충동, 허위의식, 노동조합의식, 혁명의식.

참고문헌

김광억, 「한국사회연구와 인류학적 방법론－민속지적 접근을 중심으로」, 『사회과학과 정책연구』 8권 1호, 1986, pp.131-158.

김미영, 『마침내 전선에 서다』, 노동문학사, 1990.

노동청(노동부), 『근로자 생활 수기』 1～14권, 1974～1984.

박노해, 『노동의 새벽』, 풀빛, 1984.

박승희, 「대기업 일관작업장의 노동통제에 관한 사례연구」, 성균관대학교 박사학위 논문, 1988.

박영신, 「역사-구조적 접근의 일반원리」, 『사회학 이론과 사회현실』, 민영사, 1992, pp.237-258.

박호성, 「왜 다시 로자 룩셈부르그인가」, 《사회평론》 1992년 1월호.

배규한, 「한국의 공업화와 근로의식의 변천」, 사회과학연구소(편), 『해방 40년 가치의식의 변화와 전망』, 서울대학교 출판부, 1986, pp.251-277.

백무산, 『동트는 미포만의 새벽을 딛고』, 노동문학사, 1990.

서관모, 「한국사회 계급구성의 사회통계적 연구」, 『산업사회연구』 제1집, 1986,

pp.23-192.

석정남, 「인간답게 살고싶다」, 《대화》 1976년 11월호, pp.178-203.

심윤종, 「서구 공업노동자 의식구조의 제형태」, 『한국사회학』 제10집, 1976, pp.161-176.

_____ 외, 『산업사회학』, 서울: 경문사, 1991.

유동우, 『어느 돌멩이의 외침』, 청년사, 1984.

윤철호, 『그렇소, 우리는 사회주의자요』, 일빛, 1990.

이각범, 「노사관계주체들의 문화, 의식구조상의 특징」, 『한국의 노사관계: 현황, 특징 및 개선방향』, 서울대학교 사회과학연구소, 1987, pp.175-272.

이수인, 「노동계급 형성론에 대한 일연구」, 『한국사회사 연구회 논문집』 제19집, 1990, pp.28-84.

장남수, 『빼앗긴 일터』, 창작과비평사, 1984.

정수복, 「노동문학 속의 노동자 의식」 한국현대문학연구회(편), 『현대문학의 연구』 2집, 평민사, 1989가, pp.236-269.

_____, 「지식인과 사회운동-지식인의 이데올로기적 개종을 중심으로」, 『사회비평』 3집, 나남사, 1989나, pp.67-96.

정현백, 「여성노동자의 의식과 노동세계」, 『노동운동과 노동자문화』, 한길사, 1991.

조승혁, 『도시산업선교의 인식』, 민중사, 1981.

최장집, 『국가와 노동운동』, 열음사, 1990.

최재현, 「일하는 이들의 삶의 이야기」, 김병걸·채광석(편), 『민중, 노동, 그리고 문학』, 지양사, 1985.

_____, 『공업노동자의 사회의식』, 서강대학교부설 산업문제연구소, 1987.

_____, 「공업노동자의 사회의식과 체제내 평화」, 고려대 평화연구소(편), 『평화강좌』 1집, 한국사회의 갈등구조, 한길사, 1990.

칼보그(지음)/강문구(옮김), 『다시 그람시에게로』, 한울, 1992.

한국기독교 민중교육연구소, 『모퉁이돌』 제1집, 1983.

한국사회연구소, 『한국사회노동자연구 1』, 백산서당, 1989.

한국산업사회연구회(편), 『한국사회와 지배이데올로기』, 녹두, 1991.

Althusser, Louis, *Position,* Paris: Edition Sociales, 1976.

Bertaux, Daniel(ed.), *Biography and Society,* London: Sage, 1981.

Bonnelle, Victoria, *Roots of Rebellion, Workers Politics in St. Petesbourg and Moscow, 1900~1914,* Berkeley: University of California Press, 1983.

Lénine, V. I., *Que faire?,* Moscow: Edition de Moscow, 1966(1902).

Lipset, Seymour Martin, *Political Man*, London: Heineman, 1976.

Luedde-Neurath, Richard, "State Intervention and Export-oriented Development in South Korea", in Gorden White(ed.), *Developmental State in East Asia*, New York: St. Martin's Press, 1988, pp.68-112.

Mann, Michael, *Consciosness and Action among the Western Working Class*, Macmillan, 1973.

Touraine, Alain, *Conscience ouvrière*, Seuil, 1966.

______, *Mouvement ouvrier*, Fayard, 1984.

X. 산업민주주의

1. 산업민주주의의 정의

흔히 민주주의는 정치적 민주주의를 의미하여 대중의 지배를 의미한다. 정치적으로 주권을 가지고 있다고 간주되는 국민이 직접 혹은 간접으로 정치적인 의사결정에 참여하는 것을 지칭한다. 민주주의의 현실적인 의미는 국민 당사자들에게 영향을 미치는 모든 사항들은 당사자들의 의견이 반영되어 결정되어야 한다는 것이다. 이러한 점에서 국민 당사자들의 의사와 관계없이 이루어지는 의사결정과 지배는 독재정치로 불린다. 민주주의 정치와 독재정치의 구분은 바로 각종의 제도를 통해서 국민의 의사가 정치에 반영되는 정도에 달려 있다. 지난 수세기에 걸쳐 선거제도와 의회제도의 발전으로 민주주의는 어느 정도 제도화되어 왔다.

선거제도와 의회제도의 발달에도 불구하고 거대한 생산조직에서 일하고 있는 대규모의 노동자들은 공장문을 들어서는 순간부터 시민권을 포기해야만 했던 것이 역사적 사실이었다. 공장문 앞에서 끝나는 정치적 민주주의에 대한 비판과 실질적인 민주주의를 작업현장 속에서 실현하고자 하는 이념이 산업민주주의의 핵심적인 내용이다. 간헐적으로 행사되는 투표권으로 민주주의가 실현되지는 않는다. 위계적인 조직구조와 테일러주의로 특징지어지는 대부분의 생산조직 속에서 노동자들은 조직 속에서 다수를 차지하지만 항상 통제와 규제를 받는 대상이다. 산업민주주의는 생산조직 속에서 다수를 차지하는 노동자들의 권리확대와 자기결정을 강조하는 것이다. 그리하여 산업민주주의는 작업장 민주주의라고도 불리고 있다.

작업장 민주주의로서의 산업민주주의에 대한 최근의 관심은 자본주의에 대한 비판으로서뿐만 아니라 국가사회주의에 대한 비판에서 촉발되었다. 자본주의에서뿐만 아니라 국가사회주의 사회들에서 대부분의 노동자들은 노동자들의 의사와 관계없이 중앙계획에 의해서 만들어진 생산계획을 단순히 수행만 하는 역할을 담당했다. 또한 생산조직내에서는 위계적인 조직체계내에서 국가에 의해서 임명된 관리자의 지배와 통제의 대상이 되는 객체가 되었다. 1960년대 프랑스 노동자들이 주장한 '자율경영(autogestion)'[1], 유고의 '노동자 자주관리'[2], 스페인 몬드라곤 지역의 '협업기업'(cooperatives)[3], 1970년대 스웨덴과 노르웨이에서 실시되고 있는 다양한 형태의 산업민주주의 프로그램[4] 등은 기존의 사회들보다 더 민주적인, 더 평등주의적인 새로운 사회를 건설하려는 이념에 기초한 산업민주주의의 예들이다.

2. 산업민주주의 이념의 역사

산업민주주의 이념은 새로운 것은 전혀 아니다. 이미 로버트 오웬(1771~1858)이나 조르주 소렐(1847~1922)과 같은 사회주의자들의 이념에서 산업민주주의에 관한 논의들이 발전되었다. 이들은 생산조직을 자율적인 결사체

---

1) 이것은 생산에 관한 구상(conception)은 중앙에서 이루어지고 생산계획의 실현은 단위 생산조직에서 이루어지는 사회적 수준에서의 구상과 실현의 분리현상이다. 자본주의 사회에서 보여지는 단위 기업수준에서의 구상과 실현의 분리와 내용을 달리하지만, 노동자들의 관점에서 노동자들은 단지 생산계획의 실현만을 담당한다는 점은 동일하다.

2) 유고의 자주관리제도에 대해서는 브랑코 호르바트, 『자주관리제도: 유고 사회체제연구』(강신준 역, 서울: 풀빛, 1984)를 참조할 것.

3) 바스크 지역의 실험에 관한 간결한 설명은 William Foote Whyte and Joseph R. Blasi, "Worker Ownership, Participation, and Control: Toward a Theoretical Model", in *Critical Studies in Organization & Bureaucracy* (Philadelphia: Temple University Press, 1984), pp.377-405.

4) 이외에도 여러 형태의 산업민주주의가 실시되고 있다. 각국의 산업민주주의에 관해서는 Ed Davis and Russel Landsbury, *Democracy and Control in the Workplace* (Melbourne: Longman Cheshire, 1986) 참조.

로 상정하고 노동자들의 자율적인 생산조직을 이상적인 결사체 모델로 생각했다. 그들은 자율적인 노동자들의 활동을 억압하는 국가나 당과 같은 엘리트 조직을 거부하고 노동자들에 의해서 스스로 운영되는 생산조직을 사회주의적 생산조직 모델로 본 것이다. 이것은 사적 소유제도하에서 소유자가 권력을 행사하는 자본주의에 대한 반대뿐만 아니라 국가 엘리트가 권력을 독점적으로 행사하는 국가사회주의에 반대하는 생디칼리즘과 맥을 같이 하는 급진적 노동이념이었다. '어느 누구도 다른 사람의 주인이 될 수 없다'는 주장에서 단적으로 드러나는 초기 산업민주주의 이념은 전국적인 수준에서 이루어지는 체제개혁 이념이라기보다는 일종의 커뮤니티 수준에서 공동체를 실현하려는 이념이었다. 이것은 분산된 조직내에서 이루어지는 분권적인 집단조직 형태를 강조한 것이다.

초기 산업민주주의 이념은 전통적인 노동운동의 이념과 매우 모순적인 관계를 가지고 있었다. 생산수단의 사회적 소유와 생산의 자율적 통제를 목표로 하는 사회주의 이념에서 산업민주주의 이념은 주로 자율적인 통제에 초점을 맞추었고 생산수단의 사회적 소유에 대해서는 그것이 가지고 있는 국가주의적 속성 때문에 부정적으로 평가되었다. 또한 노동운동의 방식에서도 탈중앙화된 자율적인 운동을 강조하는 생디칼리즘적 전통이 전위집단을 중심으로 하는 중앙화된 조직적 운동과 불협화음을 가져왔다. 1910년대까지 관료제적 속성을 지닌 전통적인 노동운동과 무정부주의적 속성을 지닌 초기 산업민주주의 이념 사이의 갈등이 존재했지만, 결국 레닌주의로 대변되는 국가사회주의의 등장으로 생디칼리즘적인 산업민주주의의 이념은 발전하지 못했다.

그린버그는 오늘날 부활된 산업민주주의는 서로 다른 3가지 지적 전통에 기초하고 있음을 지적하고 있다.[5] 첫째, 사회주의 전통에서 강조되는 노동소외의 인식이다. 맑스에 의해서 체계적으로 발전된 소외론은 자본주의하에서 인간이 노동과 생산영역에서 자유롭고 창조적인 존재로서의 본질을 잃게 되는 점을 비판하고 있다. 맑스는 생산조직이 생산을 담당하는 당사자들

5) Edward S. Greenberg, *Workplace Democracy* (Ithaka: Cornell University Press, 1986), pp.14-23.

로부터 분리되어 있고 또한 생산물이 생산자들의 통제 밖에 있기 때문에 생산자들은 생산물과 생산방법에 대해서 통제력을 상실한 비자발적인 노예로 전락했다고 비판하고 있다. 정의로운 사회는 인간이 자신들의 창의적이고 자발적인 인간능력을 발휘하는 사회라고 보고 노동과정에 대한 통제의 회복이 소외를 극복하는 길이라고 보았다. 맑스는 이것이 사적 소유의 폐지로서 이루어질 수 있다고 보았다.

둘째, 참여 민주주의 전통에서 산업민주주의를 강조하는 사회주의나 무정부주의 전통이다. 참여 민주주의자들은 주요한 의사결정에 시민들이 참여하여야 하고 정의로운 사회의 모습은 직접 참여를 통한 자기결정에 기초한 사회라고 주장한다. 자유주의적 혹은 다원주의적 민주주의의 좁은 개념 대신에 참여 민주주의자들은 시민들의 능력을 신뢰하고 대의제도가 민주주의 제도로서 충분하지 않으며 민주주의는 모든 영역에서 실현되어야 하며 산업민주주의는 작업장에서 실현된 참여 민주주의라고 보는 것이다.

셋째, 자본주의를 극복하기 위한 수단으로 산업민주주의를 보는 전통이다. 이것은 자본주의의 몰인간성과 소련식 국가사회주의에 반대하여 사회주의라는 목적과 이를 달성하는 사회주의적 수단으로서의 산업민주주의를 보는 것이다. '인간의 얼굴을 한 사회주의'를 내세우는 이러한 견해는 민주적이며 평등주의적인 사회를 목적이자 수단으로 본다. '자주관리'로 대변되는 이러한 입장은 생산현장에서의 노동자 경영참여나 자주관리를 강조한다.

3. 현대적인 산업민주주의의 내용

산업민주주의에 대한 다양한 지적 전통 때문에 산업민주주의가 제도적으로 무엇을 의미하고 있는가 하는 문제가 남는다. 산업민주주의의 구체적인 내용들은 정치적, 사회적 환경 속에서 구체화되었기 때문에 본질적으로 어떠한 속성을 지닌 제도는 아니다. 산업민주주의의 내용은 동구와 서구의 역사적 경험에 대한 비판적 성찰에서 구체화되었다. 동구의 경우 소련식 국가사회주의하에서 노동자들의 자율적인 조직인 노동자평의회는 국가권력에 의해서 해체되었고 국가가 모든 생산조직을 통제하는 방식으로 유지되었다. 서구의 경우 60년대말까지 서구 노동자들의 관심은 지속적인 경제성장을 통하여 부를 향유할 수 있었기 때문에 임금 이외에 작업장에서의 의사결정 참여, 노동통제 등에 관해서 관심을 보이지 않았다. 전통적인 노동조합 운동이 보여주었던 경제주의적 이해 때문에 작업장에서의 민주주의 문제는 수사적으로는 많이 언급되었지만 실제로는 오랫동안 노조활동에서 밀려나 있었다.

오늘날의 산업민주주의에 대한 관심은 1960년대말과 1970년대초 전반적인 정치적, 사회적 분위기에 따라 급격하게 증대되었다. 의회민주주의의 한계를 비판하고 대안적인 정치운동을 제창했던 많은 진보적인 지식인들은 '밑으로부터의 참여'를 조직하고 자율적인 조직원리를 근간으로 하는 대안적인 민주주의로서 산업민주주의를 강조하였다. 1968년 프라하의 봄은 소련식 권위주의적 국가사회주의에 대한 모순을 드러나게 했고 유고에서 실시되었던 노동자 자주관리제도가 매력을 지니게 되면서 많은 진보적인 사회세력들이 민주적, 평등주의적 조직원리로서 산업민주주의를 내세웠다.

1970년 유럽공동체(EC)는 산업민주주의의 원리를 산업정책에 포함시킬 것을 합의하였다. 1972년 유럽공동체 5차 회의는 공동결정의 도입을 모든 회원국들에게 제안하였다. 이 제안은 10년간의 과도기 동안 노동자들에게 경영권을 점차적으로 넘겨주는 것을 골자로 하였다.[6]

유럽에서 등장한 산업민주주의는 노동자들의 영향력의 정도에 따라 정보공유, 상담, 의사결정 참여, 의사결정의 4가지로 구분된다. 첫째, 가장 낮은 수준의 산업민주주의는 노동자들이 기업의 경영에 관한 정보를 공유하는 것이다. 이러한 정보공유는 배타적인 경영권으로서 정보의 독점을 내세웠던 전통적인 사기업의 권한을 대폭 약화시킨 것이다. 과거 핵심적인 경영자나 투자자들에만 독점적으로 주어졌던 정보가 생산자들에게도 주어짐으로써 노동자들의 영향력이 적극적으로 행사되는 것은 아니지만, 적어도 기업의 정보를 노동자들이 알게 됨에 따라 비밀스러운 정보에 기초한 권력은 상당히 약화되기 때문에 노동자들의 영향력이 소극적으로 행사된다고 볼 수 있

6) Maria Hirszowicz, *Industrial Sociology* (London: Blackwell, 1981), p.230.

다.

둘째, 기업의 중요한 결정이 이루어지기 전에 경영자가 노동자들과 상담을 하는 경우이다. 이 경우에는 노동자들이 의사결정에 관련된 기업 정보를 접할 수 있을 뿐만 아니라, 노동자들의 의사를 경영자들에게 밝힐 수 있기 때문에 정보의 공유 수준을 넘어 노동자들의 의사를 공개적으로 표시할 수 있다.

셋째, 노동자들의 대표가 의사결정 과정에 참여하는 경우이다. 이 경우 의사결정 참여를 통하여 적극적으로 경영자들의 의사와 노동자들의 의사를 절충하는 과정을 거치기 때문에 노동자들이 적극적으로 경영자들의 의사에 반대를 표시하거나 혹은 노동자들의 의사를 관철시킬 수 있다. 대체로 노동조합이나 노동자평의회를 통하여 의사결정에 참여하고 있다.

넷째, 노동자들만의 결정을 통하여 기업이 운영되는 경우이다. 이러한 경우는 노동자들이 경영에 관한 결정을 하기 때문에 노동자들의 자율 경영이 이루어진다. 유고에서 실시되었던 자주관리 혹은 2차대전 직후 한국과 일본에서 실시되었던 노동자 자주관리 등이 이에 속한다. 또한 노동자 협업기업에서도 이러한 노동자 결정이 이루어지고 있다.

앞의 네 가지는 실제적으로 기업이나 사회에서 노동과 경영의 역학관계를 반영하고 있다. 네 가지 산업민주주의의 내용은 전통적인 기업의 조직원리와는 달리 핵심적인 투자자, 정부 혹은 경영진이 배타적으로 경영권을 독점하고 통제권을 독점하지는 않지만, 노동자들의 권한의 정도는 매우 다르게 나타난다. 또한 참여할 수 있는 결정의 범위도 문제가 된다. 참여하는 범위가 사소한 의사결정에만 한정되어 있는 경우 참여는 매우 제한적이고 주변적이다. 또한 참여가 매우 포괄적인 범위에서 이루어진다고 할지라도 참여가 제도화되어 있지 않고 우발적이거나 일회적인 경우 참여의 정도는 매우 낮다.

오늘날 자본주의 사회에서 산업민주주의는 참여의 정도, 참여의 범위, 참여의 제도화 등에 따라 다음과 같이 구분될 수 있다.[7]

---

7) Hirszowicz, 앞의 책, p.237.

1. 참여의 정도　정보공유 ----상담 -----------의사결정 참여--의사결정
2. 참여의 범위　사소한 결정--일부 중요한 결정--모든 중요한 결정
3. 참여의 제도화　관습--------지역 합의------　전국적인 합의--입법화

산업민주주의의 내용은 한 가지 차원에서 평가될 수는 없고 적어도 앞에서 제시된 3가지 기준에 따라 평가될 수 있다. 화이트와 블라시(White and Blasi)는 위의 3가지 기준을 고려하여 조직모델을 권위주의적 모델, 교섭 모델, 커뮤니티 모델 3가지로 나누고 있다.[8] 권위주의적 모델(Authoritarian Model)은 절대적인 통제가 소수의 경영진에 속해 있고 노동자들의 참여가 전혀 이루어지지 않는 조직유형이다. 이러한 조직은 모든 권한이 경영에게 주어지고 위계적으로 직무가 구분되어 분명한 업무가 제시된다. 이것은 테일러리즘의 기본원리로서 전통적인 조직원리이다.

교섭 모델(Bargaining Model)은 조직이 경영과 노동자로 양분되었다는 것을 전제로 하고 있다. 노조로 대표되는 노동자 조직과 경영 사이에 이루어지는 교섭을 통하여 경영의 일방적인 통제에 제약이 가해지고 노동자들의 이해를 극명하게 보여줄 수 있는 조직 모델이다. 이러한 조직에서 교섭이 결렬될 때, 최종적인 결정은 법에 의하거나 혹은 물리적인 대결을 통하여 이루어진다. 교섭 모델에서 산업민주주의는 노동조합의 교섭력에 의해서 매우 다양한 형태로 나타난다. 스웨덴의 경우처럼 노동조합의 힘이 강력한 경우 노조 대표가 모든 의사결정에 참여하고 이는 공동결정법으로 입법화되어 있다. 그러나 일본의 경우처럼 노조가 약하고 전국적인 조직을 이루지 못하고 기업별로 움직이는 경우 사소한 결정에 관한 정보공유나 상담이 관습적인 수준에서 이루어지고 있다.

커뮤니티 모델(community model)은 조직의 성원들이 의사결정권을 갖는 경우로 참정권과 마찬가지로 생산조직내에서 조직성원들이 일인 일표를 행사하는 민주적 가치를 기본적인 조직원리로 하고 있는 조직 유형이다. 이 모델은 조직을 공동체로 간주하고 조직성원들의 직접적인 참여를 기초로 하고 있기 때문에 결사체 모델이라고도 불린다. 이러한 조직 모델은 분명히 평등주의적이고 민주적인 원리를 바탕으로 하고 있다. 그러나 이 모델은 시

8) White and Blasi, 앞의 글, pp.378-381.

간적으로 공간적으로 제약을 지니고 있기 때문에 대규모 조직에서는 대표를 선발하여 조직 성원들의 의사를 대리하는 방식을 취하고 있다. 결국 이러한 모델에서는 대체로 의사결정권이 소수의 대표들에게 이전되어 원래의 조직원리가 훼손되는 딜레마가 나타난다.

4. 산업민주주의의 실제

오늘날 산업민주주의는 유럽의 여러 나라에서 다양한 형태로 실시되고 있다. 전형적으로 나타나는 산업민주주의의 형태는 경영참여이지만, 노동자 협업기업이나 자주관리 등도 부분적으로 관찰되고 있다. 여기에서는 먼저 한국에서 역사적으로 나타났던 산업민주주의 형태로서 공장 자주관리제도와 1981년에 도입된 노사협의회제도를 살펴보기로 한다. 그 다음 독일과 스웨덴에서 실시되고 있는 산업민주주의 제도 두 가지를 대표적으로 살펴보기로 한다. 먼저 노동조합을 중심으로 공동결정제도가 발전되어 있는 스웨덴 산업민주주의를 살펴본다. 그 다음 독일에서 나타난 공장평의회를 중심으로 한 공동결정제도를 살펴본다.

(1) 한국의 사례

1) 공장 자주관리운동

해방 직후 남한에서 나타난 공장 자주관리운동은 남한의 노동자들이 일본인 자본가들이 철수함에 따라 일본인이 남기고 간 기업을 접수하여 경영하는 방식으로 자발적으로 시작되었다. 1945년 9월부터 11월초까지 활발하게 진행된 공장 자주관리운동은 생산조직을 노동자들이 접수하여 생산을 지속시킴으로써 노동자들뿐만 아니라 일반 시민들이 필요로 하는 물건을 생산하려는 운동이었다. 그 당시 경제상황은 일본인 자본가뿐만 아니라 기술자들이 대거 철수함에 따라 거의 대부분의 생산이 중단되는 상황에서 노동자들의 공장 자주관리 운동은 경제활성화에 핵심적인 역할을 하게 되었다. 공장 노동자들은 공장관리위원회를 결성하고 자주적인 생산관리를 실시하였다. 또한 필요한 경우 외부로부터 전문 경영인을 고용하기도 했다.9)

비록 자연발생적으로 등장한 공장자주관리 운동은 노동자 스스로가 경영관리를 담당할 수 있다는 것을 보여줌으로써 노동자들에게는 새로운 체험이 되었다. 한국인 기업인 경우 노동자들은 대표를 통하여 경영에 참여하기도 하였다.

이러한 공장 자주관리운동은 미군정에 의해서 제지당했다. 미군정은 공장자주관리운동이 사적 소유권에 대한 침해이기 때문에 사적 소유권의 보호하에 일본인들의 재산권을 보호하였다. 미군정은 미군정법령 33호를 발표하여 모든 종류의 재산 및 그 수입에 대한 소유권은 군정청에 속한다는 것을 명백히 하였다. 그 결과 노동자들의 공장관리는 불법으로 규정되고 미군정의 제재의 대상이 되었다.

미완성의 독립국가 형태를 띠었던 해방 직후의 남한에서 공장 자주관리운동은 노동자 당사자들이 미처 깨닫지 못한 중요한 실험이었다. 한편으로는 공장자주관리운동이 기업에 한정되어 나타났기 때문에 기업주의를 벗어날 수 없었던 한계를 가지고 있었지만, 다른 한편으로 대안적인 생산조직으로서 작업장 민주주의 더 나아가 경제민주주의로 발전할 가능성도 또한 지니고 있었다.

2) 기존의 노사협의회제도

한국의 노사관계에서 특징적인 점의 하나는 노사협의회의 제도화이다. 1981년 노사협의회법에 의해서 도입된 노사협의회는 임금이 아닌 문제들을 협의하도록 규정함으로써 외형적으로는 초보적인 '경영참여'의 모습을 띠고 있지만, 본질적으로 기업내의 권력과 통제의 분산이라는 본래적인 경영참여의 형태와는 다르다.

1981년부터 법에 의해서 도입된 노사협의회 제도는 임금, 연금과 같은 경제적인 문제보다는 직무안정, 승진, 전직 등 비경제적인 문제들을 교섭의

9) 자주관리운동에 관해서는 성한표, 「8·15 직후의 노동자 자주관리운동」, 『한국사회연구 2』, 한길사, 1984; 中尾美知子, 『해방후 전평의 노동운동』, 춘추사, 1984를 참조.

형태가 아닌 협조에 기반을 둔 협의체에서 협의하도록 규정하였다. 1980년 12월 30일 국가보위 입법위원회의 의결을 거쳐 동년 31일 노동관계법의 개정과 함께 새로이 제정된 노사협의회법(법률 제3,348호)은 생산성 향상, 복지증진, 고충처리, 안전·보건 기타 작업환경의 개선에 관한 협의(제20조)와 경영방침 및 실적, 분기별 생산계획과 실적, 인력계획에 관한 사항들에 대한 사용자의 보고(제21조)를 규정하는 기업이 노동자들에게 협의하고 보고하는 제도를 도입하였다.

5공화국에 의해서 도입된 노사협의제도는 실제로 노동조합의 기능을 이원화하여 노동조합의 기능의 일부를 노사협의회가 담당하도록 하여 노동조합의 활동을 약화시키는 역할을 했다. 노조가 설치되어 있는 경우 노조의 대표가 노사협의회 노동자 대표가 될 수 있도록 하여 노조의 역할과 노사협의회의 역할이 중첩이 되었던 것이다. 노조가 설치되지 않은 경우 노사협의회가 실질적인 노조의 기능을 대신하여 노조의 설립을 불필요하게 함으로써 노조설립을 제약하는 기능을 했다. 부분적으로 노조기능을 담당하는 노사협의회의 발전은 노조의 저발전을 가져왔으며 이는 실질적으로 노동자들의 권익과 이해를 증대시키기보다는 노동자들의 요구와 집단적인 행동의 가능성을 사전적으로 예방하는 기능을 했다. <표 1>이 보여주고 있듯이 1987년 이전까지 노사협의회는 꾸준히 증가하였으나 노조의 증가는 매우 약소하였다. 노사협의회의 상대적인 발전이 노조의 상대적인 저발전을 가져왔던 것이다.

노사협의회제도는 부분적으로 노동자들의 경영참가를 허용하는 내용을 포함하고 있었지만, 이것은 노동자들의 요구에 의해서 혹은 노조의 적극적인 활동을 통해서 이루어진 것이 아니고 노조의 기능을 약화시키거나 새로운 노조의 설립을 저지하기 위해서 국가의 개입으로 도입되었기 때문에 조직내의 권력(power)과 통제(control)의 분배에 아무런 변화를 가져오지 못했다. 오히려 권력과 통제의 분배에 영향을 미칠 수 있는 노동자들의 조직화를 막음으로써 조직내에서의 권력과 통제의 일부가 노동자들의 수중에 놓이게 되는 실질적인 경영참가를 가로막았다. 이것은 경영참가가 내포하고 있는 참여와 포섭의 가능성이라는 이중적인 성격으로 인한 것이다. 다시 말해서 경영참가는 부분적인 참가이기 때문에, 노동자나 노조의 견해가 반영될 수 있는 제반조건에 따라 그 효과가 매우 상반되게 나타난다. 경영참가가 노동자들이나 노조에 의해서 제시되고 주도되는 경우, 경영참가는 노동자들의 권력과 통제를 증대시키는 결과를 가져오지만, 국가나 기업에 의해서 주도되는 경우, 경여참가는 오히려 노동자들의 권력과 통제를 약화시키는 결과를 가져올 수 있다.

<표 1> 연도별 노사협의회 설치 현황과 단위노조수

연도	노사협의회수	단위노조수
1981	4,720	2,141
1982	4,756	2,191
1983	4,845	2,238
1984	5,310	2,365
1985	5,627	2,534
1986	6,122	2,658
1987	6,775	4,086

자료: 『노동통계연감』(노동청), 각년도.

(2) 외국의 경영참가: 스웨덴과 독일

서구의 모든 나라들에서 노동자들의 경영참가가 여러 가지 형태로 이루어지고 있지만 대체로 스웨덴, 독일, 노르웨이, 호주 등지에서 발달하였다. 여기에서는 여러 가지 면에서 대조가 되는 스웨덴과 독일에서 이루어지고 있는 노동자들의 경영참가를 다룬다.

1) 스웨덴의 경영참가

스웨덴의 노사관계는 대단히 강력한 노동조합(LO, TCO)과 강력한 사용자 단체(SAF)를 중심으로 한 집중화(concentration)와 중앙화(centralization)로 특징지어진다. 블루칼라 노조연맹인 LO와 화이트칼라 노조연맹인

TCO를 중심으로 하는 노동조합은 전체 노동자들의 약 90%(블루칼라 노동자의 약 95%, 화이트칼라 노동자의 약 85%)를 조직하고 있고 이들 연맹은 다른 나라의 연맹에 비해서 대단히 강력한 역할을 수행해 왔다. LO의 집행부가 일차적인 단체교섭을 사용자 단체인 SAF를 대상으로 해왔고 TCO의 경우도 3개의 교섭카르텔(PTK, TCO-S, KTK)을 중심으로 개별적인 노조 수준에서 이루어지는 단체교섭을 금하고 카르텔 수준에서의 단체교섭을 지속해 왔다.

1970년대부터 단체교섭만을 중심으로 하는 노조의 활동에 대해서 점차 일반조합원들의 불만이 커지기 시작했고 노조연맹인 LO와 TCO는 전통적인 노조의 활동을 확대하여 산업에서의 민주주의를 실현하고자 하는 새로운 전략을 취하기 시작했다. 정부측에서 집권 사민당은 사민당에 대한 LO와 TCO의 지지를 견지시키기 위해서 LO와 TCO의 요구를 수렴하여 공동결정을 다루는 새로운 입법화를 추진하였다. 1977년에 도입된 공동결정법(the Co-determination ACT, MBL)은 이러한 노력의 결과였다.

공동결정법은 노조의 영향력을 증대시키기 위한 여러 가지 수단을 제공했다. 입법의도는 노동시장의 당사자들이 노동시장의 조건에 따라 또한 요구에 따라 단체협약을 통하여 공동결정의 구체적인 내용을 규정하도록 하는 것이었다. 실질적으로 동일한 규칙이 모든 노동시장에 적용되었고 국가부문 종사자들에게도 약간의 규제 이외에는 동일하게 적용되었다.

공동결정법은 노동시장내의 힘의 균형을 근본적으로 변화시키고자 한 것은 아니었다. 공동결정법의 기본적인 원리는 사용자가 직장에서 일의 분배와 감독과 관련된 기업의 활동에서 궁극적인 결정권을 갖는 사람이라는 것에 기초해 있다. 그러나 실질적인 의사결정에 있어서의 권력이 노동자들의 의사결정과정에 참여함으로 인해서 감소되었다. 피고용자에게 관련된 사항들에 대한 모든 결정에 고용주와 피고용자가 공동으로 결정을 하는 것이기 때문에 고용주가 배타적인 결정권을 가지고 있었던 이전과는 매우 큰 변화라고 볼 수 있다.

공동결정법 제10조는 직장에서의 일상적인 감독과 관련된 모든 일과 기업내에서의 경영에 관한 의사결정과 관련된 모든 것을 포함하여 고용주-피고용자 관계에 해당하는 모든 문제에 대해서 당사자들이 협상을 요구할 수 있다고 규정하였다.10) 또한 동법 제11조는 고용자의 '우선적인 협상의무'를 규정하여 기업활동에 있어서 중요한 변화나 혹은 작업조건의 변화 혹은 피고용자들의 고용조건에 영향을 미치는 결정을 내릴 때, 고용주가 단체교섭의 상대방인 노조와 협상을 먼저 요구하도록 하였다. 우선적인 협상의무사항은 배치전환, 채용, 새로운 작업방법, 새로운 생산, 예산안 준비, 조직변화 등이다. 11조는 또한 고용주는 협상이 이루어질 때까지는 결정을 유보하도록 하여, 최종적인 결정은 실질적으로 공동결정이 되도록 하였다. 제12조는 우선적인 협상의무사항이 아니더라도 노조가 요청할 경우, 결정을 내리기 전에 먼저 협상을 하도록 규정하였다.

피고용자들이 협상을 통해서 의사결정에 참여하는 권리를 행사하기 위해서는 피고용자들이 먼저 기업활동에 대한 정보를 갖고 있어야 하기 때문에, 공동결정법은 고용주에게 정보의 의무(제18조~제22조)를 부여하였다. 동법 제19조는 고용주가 피고용자들에게 인상정책 가이드라인, 생산추세 및 기업의 재정상태를 계속해서 알려주도록 의무화하였다. 나아가 제19조는 고용주가 노조에게 기업회계와 다른 기업활동에 관련된 기록들을 검토하는(examining) 기회를 주어야 한다고 규정하였다. 제19조의 정보의 의무는 협상의 의무를 보완하는 것이라고 볼 수 있다. 고용주는 제공한 정보의 비밀을 요청할 수 있고 이것은 노조와 고용주간의 협상의 대상이 될 수 있다고 규정하였다.

공동결정법 제33조는 업무에 있어서 피고용자의 의무와 관련된 분쟁에서 고용주가 노동법원에 법적 해석을 요청할 때까지는 노조에게 관련된 규칙에 관한 해석에 우선권을 주었다. 또한 공동결정에 관한 협약의 해석, 단체협약에 의한 임금에 관한 분쟁, 해고의 타당성, 숍 슈튜어드의 지위에 관한 해석에 있어서도 노조에게 우선권을 부여하였다.

그러나 공동결정법의 입법으로 즉시 실질적인 공동결정이 이루어지는 것

10) 스웨덴 공동결정법에 관한 법률적인 논의는 주로 Sten Edlund, *Developments in Swedish Labour Law*(The Swedish Institute:1988), pp.45-58 및 Sten Edlund, Inga Hellber, Oore Melin and Birgitta Nystrom, *Views on Co-determination in Swedish Working Life*(Juristforlaget i Lund:1989)를 참조하였다.

은 아니었다. 공동결정에 관한 협약이 먼저 노조와 고용주간에 이루어져야 현실적으로 유의미한 공동결정이 이루어질 수 있기 때문에 공동결정에 관한 협약이 이루어지기까지 많은 시간이 걸렸다. 최초의 공동결정은 1978년 정부부문 노조(SACO/SR, SF, TCO-S)와 정부교섭기구인 SAV간에 이루어진 MBL-S는 합리화, 행정개편, 계획, 인사이동, 개인연수, 작업감독과 정보에 관한 것이었다. 이것은 중앙수준에서 이루어진 협약으로 지역(local) 수준에서의 협약은 매우 느리게 이루어졌다. 사부문에서의 공동결정은 더욱 더디어 1982년에 이르러서야 SAF, LO, PTK간의 '효율과 참여에 관한 협약'(agreement on efficiency and participation, UVA)이 이루어졌다. 이 협약은 직장조직적 발전, 기술발전, 기업 재정, 자원문제 등에 관한 기업조직 발전에 초점이 맞추어져 이루어졌다. 직장조직의 발전은 효율성, 직업안정, 양호한 작업환경, 남녀평등을 이루는 것을 의미하였다. 또한 이 협약은 기업재정이나 직업에 영향을 미치는 중대한 변화에 앞서 정보를 수집하고 분석하는 전문인을 피고용자 상담원으로 두는 것을 제도화하였다. 그러나 중앙수준에서 이루어진 공동결정에 관한 협약이 지역수준에서 급속하게 전파되지는 못했다. 그리하여 지역수준에서 공동결정을 촉진시키기 위해서 UVA는 '발전문제를 다루는 위원회'(the council on development question)를 설치하였다.

또 다른 차원의 경영참여는 이사회에 노동자들의 대표가 참여하는 것이다. 초기 25명 이상을 고용하는 주식회사 협동기업들은 2명의 노동자 대표를 이사회의 이사로 임명할 수 있도록 하였다. 1988년 이래 좀더 구체화되어 두 개 이상의 직업집단이 있고, 적어도 1,000명 이상의 피고용자를 고용하고 있는 기업에서는 3명의 노동자 대표가 이사회에 참여할 수 있다고 규정하였다. 그러나 노동자 대표들은 이사회 결정에 참여하여 정보와 기업경영에 관한 지식을 얻는 것이 주된 목적이기 때문에 투표권은 주어지지 않았다.

스웨덴 학자들의 평가는 대체로 공동결정제도가 피고용자의 지위를 강화시켰고 직장수준에서 양자간의 의사결정이 일반화되는 효과를 가져왔다고 보고 있다. 또한 피고용자들의 지식과 경험이 의사결정을 보다 발전시켰고,

이들의 참여가 양측의 합의정신으로 계속되는 생산에 있어서 기술변화와 구조변화를 촉진시켰다고 평가되었다. 그리하여 공동결정제도는 보다 실질적인 협약과 지역수준에서의 협약의 확대를 통해서 뿌리를 내리고 있다.

스웨덴의 공동결정제도를 중심으로 한 노동자들의 경영참가제도의 특징은 노동조합이 중심적인 역할을 하고 있다는 것이다. 노동조합이 중앙수준에서 사용자단체를 상대로 하여 공동결정에 관한 협약을 하고 이것을 지역노조에게 전파하면서 개개 기업의 속성에 따른 지역수준에서의 협약을 유도하고 있다. 이것은 노조가 단체교섭뿐만 아니라 경영참여에 관한 사항까지 주도적으로 함으로써 노사관계에서의 노조가 핵심적인 역할을 담당하고 있다. 그러나 공동결정이 구체화되는 데 몇 가지 핵심적인 문제점들이 남아 있다. 첫째, 고용주의 우선적인 의무는 협상이지 피고용자들이 받아들일 수 있는 합의(agreement)에 이르는 것은 아니다. 고용주가 이 의무를 대단히 형식적인 절차상의 문제로 간주하는 경우, 고용주가 일을 추진하기 전에 단순히 신호를 보내는 것에 불과하게 된다. 둘째, 기업이 복합기업(conglomerates)인 경우 기업 본부에서 이루어진 결정은 단위 사업장의 공동결정에 구애받지 않는다는 것이다. 공장을 폐쇄하고 타지역으로 이동시킨다거나 혹은 이익을 모기업으로 이전시키는 방법으로 공동결정법을 따르기는 하지만 공동결정법의 기본정신을 거부하는 것이 가능하다는 점이다.

2) 독일에서의 경영참가

독일에서의 경영참가는 스웨덴에 비해서 훨씬 일찍 제기되었다. 이미 1916년 법에 의해서 중요 산업에 노동자평의회(work council)가 설치되었다.[11] 2차대전 이후에는 여러 가지 입법을 통하여 기업내 노조의 영향력은 증대되었다. 1951년 석탄과 철강산업에 적용된 '공동결정법'(Mitbestimmungsgesetz)은 노동자 대표가 기업의 운영방침을 결정하는 노동자평의회에 기업대표와 동등한 수로 참여하는 것을 법제화하였다. 1952년

11) work council은 국내에서 여러 가지로 번역되고 있다. 예를 들어 직장의원회, 직장노동자평의회, 노동평의회 및 노동자평위회로 번역되고 있다. 여기에서는 work council이 노동자를 대표하는 조직으로서 노산관계의 여러 문제들을 대상으로 활동한다는 점에서 노동자평의회라고 번역하기로 한다.

부터 1972년까지 실시된 '노동자평의회법'(Betrebsverfassungsgesetz)은 노동자평의회의 법적 권리를 확대하여 5명 이상을 고용하는 모든 사기업에 적용되었다. 1976년 '공동결정법'은 2,000명 이상을 고용하는 기업의 감사회에 경영참여를 입법화하였다. 1974년 '인사대표법'은 '노동자평의회법'을 국가기관에 종사하는 노동자들에게 확대적용하였다.

스웨덴과는 달리 독일에서의 경영참가는 기업내의 노동자들에 의해서 선출된 '노동자평의회'를 중심으로 하는 것이 특징이다. 기업내의 노동자들이 정치적으로 또한 이데올로기적으로 서로 다른 다양한 노조들에 가입되어 있기 때문에 노동자평의회는 특정 노조와 연계를 갖기보다는 여러 노동자들의 공통적인 이해를 반영하고자 하였기 때문에 독일의 노동자평의회는 탈정치적인 것이 그 특징이다.12) 노동자평의회 이외에 이사회(Vorstrand)에 노동자 대표에 의한 노무담당이사(labour director) 제도와 노동자 대표의 경영평의회(Aufsichtstrat) 참여제도이다.13)

노동자평의회는 기업의 정보(information), 상담(consultation), 및 공동결정(co-determination)에 관한 권리를 갖는다. 노동자평의회는 노동규율, 노동시간, 휴일, 초과노동, 휴가 스케줄, 안전규제, 피고용자 업무수행 감시, 회사주택의 분배, 기업내 복지서비스, 새로운 임금계산 방법 등에 관한 규제를 할 수 있다. 또한 노동자평의회는 신입사원 선발과정, 직업훈련, 신기술의 도입, 작업속도나 작업환경의 변화를 공동으로 결정할 수 있다. 다른 나라에 비해서 독일의 노동자평의회는 매우 포괄적인 법적 권리를 갖고 있는 셈이다.

노동자평의회는 5명 이상의 종업원을 갖고 있는 모든 기업의 노동자들로 구성된다. 노동조합 가입여부에 관계없이 18세 이상의 노동자들에게 선거권과 피선거권이 주어지며, 평의원의 임기는 3년이다. 노동자평의회의 규모는

---

12) Friedrich Fürstenberg, "West Germany: Developments in Co-determination", *Democracy and Control in the Workplace*, (Melbourne: Longman Cheshire, 1986), p.238.

13) 독일의 기업구조는 노동조합, 노동자평의회, 최고경영자평의회, 이사회의 기관으로 이루어졌다. 최고경영자평의회의 구성은 노사동수로 이루어지며 표결상 노사동수인 경우 주주들에 의해서 임명된 의장이 캐스팅 투표권을 갖는다.

기업의 규모에 따라 달리진다.[14] 노동자평의회는 노조와 공식적으로 독립적인 관계를 갖지 않는다. 그러나 대부분의 기업에서 노조임원들이 노동자평의회의 모임에 참여하기도 하고 또한 선거를 통하여 노조원들이 노동자평의회 위원으로 활동하기도 한다. 관습적으로 노동자평의회에서 의원으로서의 경력이 노조나 정당에서의 활동으로 연결되기도 한다. 그러나 노조들간의 대립으로 인하여 비노조원이 선출되는 경우가 많아 노조가 항상 노동자평의회를 통제할 수는 없었다.

노동자평의회는 실질적으로 다양한 노동자 집단을 대표하고 있기는 하지만 두 가지 핵심적인 문제를 안고 있는 것으로 지적되고 있다. 첫째는 노동자 경영참여의 효율성을 제약하는 대표성의 부재이다. 흔히 여성노동자, 외국인 노동자들과 같은 특정한 집단들이 제대로 대표되지 않고 있다. 둘째로 기업의 전문가들과 효과적으로 협상하기 위해서 노동자평의회의 기능이 전문화됨에 따라 특별한 위원회가 많이 생겨나 복합적인 구조를 갖는다. 이러한 전문화는 일반 피고용자와의 거리감을 증대시켜 관두제화하는 경향을 보이고 있다.

노무관리이사(labour director) 제도는 1951년 석탄과 철강산업에서 최초로 설립되었다. 노무관리이사는 이사회의 이사들과 마찬가지로 임명되나 노동자평의회의 노동자 대표들의 승인을 얻어야 한다. 그러나 1976년부터 단지 2,000명 이상의 피고용자들을 고용하고 있는 기업에서만 노무관리이사를 임명하도록 하였다. 대체로 오랜 노조 경험이 있는 노무관리이사들은 인사정책과 복지정책에 주로 관심을 기울인다. 그러나 일반적인 기업정책에도 참여한다. 석탄과 철강산업 이외의 산업에서 노무관리이사는 대체로 노조와 관계를 맺지 않고 있기 때문에 경영의 기능을 한다.

경영평의회의 노동자 참여는 1951년 공동결정법에 의해서 석탄과 철강산업에 도입되었다. 노사 동수로 구성되는 것을 원칙으로 하며 노동자 대표는 노동자평의회와 노조에 의해서 선출되며 사용자 대표는 주주총회에서 선출된다. 선출된 노사 대표가 중립적인 위원을 의장으로 선출하였다. 1976년의

---

14) 기업규모별 노동자평의회의 평의원수는 종업원이 20명 이하인 기업의 경우 1명부터 1,000명 정도의 기업은 15명, 7,000명 정도의 기업은 31명이다.

신공동결정법은 이 제도를 2,000명 이상의 모든 기업에 확대적용하였으며 두 가지 제약규정을 두었다. 적어도 한 명 이상의 노동자 대표가 경영기능을 하는 노동자 대표(Leitende Angestellte)에 의해서 지명되며 표결 결과 가부동수인 경우 주주에 의해서 임명된 경영평의회 의장이 최종적인 결정권을 행사한다.

독일의 경영참가제도에 대한 비판도 경청할 필요가 있다. 실질적으로 경영평의회의 기능은 이사회의 임명과 통제이나 이사회에서 만들어진 정책에 대한 조정과 형식적으로 비준하는 것이 주된 것으로 나타났다. 일년에 4번 경영평의회가 열리도록 규정하고 있으나 과반수의 기업에서 일년에 1번밖에 열리지 않아 실질적으로 경영참가제도가 제대로 이루어지지 않고 있음을 보여주고 있다.[15] 그러나 노동자평의회 제도와 경영평의회를 중심으로 하는 독일의 경영참가제도는 노동자들의 이해와 견해가 경영에 반영되고 있는 것은 사실이다. 보다 직접적인 경영참가를 위한 제도적인 개혁이 또한 요구되고 있다.

이상에서 스웨덴과 독일의 경영참가 제도를 살펴보았다. 스웨덴의 경우 경영참가를 본격적인 노조활동의 대상으로 받아들인 1970년대 이전까지 노조활동은 단체교섭을 중심으로 한 임금교섭이 주된 활동이었다. 그러나 70년대 후반부터 스웨덴의 노조들은 매우 강력한 조직력을 기반으로 경영참가를 목적으로 하는 공동결정의 제도화를 주된 활동목표로 하고 있다. 그러므로 노조가 공동결정에 있어서 주된 당사자로 활동하고 있다. 결정방법은 노조와 사용자 단체간의 합의(agreement)에 의한 것으로서 경영참가는 합의에 기초하여 구체화되고 있다. 그러나 독일에서는 일찍이 발전된 노동자평의회와 경영평의회를 중심으로 경영참가가 이루어지고 있으며, 노조는 단체교섭만을 주된 활동영역으로 하고 있다. 또한 경영평의회에서 이루어지는 결정은 합의에 기초한 것이 아니라 투표(vote)에 의하여 이루어지고 있다. 독일에서 단체교섭은 노조가, 경영참여는 노동자평의회와 경영평의회를 중심으로 이루어져 이원적인 노사관계가 발전되었다. 경영참가의 형식은 합리적으로 평가해서 노동자평의회와 경영평의회에서의 경영참가는 노동자들에

15) Friedrich Fuerstenberg, 앞의 글, p.240.

게 경영에 참가한다는 기분을 주입시킴으로써 노사관계를 안정화시켰다.[16] 그러나 독일의 경우 스웨덴에 비해서 낮아지고 있는 노조조직률과 이원화로 경영참가를 통하여 본래적인 산업민주주의를 실현시키려는 데 구조적인 장애로 등장하고 있다.

5. 산업민주주의는 어떠한 조건에서 가능한가

산업민주주의가 모든 나라에서 실시되고 있는 제도는 아니다. 산업민주주의는 경영과 노동 사이의 권력관계의 변화를 내포하고 있기 때문에 노동의 힘이 약한 곳에서 산업민주주의는 실시되지 않고 있다. 산업민주주의가 단순히 노동자들의 참여를 만들어 내는 제도적인 장치를 의미하지 않고 보다 근원적인 권력관계의 질적 변화를 반영하는 작업장 민주주의를 의미한다면, 산업민주주의는 매우 제한된 사회에서만 실시되고 있다.

산업민주주의가 실시되기 위해서는 적어도 다음과 같은 3가지 조건이 충족되어야 가능하다. 첫째, 노동자나 노동조합의 힘이 강력한 경우에 가능하다. 노동자나 노동조합이 약한 경우에 나타나는 노동자들의 경영참가는 단순히 경영의 관점에서 생산성을 향상시키기 위한 수단적인 의미를 갖는다. 그 결과 경영과 노동 사이의 역학관계의 변화가 없이 노동자들에게 작업 동기부여를 부여하는 한 가지 방법으로 경영참가가 실시된다. 이러한 경우 노동자들의 경영참가는 오히려 경영의 권력을 강화시키는 결과를 가져온다.

둘째, 정치적인 수준에서 이루어지는 산업민주주의의 법제화가 없이는 산업민주주의는 일시적인 관행이 되기 때문에 노동자나 노동조합과 연계되어 있는 강력한 정당이 있어야 한다. 특정 기업 수준이 아니라 전국적인 수준에서 산업민주주의가 실시되기 위해서는 산업민주주의가 입법화되어야 한다. 독일이나 스웨덴에서 경영참가와 공동결정에 관한 입법화는 바로 노동

16) Peter J. Katzenstein, "Industry in a Changing West Germany", *Industri and Politics in West Germany: Toward the Third Republic* ed. by Peter J. Katzenstein(Itacha: Cornell University Press, 1989), pp.11-12.

자를 대변하는 강력한 정당이 존재했기 때문에 가능했던 것이다.

셋째, 정치적 민주주의가 발전되어 있어야 한다. 정치적 민주주의가 발전되지 않은 상태에서 산업민주주의는 불가능하다. 산업민주주의는 노동자들의 권리를 확대발전시키는 것이기 때문에 정치적 민주주의가 발전되지 않은 상태에서 산업민주주의는 불가능한 것이다. 이것은 산업민주주의 실시가 정치적 민주주의의 발달을 전제조건으로 하고 있다는 것을 의미한다.

X장의 핵심단어

작업장 민주주의, 자율경영, 생디칼리즘, 정의로운 사회, 공동결정, 교섭모델, 커뮤니티 모델, 공장관리위원회, 노사협의제도, 교섭카르텔, 정보의 의무, 노동자평의회, 노무관리이사제도, 경영평의회.

한국산업사회연구회
(산업노동분과 교과서집필작업팀)

이은진, 사회학박사(미국 UCLA대), 경남대 사회학과 교수[Ⅰ장]
배동인, 사회학박사(독일 쾰른대), 강원대 사회학과 교수[Ⅱ장]
박승희, 사회학박사(성균관대), 성균관대 사회복지학과 교수[Ⅲ장]
이종구, 사회학박사(일본 동경대), 서울대 지역종합연구소 연구원[Ⅳ장]
이영환, 사회학박사(미국 스탠포드대), 경원대 지역개발학과 교수[Ⅴ장]
정이환, 사회학박사(서울대), 서울산업대 강사[Ⅵ장]
장하진, 사회학박사(이화여대), 충남대 사회학과 교수[Ⅶ장]
이정택, 사회학박사(미국 하와이대), 한국노동교육원 연구위원[Ⅷ장]
정수복, 사회학박사(프랑스, 파리사회과학고등연구원), 연세대 사회학과 강사[Ⅸ장]
신광영, 사회학박사(미국 위스콘신대), 한림대 사회학과 교수[Ⅹ장]

(* 대표집필자, 이은진)

한울아카데미 65

산업사회학강의

ⓒ 한국산업사회연구회, 1993

지은이/한국산업사회연구회
펴낸이/김종수
펴낸곳/도서출판 한울

초판 1쇄 인쇄/1993년 3월 20일
개정판 5쇄 발행/2009년 3월 20일

주소/413-832 파주시 교하읍 문발리 507-2(본사)
121-801 서울시 마포구 공덕동 105-90 서울빌딩 3층(서울 사무소)
전화/02-326-0095(영업), 02-336-6183(편집)
팩스/02-333-7543
등록/1980년 3월 13일, 제406-2003-051호

Printed in Korea.
ISBN 978-89-460-3960-5 94330

가격은 겉표지에 표시되어 있습니다.